中华人民共和国
劳动争议调解仲裁法
注解与配套

第六版

中国法制出版社
CHINA LEGAL PUBLISHING HOUSE

出版说明

中国法制出版社一直致力于出版适合大众需求的法律图书。为了帮助读者准确理解与适用法律，我社于2008年9月推出"法律注解与配套丛书"，深受广大读者的认同与喜爱，此后推出的第二、三、四、五版也持续热销。为了更好地服务读者，及时反映国家最新立法动态及法律文件的多次清理结果，我社决定推出"法律注解与配套丛书"（第六版）。

本丛书具有以下特点：

1. 由相关领域的具有丰富实践经验和学术素养的法律专业人士撰写适用导引，对相关法律领域作提纲挈领的说明，重点提示立法动态及适用重点、难点。

2. 对主体法中的重点法条及专业术语进行注解，帮助读者把握立法精神，理解条文含义。

3. 根据司法实践提炼疑难问题，由相关专家运用法律规定及原理进行权威解答。

4. 在主体法律文件之后择要收录与其实施相关的配套规定，便于读者查找、应用。

此外，为了凸显丛书简约、实用的特色，分册根据需要附上实用图表、办事流程等，方便读者查阅使用。

真诚希望本丛书的出版能给您在法律的应用上带来帮助和便利，同时也恳请广大读者对书中存在的不足之处提出批评和建议。

中国法制出版社
2023年7月

适用导引

调解、仲裁与诉讼是解决劳动争议的方法。关于劳动争议调解仲裁的规定，2008年5月1日之前主要适用《中华人民共和国企业劳动争议处理条例》；从2008年5月1日起开始执行《中华人民共和国劳动争议调解仲裁法》（以下简称劳动争议调解仲裁法）。劳动争议调解仲裁法是继《中华人民共和国劳动合同法》、《中华人民共和国就业促进法》之后又一部构建和谐劳动关系的重要法律。劳动争议调解仲裁法针对劳动争议处理面临的新情况、新问题，完善了劳动争议处理体制，确立了着重调解的原则，强化了各基层调解组织的作用，有利于将劳动争议解决在基层。

本法共分四章五十四条。

第一章规定了本法的总则，确立了调解、仲裁、诉讼的劳动争议解决机制，明确规定本法的适用范围限于我国境内的用人单位与劳动者发生的劳动争议；解决劳动争议应当根据事实，遵循合法、公正、及时、着重调解的原则。

第二、三章是关于调解与仲裁的程序性规定。发生劳动争议，当事人可以自行协商解决，如果不愿协商、协商不成或者达成和解协议后不履行的，可以向劳动争议仲裁委员会申请仲裁；对仲裁裁决不服的，除另有规定外，可以向人民法院提起诉讼。本法明确规定了劳动争议以进行仲裁为提起诉讼的前置条件。本法延长了申请仲裁的时效，更好地保护了当事人的合法权益，确立了数额较少或者事实清楚、标准明确的部分劳动争议案件一裁终局制度，有效地解决了劳动争议处理周期过长的问题。同时，关于调解与仲裁的人员资格与执行方面，本法并没有作详细规定，而是按照民事诉讼法与仲裁法等的相关法律规定执行。

第四章是附则。附则明确规定劳动争议仲裁不收取费用，劳动争议仲裁委员会经费由财政予以保障。附则还规定，事业单位实行聘用制的工作人员与本单位发生劳动争议的，依照劳动争议调解仲裁的程序解决；法律、行政法规或国务院另有规定的，依照另外的规定执行。这一规定与《中华人民共和国劳动合同法》关于事业单位聘用合同的法律适用的规定是一致的。

劳动争议调解仲裁法的制定和实施，为公正及时解决劳动争议，促进劳动关系和谐稳定提供了法制保障。

目 录

适用导引 ………………………………………… *1*

中华人民共和国劳动争议调解仲裁法

第一章 总 则

第一条 【立法目的】 ………………………………… 1
第二条 【适用范围】 ………………………………… 2
 1. 哪些纠纷不属于劳动争议？ ……………………… 5
 2. 用人单位未与劳动者签订劳动合同，如何认定双方
  是否存在劳动关系？ ……………………………… 5
 3. "辞退职工"是否包括因违纪被辞退的职工？ …… 5
 4. 职工与用人单位之间就落实国家有关人事政策发生的
  争议，是否属于劳动争议受案范围？ ……………… 5
 5. 劳动者与用人单位就是否存在劳动关系引发争议的，
  能否向劳动争议仲裁委员会申请仲裁？ ………… 5
第三条 【基本原则】 ………………………………… 6
第四条 【协商】 ……………………………………… 6
第五条 【调解、仲裁、诉讼】 ……………………… 6
 6. 劳动争议发生后，当事人是否可以直接向人民法院
  起诉？ ……………………………………………… 7

1

7. 对仲裁裁决不服的，当事人可以通过什么方式处理？ ………………………………………………………… 7
第 六 条 【举证责任】 ………………………………… 8
8. 劳动者主张加班费的劳动争议纠纷案件中，由哪一方承担举证责任？ ………………………………… 9
9. 劳动者主张提成工资的案件中，举证责任应如何分配？ ………………………………………………… 9
第 七 条 【推举代表参加调解、仲裁或诉讼】 ……… 10
第 八 条 【三方机制】 ………………………………… 10
第 九 条 【拖欠劳动报酬等争议的行政救济】 ……… 10

第二章 调　解

第 十 条 【调解组织】 ………………………………… 11
第十一条 【调解员】 …………………………………… 12
第十二条 【申请调解的形式】 ………………………… 12
第十三条 【调解的方式】 ……………………………… 13
第十四条 【调解协议书】 ……………………………… 13
10. 劳动争议调解委员会制作的调解协议书，能否作为申请强制执行的依据？ ……………………………… 14
第十五条 【不履行调解协议可申请仲裁】 …………… 14
第十六条 【劳动者可以调解协议书申请支付令的情形】 … 15
11. 支付令应如何申请？ ……………………………… 16
12. 支付令失效后的应如何处理？ …………………… 17
13. 用人单位拖欠工资应负什么样的法律责任？ …… 17
14. 申请支付令的费用交纳标准是什么？ …………… 17

2

第三章 仲　裁

第一节　一般规定

第 十 七 条　【劳动争议仲裁委员会的设立】 …… 18
第 十 八 条　【政府的职责】 …… 18
第 十 九 条　【劳动争议仲裁委员会的组成与职责】 …… 19
第 二 十 条　【仲裁员】 …… 21
  15. 对劳动争议仲裁员应如何管理监督？ …… 21
第二十一条　【劳动争议仲裁案件的管辖】 …… 21
  16. 如何确定一个劳动争议是否发生在本劳动仲裁委员会管辖区域范围内？ …… 23
第二十二条　【劳动争议仲裁案件的当事人】 …… 23
  17. 劳动争议仲裁的当事人在劳动争议仲裁中有哪些权利？ …… 24
  18. 申请人的资格如何确定？ …… 25
  19. 用人单位发生变更时，当事人的资格应如何确定？ …… 25
  20. 用人单位发生终止的情况时，应如何确定当事人？ …… 25
  21. 劳动者在其用人单位与其他平等主体之间的承包经营期间，与发包方和承包方双方或者一方发生劳动争议，应如何确定当事人？ …… 25
  22. 劳动者丧失劳动能力或者死亡时，应如何确定劳动争议仲裁的当事人？ …… 26
  23. 用人单位招用尚未解除劳动合同的劳动者发生纠纷时，应如何确定劳动争议仲裁的当事人？ …… 26
第二十三条　【有利害关系的第三人】 …… 26
  24. 在劳动争议仲裁中，第三人有哪些权利义务？ …… 27

25. 用人单位招用与其他用人单位尚未解除或者终止
劳动合同的劳动者，给其他用人单位造成损失的，
应当承担怎样的责任？ 27

第二十四条　【委托代理人参加仲裁活动】 27

26. 委托代理的授权委托书无明确授权的，其效力应
如何认定？ 28

27. 什么情况下，仲裁委托代理关系应该终止？ 28

**第二十五条　【法定代理人、指定代理人或近亲属参加
仲裁的情形】** 29

28. 劳动仲裁的法定代理人的代理权在什么情况下丧失？ ... 30

第二十六条　【仲裁公开原则及例外】 30

第二节　申请和受理

第二十七条　【仲裁时效】 31

29. 事业单位人事争议仲裁时效如何计算？ 33

第二十八条　【仲裁申请书】 33

第二十九条　【仲裁的受理】 33

30. 劳动争议仲裁委员会对当事人的仲裁申请的受理，
会产生怎样的法律后果？ 34

31. 劳动争议仲裁委员会受理当事人的仲裁申请后，
应如何进行审查？ 35

32. 本条规定的"五日"受理期限，是否包含节假日？ 36

33. 劳动争议仲裁委员会以当事人申请仲裁的事项不
属于劳动争议为由，作出不予受理的书面裁决、
决定或者通知，当事人不服，依法向人民法院起
诉的，应如何处理？ 36

34. 劳动争议仲裁机构以无管辖权为由对劳动争议案件不予受理,当事人不服,依法向人民法院起诉的,应如何处理? ……………………………………………… 37
35. 劳动争议仲裁委员会以申请仲裁的主体不适格为由,作出不予受理的书面裁决、决定或者通知,当事人不服,依法向人民法院起诉的,应如何处理? ……………………………………………………… 37

第 三 十 条 【被申请人答辩书】 …………………… 37
36. 申请人如果是口头申请仲裁的,应如何处理? ……… 37
37. 仲裁答辩书应包含哪些内容? ……………………… 38

第三节 开庭和裁决

第三十一条 【仲裁庭】 ………………………………… 38
38. 劳动争议仲裁庭应如何组成? ……………………… 38
39. 仲裁庭组成不合规定,应如何处理? ……………… 38
40. 哪些争议案件应当由三名仲裁员组成仲裁庭? …… 38

第三十二条 【通知仲裁庭的组成情况】 ……………… 39
第三十三条 【回避】 …………………………………… 39
41. 仲裁员的回避,应由谁决定? ……………………… 40

第三十四条 【仲裁员承担责任的情形】 ……………… 40
42. 仲裁员违反本条的规定,应承担怎样的法律责任? …… 40

第三十五条 【开庭通知及延期】 ……………………… 41
第三十六条 【申请人、被申请人无故不到庭或中途退庭】 ………………………………………… 42
第三十七条 【鉴定】 …………………………………… 43
43. 鉴定机构如何确定? ………………………………… 44

44. 对鉴定意见，在什么情况下当事人可以申请重新鉴定？ ········· 44

45. 对有瑕疵的鉴定意见，是否可以申请重新鉴定？ ········ 44

第三十八条　【质证和辩论】 ·········· 44

46. 质证应按照怎样的顺序进行？ ·········· 45

47. 质证时，对于证人的资格有什么要求？ ·········· 45

48. 质证时，当事人是否必须到庭？ ·········· 45

49. 辩论应按照怎样的顺序进行？ ·········· 45

第三十九条　【举证】 ·········· 46

50. 对证据应怎样进行审核认定？ ·········· 48

51. 什么样的证据不能单独作为认定案件事实的依据？ ····· 48

第四十条　【开庭笔录】 ·········· 48

第四十一条　【申请仲裁后自行和解】 ·········· 49

52. 当事人达成和解协议后是否可以申请仲裁庭根据和解协议制作调解书？ ·········· 49

53. 当事人自行和解达成和解协议并撤回仲裁申请后，如果一方当事人逾期不履行，另一方当事人是否可以向劳动争议仲裁机构重新申请仲裁？ ·········· 49

第四十二条　【先行调解】 ·········· 51

54. 仲裁调解书的效力表现在什么方面？ ·········· 51

55. 仲裁调解书在签收之前当事人反悔的，应如何处理？ ·········· 51

56. 在什么情况下，调解程序应当终止？ ·········· 52

第四十三条　【仲裁案件审理期限】 ·········· 52

第四十四条　【可以裁决先予执行的案件】 ·········· 53

57. 当事人不服劳动争议仲裁委员会作出的预先支付劳动者劳动报酬、工伤医疗费、经济补偿或者赔偿金的裁决，人民法院是否应予受理？……………… 54

第四十五条 【作出裁决意见】…………… 54
第四十六条 【裁决书】 …………… 54
第四十七条 【一裁终局的案件】 …………… 55

58. 仲裁裁决书未载明该裁决为终局裁决或者非终局裁决，用人单位不服该仲裁裁决向基层人民法院提起诉讼的，应当如何处理？……………… 56

第四十八条 【劳动者不服一裁终局案件的裁决提起诉讼的期限】 …………… 56

59. 仲裁裁决作出后，劳动者期满不起诉的，会产生怎样的后果？……………… 56

60. 未经仲裁程序而直接进入诉讼程序的劳动争议案件，当事人又向劳动争议仲裁委员会申请仲裁的，仲裁委员会可否受理？……………… 56

第四十九条 【用人单位不服一裁终局案件的裁决可诉请撤销的条件】 …………… 57

61. 出现本条第一款中规定的情形，人民法院应如何处理，会产生怎样的法律后果？……………… 58

62. 申请撤销仲裁的用人单位是否包括特殊主体？…… 58

第五十条 【其他不服仲裁裁决提起诉讼的期限】 …… 60

63. 仲裁裁决书具有怎样的法律效力？……………… 61

第五十一条 【生效调解书、裁决书的执行】 …………… 61

64. 由法院执行的调解书、裁决书，应如何确定执行法院？……………… 61

7

65. 什么情况下，人民法院可以裁定不予执行劳动争议仲裁机构作出的发生法律效力的裁决书、调解书？ ………………………………………………… 61
66. 当事人、利害关系人认为执行行为违反法律规定的，可以采取什么补救措施？ ………………… 62
67. 仲裁裁决执行完毕后，据以执行的仲裁裁决确有错误，被人民法院撤销的，应如何处理？ ……… 62
68. 在什么情况下，法院应中止仲裁裁决的执行？ …… 62
69. 在什么情况下，法院应终结仲裁裁决的执行？ …… 62

第四章 附 则

第五十二条 【人事争议处理的法律适用】 ………… 63
70. 哪些人事争议可以申请人事仲裁？ ……………… 63
第五十三条 【劳动争议仲裁不收费】 ……………… 64
第五十四条 【实施日期】 …………………………… 64

配套法规

中华人民共和国民事诉讼法（节录） ……………… 65
（2021年12月24日）
保障农民工工资支付条例 …………………………… 109
（2019年12月30日）
中华人民共和国劳动合同法 ………………………… 122
（2012年12月28日）
中华人民共和国劳动合同法实施条例 ……………… 141
（2008年9月18日）

中华人民共和国劳动法 ·············· 148
　　（2018年12月29日）
中华人民共和国人民调解法 ············ 163
　　（2010年8月28日）
劳动人事争议仲裁组织规则 ············ 169
　　（2017年5月8日）
劳动人事争议仲裁办案规则 ············ 175
　　（2017年5月8日）
企业劳动争议协商调解规定 ············ 191
　　（2011年11月30日）
关于确立劳动关系有关事项的通知 ········ 197
　　（2005年5月25日）
劳动和社会保障部关于职工全年月平均工作时间和
　　工资折算问题的通知 ·············· 199
　　（2008年1月13日）
最高人民法院关于审理劳动争议案件适用法律问题
　　的解释（一） ················· 200
　　（2020年12月29日）
关于进一步加强劳动人事争议调解仲裁法律援助工
　　作的意见 ·················· 211
　　（2020年6月22日）
最高人民法院关于审理拒不支付劳动报酬刑事案件
　　适用法律若干问题的解释 ············ 214
　　（2013年1月16日）
中华人民共和国社会保险法 ············ 216
　　（2018年12月29日）

工伤保险条例 …………………………………… 234
　　（2010年12月20日）
最高人民法院关于审理工伤保险行政案件若干问题
　　的规定 …………………………………………… 250
　　（2014年6月18日）
人力资源社会保障部关于执行《工伤保险条例》若
　　干问题的意见（二） …………………………… 253
　　（2016年3月28日）
最高人民法院关于人事争议申请仲裁的时效期间如
　　何计算的批复 …………………………………… 256
　　（2013年9月12日）
人力资源和社会保障部办公厅关于印发基层劳动人
　　事争议调解工作规范的通知 …………………… 256
　　（2014年3月5日）
人力资源社会保障部、中央综治办关于加强专业性
　　劳动争议调解工作的意见 ……………………… 262
　　（2015年6月3日）
国务院办公厅关于全面治理拖欠农民工工资问题的
　　意见 ……………………………………………… 265
　　（2016年1月17日）
人力资源社会保障部、中央综治办、最高人民法院、
　　司法部、财政部、中华全国总工会、中华全国工
　　商业联合会、中国企业联合会/中国企业家协会
　　关于进一步加强劳动人事争议调解仲裁完善多元
　　处理机制的意见 ………………………………… 272
　　（2017年3月21日）

最高检发布检察机关打击拒不支付劳动报酬犯罪
典型案例 ································· 279
（2020年1月16日）

实 用 附 录

劳动争议处理流程图 ······················· 287
劳动诉讼流程示意图 ······················· 288
劳动合同争议调解申请书（参考文本）············ 289
劳动合同争议仲裁申请书（参考文本）············ 290
劳动合同争议起诉状（参考文本）··············· 291

中华人民共和国
劳动争议调解仲裁法

（2007年12月29日第十届全国人民代表大会常务委员会第三十一次会议通过　2007年12月29日中华人民共和国主席令第80号公布　自2008年5月1日起施行）

目　录

第一章　总　则
第二章　调　解
第三章　仲　裁
　第一节　一般规定
　第二节　申请和受理
　第三节　开庭和裁决
第四章　附　则

第一章　总　则

第一条　【立法目的】* 为了公正及时解决劳动争议，保护当事人合法权益，促进劳动关系和谐稳定，制定本法。

---

* 条文主旨为编者所加，下同。

注解

本条是关于本法立法目的的规定。其中所说的劳动争议，也称"劳动纠纷"、"劳资争议"，是指用人单位和劳动者在执行劳动方面的法律、法规和劳动合同、集体合同的过程中，就劳动的权利义务发生分歧而引起的争议。劳动争议具有以下两个特点：第一，劳动争议的主体是劳动关系双方，即发生在用人单位和劳动者之间，二者之间形成了劳动关系，因而所发生的争议称为劳动争议；第二，劳动争议必须是因为执行劳动法律、法规或者订立、履行、变更、解除和终止劳动合同而引起的争议。有的争议虽然发生在用人单位和劳动者之间，但争议的内容不涉及劳动合同和其他执行劳动方面的法律、法规问题，如劳动者一方因为与用人单位发生买卖合同方面的纠纷，属于民事争议，不是劳动争议。

第二条 【适用范围】 中华人民共和国境内的用人单位与劳动者发生的下列劳动争议，适用本法：

（一）因确认劳动关系发生的争议；

（二）因订立、履行、变更、解除和终止劳动合同发生的争议；

（三）因除名、辞退和辞职、离职发生的争议；

（四）因工作时间、休息休假、社会保险、福利、培训以及劳动保护发生的争议；

（五）因劳动报酬、工伤医疗费、经济补偿或者赔偿金等发生的争议；

（六）法律、法规规定的其他劳动争议。

注解

本条是关于本法适用范围的规定。

1. 本条第 1 项中的劳动关系，是指用人单位自用工之日起即与劳动者建立的劳动关系。用人单位招用劳动者未订立书面劳动合同，但同时具备下列情形的，劳动关系成立：（1）用人单位和劳动者符合法律、法规规定的主体资格；（2）用人单位依法制定的各项劳动规章制度适用于劳动者，劳动者受用人单位的劳动管理，从事用人单位安排的有报酬的劳动；（3）劳动者提供的劳动是用人单位业务的组成部分。

2. 本条第2项中的劳动合同，是指劳动者与用人单位确立劳动关系、明确双方权利和义务的协议。用人单位与劳动者的劳动关系，涉及订立、履行、变更、解除和终止劳动合同的全过程。对于这一过程任何一个环节发生的争议，都可以适用劳动争议调解仲裁法来解决。劳动者与用人单位解除或者终止劳动关系后，请求用人单位返还其收取的劳动合同定金、保证金、抵押金、抵押物产生的争议，或者办理劳动者的人事档案、社会保险关系等移转手续产生的争议，也属于劳动争议。

3. 本条第3项中的除名、辞退、辞职、离职属于解除和终止劳动关系的范畴。根据《事业单位人事管理条例》第15条的规定，事业单位工作人员连续旷工超过15个工作日，或者1年内累计旷工超过30个工作日的，事业单位可以解除聘用合同。所谓辞退，指用人单位依照法律规定的条件和程序，解除与其工作人员的工作关系。所谓辞职，指劳动者根据本人的意愿，辞去所担任的职务，解除与所在单位的工作关系的行为。离职是指劳动者根据本人意愿，自动解除与所在单位的劳动关系的行为。

4. 本条第4项中的因工作时间、休息休假发生的争议，主要涉及的是用人单位规定的工作时间是否符合有关法律的规定，劳动者是否能够享受到国家的法定节假日和带薪休假的权利等而引起的争议；因社会保险发生的劳动争议，主要涉及的是用人单位是否依照有关法律、法规的规定为劳动者缴纳养老、工伤、医疗、失业、生育等社会保险费用而引起的争议；因福利、培训发生的劳动争议，主要涉及的是用人单位与劳动者在订立的劳动合同中规定的有关福利待遇、培训等约定事项的履行而产生的争议；因劳动保护发生的劳动争议，主要涉及的是用人单位是否为劳动者提供符合法律规定的劳动安全卫生条件等标准而产生的争议。

《中华人民共和国劳动法》第38条规定："用人单位应当保证劳动者每周至少休息一日。"第39条规定："企业因生产特点不能实行本法第三十六条、第三十八条规定的，经劳动行政部门批准，可以实行其他工作和休息办法。"第40条规定："用人单位在下列节日期间应当依法安排劳动者休假：（一）元旦；（二）春节；（三）国际劳动节；（四）国庆节；（五）法律、法规规定的其他休假节日。"《职工带薪年休假条例》第3条规定了带薪休假制度:"职工累计工作已满1年不满10年的,年休假5天;已满10年不满20年的,年休假10天;已满20年的,年休假15天。国家法定休假日、休息日不计入年休假的假期。"第4条规定:"职工有下列情形之一的,不享受当年的年休假:(一)职工依法享受寒暑假,其休假天数多于年休假天数的;(二)职工请事假累计20天以上且单位按照规定不扣工资的;(三)累计工作满1年不满10年的职工,请病假累计2个月以上的;(四)累计工作满10年不满20年的职工,请病假累计3个月以上的;(五)累计工作满20年以上的职工,请病假累计4个月以上的。"

5. 本条第5项中的经济补偿,是指根据劳动合同法的规定,用人单位解除和终止劳动合同时,应给予劳动者的补偿。根据劳动合同法的规定,劳动者因用人单位的过错而单方提出与用人单位解除劳动合同的;或者用人单位因为劳动者存在过错之外的原因而单方决定与劳动者解除劳动合同的;或者用人单位提出动议,与劳动者协商一致解除劳动合同的,应当向劳动者支付经济补偿。同时,在用人单位与劳动者终止固定期限劳动合同、无固定期限劳动合同,或以完成一定工作任务为期限的劳动合同时,或者企业破产、责令关闭、吊销执照、提前解散等情形时,也应当向劳动者支付经济补偿。赔偿金是指根据劳动合同法的规定,用人单位应当向劳动者支付的赔偿金和劳动者应当向用人单位支付的赔偿金。用人单位应当向劳动者支付的赔偿金,包括:用人单位违反劳动合同法规定与劳动者约定试用期的,如违法约定的试用期已经履行的,由用人单位以劳动者试用期满月工资为标准,按已经履行的超过法定试用期的期间向劳动者支付赔偿金;用人单位未依照劳动合同的约定或者国家规定及时足额支付劳动者劳动报酬,或者低于当地最低工资标准支付劳动者工资的,或者安排加班不支付加班费,以及解除、终止劳动合同,未依照本法规定向劳动者支付经济补偿的,在劳动行政部门责令限期支付后,逾期仍不支付的,用人单位按应付金额百分之五十以上百分之一百以下的标准向劳动者加付赔偿金;用人单位违反劳动合同法规定解除或者终止劳动合同的,应当按照劳动合同法规定的解除终止劳动合同的经济补偿标准的二倍支付赔偿金;用人单位自用工之日起超过一个月不满一年未与劳动者订立书面劳动合同的,应当向劳动者每月支付二倍的工资,或者用人单位违反本法规定不与劳动者订立无固定期限劳动合同的,自应当订立无固定期限劳动合同之日起向劳动者每月支付二倍的工资,等等。劳动者向用人单位支付的赔偿金，包括劳动者违反劳动合同法规定解除劳动合同，或者违反劳动合同约定的保密义务或者竞业限制给用人单位造成损失所应当承担的赔偿金。

6. 本条第6项是一项兜底规定。除了上述劳动争议事项外，法律、行政法规或者地方性法规规定的其他劳动争议，也要纳入劳动争议调解仲裁法的调整范围。

应用

1. 哪些纠纷不属于劳动争议？

（1）劳动者请求社会保险经办机构发放社会保险金的纠纷；（2）劳动者与用人单位因住房制度改革产生的公有住房转让纠纷；（3）劳动者对劳动能力鉴定委员会的伤残等级鉴定意见或者对职业病诊断鉴定委员会的职业病诊断鉴定意见的异议纠纷；（4）家庭或者个人与家政服务人员之间的纠纷；（5）个体工匠与帮工、学徒之间的纠纷；（6）农村承包经营户与受雇人之间的纠纷。

2. 用人单位未与劳动者签订劳动合同，如何认定双方是否存在劳动关系？

用人单位未与劳动者签订劳动合同，认定双方存在劳动关系时可参照下列凭证：（1）工资支付凭证或记录（职工工资发放花名册）、缴纳各项社会保险费的记录；（2）用人单位向劳动者发放的"工作证"、"服务证"等能够证明身份的证件；（3）劳动者填写的用人单位招工招聘"登记表"、"报名表"等招用记录；（4）考勤记录；（5）其他劳动者的证言等。其中，（1）、（3）、（4）项的有关凭证由用人单位负举证责任。

3. "辞退职工"是否包括因违纪被辞退的职工？

本法所称的"辞退职工"既包括因违纪被企业辞退的职工，也包括国家和地方劳动法规规定的因其他原因予以辞退的职工。

4. 职工与用人单位之间就落实国家有关人事政策发生的争议，是否属于劳动争议受案范围？

不属于。劳动争议仲裁委员会和人民法院依法不予受理。

5. 劳动者与用人单位就是否存在劳动关系引发争议的，能否向劳动争议仲裁委员会申请仲裁？

能。劳动者可向有管辖权的劳动争议仲裁委员会申请仲裁。

配套

《中华人民共和国和劳动合同法》第7条;《中华人民共和国劳动合同法实施条例》第18、19条;《关于确立劳动关系有关事项的通知》;《最高人民法院关于审理劳动争议案件适用法律问题的解释（一）》第1、2条;《中华人民共和国劳动法》第36、41、42、43、47、48、85条、第七章;《国务院关于职工工作时间的规定》;《关于企业实行不定时工作制和综合计算工时工作制的审批办法》;《事业单位人事管理条例》第37条

第三条　【基本原则】 解决劳动争议，应当根据事实，遵循合法、公正、及时、着重调解的原则，依法保护当事人的合法权益。

第四条　【协商】 发生劳动争议，劳动者可以与用人单位协商，也可以请工会或者第三方共同与用人单位协商，达成和解协议。

第五条　【调解、仲裁、诉讼】 发生劳动争议，当事人不愿协商、协商不成或者达成和解协议后不履行的，可以向调解组织申请调解；不愿调解、调解不成或者达成调解协议后不履行的，可以向劳动争议仲裁委员会申请仲裁；对仲裁裁决不服的，除本法另有规定的外，[①] 可以向人民法院提起诉讼。

注解

本条是关于劳动争议处理体制的规定。

我国目前的劳动争议处理制度可以用"一调一裁两审"来概括，即发生劳动争议后，当事人除先进行协商外，可以申请劳动调解，调解不成，或者不愿意调解的，当事人可以向劳动争议仲裁委员会申请仲裁；对仲裁裁决不服的，可以向人民法院提起诉讼，其诉讼程序按照民事诉讼法的规定，实行两审终审制。"一调一裁两审"的制度将仲裁作为诉讼的一个前置程序，不经仲裁，当事人不能直接向人民法院提起诉讼。为了快速处理劳动争议，解

---

① 即指本法第47条。

决劳动争议处理周期过长的问题，劳动争议调解仲裁法对现行劳动争议处理"一调一裁两审"体制进行了重大变革，实行对涉及金额不大的追索劳动报酬、工伤医疗费、经济补偿或者赔偿金的争议，以及因执行国家的劳动标准在工作时间、休息休假、社会保险等方面发生的争议一裁终局的制度，对这部分争议案件，劳动争议仲裁委员会的裁决为终局裁决，使劳动纠纷终止于仲裁环节，不再走完全过程，有效解决周期长的问题，真正降低劳动者的维权成本。

应用

6. 劳动争议发生后，当事人是否可以直接向人民法院起诉？

不可以。劳动争议发生后，当事人可以向本单位劳动争议调解委员会申请调解；调解不成，当事人一方要求仲裁的，可以向劳动争议仲裁委员会申请仲裁。当事人一方也可以直接向劳动争议仲裁委员会申请仲裁。对仲裁裁决不服的，可以向人民法院提起诉讼。

7. 对仲裁裁决不服的，当事人可以通过什么方式处理？

我国现行的仲裁法规定，一般经济纠纷的仲裁实行一裁终局制度，即仲裁裁决作出后，当事人就同一纠纷再申请仲裁或者向人民法院起诉的，仲裁委员会或者人民法院不予受理。劳动争议仲裁，当事人对裁决不服的，除本法另有规定的外，当事人可以向人民法院提起诉讼。这里的"本法另有规定的"是指劳动争议调解仲裁法第47条规定的一裁终局的情形。

第47条规定："下列劳动争议，除本法另有规定的外，仲裁裁决为终局裁决，裁决书自作出之日起发生法律效力：（一）追索劳动报酬、工伤医疗费、经济补偿或者赔偿金，不超过当地月最低工资标准十二个月金额的争议；（二）因执行国家的劳动标准在工作时间、休息休假、社会保险等方面发生的争议。"对于上述劳动争议案件的裁决，劳动者不服的，可以自收到仲裁书之日起15日内向人民法院提起诉讼；用人单位一方不服的，需要先向法院申请撤销仲裁裁决，在人民法院作出撤销仲裁裁决的裁定后，可以自收到裁定书之日起15日内就争议事项向人民法院提起诉讼。

《最高人民法院关于审理劳动争议案件适用法律问题的解释（一）》第4条规定："劳动者与用人单位均不服劳动争议仲裁机构的同一裁决，向同一人民法院起诉的，人民法院应当并案审理，双方当事人互为原告和被告，对双方的诉讼请求，人民法院应当一并作出裁决。在诉讼过程中，一方当事人撤诉的，人民法院应当根据另一方当事人的诉讼请求继续审理。双方当事人就同一仲裁裁决分别向有管辖权的人民法院起诉的，后受理的人民法院应当将案件移送给先受理的人民法院。"

配套

本法第47-50条；《最高人民法院关于审理劳动争议案件适用法律问题的解释（一）》第4条

第六条　【举证责任】发生劳动争议，当事人对自己提出的主张，有责任提供证据。与争议事项有关的证据属于用人单位掌握管理的，用人单位应当提供；用人单位不提供的，应当承担不利后果。

注解

本条是关于当事人在劳动争议发生后的举证责任的规定。理解本条应予注意的是，用人单位的举证责任倒置仅仅限于"与争议事项有关的证据属于用人单位掌握管理的情况"。劳动者和用人单位双方在劳动争议处理程序中处于不平等的地位，双方的维权能力仍然不对称、不平衡，主要表现在：第一，在劳动争议处理程序中，劳动者仍然是一个个人，通常情况下与掌握大量人力、物力和财力的作为组织体的用人单位相比是弱者，其在劳动争议处理程序中的对抗能力依然远不及用人单位；第二，劳动者在劳动关系中的弱者地位、隶属地位常常使其在劳动争议处理程序中继续处于弱势地位；第三，劳动争议处理程序中的劳动者常常由于劳动关系尚未解除而仍然处于用人单位的管理之下，这时劳动者在劳动争议处理程序中的行为仍然直接受制于用人单位；第四，有些与争议事项有关的证据是由用人单位掌握管理的，例如人事档案、用工花名册，劳动者无法提供或者很难举证。在这种情况下仍然坚持"谁主张，谁举证"，对于劳动者来说就是有失公平的。本法规定，这些由用人单位掌握管理的证据应当由用人单位提供。用人单位不提供的，用人单位就会因为自己不提供其应当提供的证据而承担不利的法律后果。这里的"不提供"是指用人单位主观上"不提供"，而不是客观上的"不能提供"。

应用

8. 劳动者主张加班费的劳动争议纠纷案件中，由哪一方承担举证责任？

劳动者主张加班费的，应当就加班事实的存在承担举证责任。但劳动者有证据证明用人单位掌握加班事实存在的证据，用人单位不提供的，由用人单位承担不利后果。

9. 劳动者主张提成工资的案件中，举证责任应如何分配？

《民事诉讼法》第67条第1款规定："当事人对自己提出的主张，有责任提供证据。"也就是说，原则上应当由主张权利存在的当事人对该权利发生原因的事实承担证明责任，而主张权利不存在的当事人，对权利消灭原因的事实承担证明责任。在法律没有对劳动者的提成工资明确规定举证责任倒置的情况下，劳动者所主张的提成工资，显然属于主张劳动报酬请求权，因此，应当由劳动者对提成工资发生的原因事实即双方约定的提成工资产生的事实承担举证责任。

在现实生活中，各行各业的提成工资的计算方法纷繁复杂，可能涉及比如合同额、工程成本、基本定额、人员成本等多种计算参数，这些计算参数的确定，是确认劳动者提成工资数额的关键因素，因而也往往成为案件中当事人的争议焦点。在确定这些具体参数时，不应机械地将举证责任全部加于劳动者一方。《劳动争议调解仲裁法》第6条规定："发生劳动争议，当事人对自己提出的主张，有责任提供证据。与争议事项有关的证据属于用人单位掌握管理的，用人单位应当提供；用人单位不提供的，应当承担不利后果。"根据这一规定，在确定这些具体参数时，法院还应当考虑双方当事人的举证能力，即由距离争议内容较近的一方，也就是更容易取得证据的一方承担某一参数的具体举证责任。比如涉及用人单位经营管理状况或者法定的完税义务等方面的数字，用人单位更有能力也有义务向法院提供证据证明；而对于劳动者已经达到约定的提成工资的支付条件，以及具体完成的工作任务数量等，一般则应当由劳动者一方举证证明。①

---

① 参见本书研究组：《劳动者主张提成工资的案件中，举证责任应如何分配》，载最高人民法院民事审判第一庭编：《民事审判指导与参考》总第47辑，人民法院出版社2011年版，第246~247页。

配套

《最高人民法院关于审理劳动争议案件适用法律问题的解释（一）》第42条

第七条 【推举代表参加调解、仲裁或诉讼】 发生劳动争议的劳动者一方在十人以上，并有共同请求的，可以推举代表参加调解、仲裁或者诉讼活动。

配套

《中华人民共和国民事诉讼法》第56、57条；《最高人民法院关于适用〈中华人民共和国民事诉讼法〉的解释》第75-80条

第八条 【三方机制】 县级以上人民政府劳动行政部门会同工会和企业方面代表建立协调劳动关系三方机制，共同研究解决劳动争议的重大问题。

第九条 【拖欠劳动报酬等争议的行政救济】 用人单位违反国家规定，拖欠或者未足额支付劳动报酬，或者拖欠工伤医疗费、经济补偿或者赔偿金的，劳动者可以向劳动行政部门投诉，劳动行政部门应当依法处理。

注解

这里应当指出的是，劳动争议调解组织、劳动争议仲裁委员会在受理劳动争议案件时，如果发现案件属于用人单位违反国家规定，拖欠或者未足额支付劳动报酬，拖欠工伤医疗费、经济补偿或者赔偿金的，可以建议劳动者直接向劳动行政部门进行投诉，由劳动行政部门进行处理，以节省劳动者维权的时间和成本，使劳动者能在一个相对短的时间内拿到被拖欠的劳动报酬、工伤医疗费、经济补偿或者赔偿金，从而解决其个人和家庭的生计等问题，但是如果劳动者对上述案件不愿意向劳动行政部门进行投诉，仍坚持走调解、仲裁等劳动争议处理程序的，劳动争议调解组织、劳动争议仲裁委员会应当依法予以受理，不能推诿。

> 配套

《中华人民共和国劳动合同法》第73、74条;《保障农民工工资支付条例》

第二章 调 解

第十条 【调解组织】 发生劳动争议,当事人可以到下列调解组织申请调解:

(一) 企业劳动争议调解委员会;

(二) 依法设立的基层人民调解组织;

(三) 在乡镇、街道设立的具有劳动争议调解职能的组织。

企业劳动争议调解委员会由职工代表和企业代表组成。职工代表由工会成员担任或者由全体职工推举产生,企业代表由企业负责人指定。企业劳动争议调解委员会主任由工会成员或者双方推举的人员担任。

> 注解

1. 调解是一种以柔性方式化解矛盾的机制,调解解决纠纷,成本低、及时、灵活,可以促使当事人尽快取得谅解,减少双方的对立情绪,防止矛盾激化。在解决劳动争议中引入调解机制,把劳动争议解决在基层,化解在萌芽状态,使得劳动关系得以维持,有利于保护劳动者和用人单位双方的利益,有利于构建和谐劳动关系。

2. 企业劳动争议调解委员会是企业内部解决劳动争议的机制。企业劳动争议调解委员会的组成,根据现行《劳动法》第80条规定:"在用人单位内,可以设立劳动争议调解委员会。劳动争议调解委员会由职工代表、用人单位代表和工会代表组成。劳动争议调解委员会主任由工会代表担任。"但是,目前国有企业数量在减少,企业所有制呈多样化和复杂化,原来适用国有企业的一些制度需要作相应调整,并且企业工会的职责是维护职工的权益,在调解组织中并不是处于中立地位,使得三方原则虚化。考虑目前企业所有制结构发生了较大变化,需要对原来企业调解委员会的组成作出相应的改变，同时为了与现行国有企业由工会主席担任劳动争议调解委员会主任的做法相衔接，本条规定了企业劳动争议调解委员会由职工代表和企业代表组成。

3. 在乡镇、街道设立调解争议组织，是一些经济发达地区为了解决劳动争议的实际需要设立的区域性的调解组织，一般由地方政府部门或地方工会参与。目前主要有两种模式：一种是依托乡镇劳动服务站的调解组织；一种是依托地方工会的劳动调解组织。

配 套

《中华人民共和国人民调解法》；《人民调解委员会组织条例》

第十一条 【调解员】劳动争议调解组织的调解员应当由公道正派、联系群众、热心调解工作，并具有一定法律知识、政策水平和文化水平的成年公民担任。

第十二条 【申请调解的形式】当事人申请劳动争议调解可以书面申请，也可以口头申请。口头申请的，调解组织应当当场记录申请人基本情况、申请调解的争议事项、理由和时间。

注解

本条是关于申请劳动争议调解的形式的规定。

1. 书面申请就是采取书写调解申请书的方式，提出调解申请。本法对调解申请书的内容没有作明确规定，实践中，调解申请书应当包括：（1）申请人的姓名、住址和身份证号或者其他身份证件号码以及联系方式和被申请人名称、住所以及法定代表人或者主要负责人的姓名、职务等；（2）发生争议的事实、申请人的主张和理由等。

2. 申请调解，也可以口头申请。口头申请的，调解组织应当当场记录申请人基本情况、申请调解的争议事项、理由和时间。申请人基本情况包括申请人的姓名、住址和身份证号或者其他身份证件号码以及联系方式。此外，还应当记录被申请人名称、住所以及法定代表人或者主要负责人的姓名、职务等。调解程序也有时限要求，根据本法第14条第3款的规定，自劳动争议调解组织收到申请之日起十五日内未达成调解协议的，当事人可以依法申请仲裁。因此，口头申请需要记录申请时间，作为调解组织收到调解申请的时间依据。

第十三条 【调解的方式】调解劳动争议,应当充分听取双方当事人对事实和理由的陈述,耐心疏导,帮助其达成协议。

第十四条 【调解协议书】经调解达成协议的,应当制作调解协议书。

调解协议书由双方当事人签名或者盖章,经调解员签名并加盖调解组织印章后生效,对双方当事人具有约束力,当事人应当履行。

自劳动争议调解组织收到调解申请之日起十五日内未达成调解协议的,当事人可以依法申请仲裁。

注解

本条是关于调解协议书和调解协议效力的规定。

1. 调解协议书是劳动争议双方达成调解的书面证明,是一项重要的法律文书。本法只对调解协议书的形式作了规定,而没有对调解协议书的内容作明确规定,从实践中看,调解协议主要应当载明争议双方达成的权利和义务的内容、履行协议的期限等。

2. 关于调解协议的效力,本条规定调解协议书由双方当事人签名或者盖章,经调解员签名并加盖调解组织印章后生效,对双方当事人具有约束力,当事人应当履行。应予注意的是,此处的"约束力"的含义。考虑到调解是当事人自愿选择解决劳动争议的一种形式,调解协议是双方自愿达成的,调解协议能否得到双方的自觉履行,主要看调解协议的内容是否是双方真实意思的反映,如果调解协议反映了双方的真实意思和利益,协议内容公平合理,绝大多数情况下,协议是会得到履行的。但如果法律直接赋予调解协议有申请人民法院强制执行的效力,调解也发挥不了很好的效果,起不到缓和矛盾的作用。因此,本法规定调解协议对双方当事人具有约束力,当事人应当履行,而没有直接赋予其具有直接申请强制执行的效力。

具有下列情形之一的,人民法院不予确认调解协议效力:(1)违反法律、行政法规强制性规定的;(2)侵害国家利益、社会公共利益的;(3)侵害案外人合法权益的;(4)损害社会公序良俗的;(5)内容不明确,无法确认的；(6) 其他不能进行司法确认的情形。

应用

10. 劳动争议调解委员会制作的调解协议书，能否作为申请强制执行的依据？

经企业劳动争议调解委员会调解，双方当事人达成协议的劳动争议案件，调解委员会制作的调解协议书不具有最终法律约束力，不能作为申请强制执行的依据。

配套

《中华人民共和国人民调解法》；《最高人民法院关于人民调解协议司法确认程序的若干规定》

第十五条 【不履行调解协议可申请仲裁】 达成调解协议后，一方当事人在协议约定期限内不履行调解协议的，另一方当事人可以依法申请仲裁。

注解

本条是关于当事人不履行调解协议，另一方可以申请仲裁的规定。

1. 本条解决的是调解与仲裁之间如何衔接的问题。根据本条的规定，调解协议对双方当事人有约束力，对于达成的调解协议，双方都应当自觉履行。但调解协议的效力限于合同效力，不具有直接向人民法院申请强制执行的效力。因此，达成调解协议后，如果一方当事人不履行调解协议，劳动争议并没有得到解决，需要其他的争议解决机制发挥作用。根据本法的规定，仲裁是解决劳动争议的必经程序，如果一方当事人不履行调解协议，另一方当事人就可以依法申请仲裁，以便使劳动争议得以尽快解决。

2. 本条需要注意的是，达成调解协议后，一方当事人在协议约定期限内不履行调解协议的，当事人既可以以原劳动争议申请仲裁，也可以以调解协议向人民法院申请确认调解协议的效力。人民法院依法作出确认决定后，一方当事人拒绝履行或者未全部履行的，对方当事人可以向作出确认决定的人民法院申请强制执行。

配套

《最高人民法院关于人民调解协议司法确认程序的若干规定》

第十六条 【劳动者可以调解协议书申请支付令的情形】 因支付拖欠劳动报酬、工伤医疗费、经济补偿或者赔偿金事项达成调解协议，用人单位在协议约定期限内不履行的，劳动者可以持调解协议书依法向人民法院申请支付令。人民法院应当依法发出支付令。

注解

本条是关于劳动者可以向人民法院申请支付令的规定。

1. 支付令是人民法院根据债权人的申请，督促债务人履行债务的程序，是民事诉讼法规定的一种法律制度。在劳动争议解决中引入支付令制度，主要有两个目的：一是为了尽快解决劳动争议，保护劳动者的合法权益。现实劳动争议中，大量发生的就是用人单位拖欠劳动报酬，侵犯劳动者的合法权益的现象。像劳动报酬、工伤医疗费、经济补偿或者赔偿金事项，都关系劳动者的切身利益，有的对维持劳动者的生活来说非常急迫，能够迅速解决这些争议，是对劳动者最有力的保护措施，而且这类争议一般也比较简单，标准明确，也达成了调解协议，用人单位与劳动者之间也不存在别的债务纠纷，符合我国现行的《民事诉讼法》第221条关于申请支付令的条件的要求，适于通过支付令的方式解决。二是为了解决调解协议的效力问题，强化调解的作用。本法明确调解协议对双方当事人有约束力，但这里的"约束力"只是劳动合同的约束力。劳动者就调解协议向法院申请支付令，用人单位如果提不出抗辩事由的，人民法院就可以强制执行，这样就部分地解决了调解协议的效力问题。

2. 关于适用支付令的范围，本条只规定"拖欠劳动报酬、工伤医疗费、经济补偿或者赔偿金事项达成的调解协议"列入可以申请支付令的范围，是因为这些事项关系劳动者的生存，对于劳动者来说都比较紧急，需要尽快解决；而且这些都是金钱给付事项，人民法院也可以强制执行。本法规定，申请支付令的依据是就拖欠劳动报酬、工伤医疗费、经济补偿或者赔偿金事项达成的调解协议。需要注意的是，根据现行的《劳动合同法》第30条第2

款的规定，用人单位拖欠或者未足额支付劳动报酬的，劳动者可以依法向当地人民法院申请支付令，人民法院应当依法发出支付令，不一定需要事先达成调解协议。

应用

11. 支付令应如何申请？

本条没有规定申请支付令的程序，只规定"人民法院应当依法发出支付令"，因此，可以理解为劳动者申请支付令应当适用民事诉讼法的有关规定。根据民事诉讼法的规定，申请支付令的程序是：

（1）向人民法院提交申请书。由于劳动者申请支付令的前提是达成了调解协议，因此，劳动者一般只需要提供调解协议书就可以。

（2）向有管辖权的基层人民法院申请。申请支付令的管辖法院的确定应当根据民事诉讼法有关管辖的规定。调解协议具有合同的性质，劳动者可以按照民事诉讼法的规定确定申请支付令的管辖法院，选择用人单位所在地或者合同履行地基层人民法院管辖。如果两个以上人民法院都有管辖权的，可以根据《民事诉讼法》第36条的规定，劳动者可以向其中一个人民法院申请支付令，劳动者向两个以上有管辖权的人民法院申请支付令的，由最先受理的人民法院管辖。

（3）受理。《民事诉讼法》第222条规定："债权人提出申请后，人民法院应当在五日内通知债权人是否受理。"

（4）审查和决定。人民法院受理申请后，经审查债权人提供的事实、证据，对债权债务关系明确、合法的，应当在受理之日起十五日内向债务人发出支付令；申请不成立的，裁定予以驳回。

（5）清偿或者提出书面异议。债务人应当自收到支付令之日起十五日内清偿债务，或者向人民法院提出书面异议。支付令发出后，用人单位要么按照支付令的要求向劳动者支付拖欠劳动报酬、工伤医疗费、经济补偿或者赔偿金，要么提出书面异议。由于发出支付令前，法院没有对事实进行全面的审查，也没有要求被申请人答辩，为了被申请人的合法权益，民事诉讼法规定债务人可以提出书面异议，提出抗辩。因此，对于法院发出的支付令，用人单位可以提出书面异议，如果异议成立，法院就会裁定终结督促程序，支付令自行失效。

（6）申请执行。用人单位在收到人民法院发出的支付令之日起十五日内不提出书面异议，又不履行支付令的，劳动者可以向人民法院申请执行，人民法院应当按照民事诉讼法规定的执行程序强制执行。

12. 支付令失效后的应如何处理？

本法没有对支付令失效后如何处理作出明确规定。根据《民事诉讼法》第224条的规定，人民法院收到债务人提出的书面异议后，经审查，异议成立的，应当裁定终结督促程序，支付令自行失效，债权人可以起诉。支付令失效后，劳动者也可以向劳动争议仲裁委员会申请仲裁。

13. 用人单位拖欠工资应负什么样的法律责任？

用人单位拖欠工资的，由劳动行政部门责令限期支付劳动报酬、加班费或者经济补偿；劳动报酬低于当地最低工资标准的，应当支付其差额部分；逾期不支付的，责令用人单位按应付金额百分之五十以上百分之一百以下的标准向劳动者加付赔偿金。

14. 申请支付令的费用交纳标准是什么？

依法申请支付令的，比照财产案件受理费标准的1/3交纳。财产案件根据诉讼请求的金额或者价额，按照下列比例分段累计交纳：（1）不超过1万元的，每件交纳50元；（2）超过1万元至10万元的部分，按照2.5%交纳；（3）超过10万元至20万元的部分，按照2%交纳；（4）超过20万元至50万元的部分，按照1.5%交纳；（5）超过50万元至100万元的部分，按照1%交纳；（6）超过100万元至200万元的部分，按照0.9%交纳；（7）超过200万元至500万元的部分，按照0.8%交纳；（8）超过500万元至1000万元的部分，按照0.7%交纳；（9）超过1000万元至2000万元的部分，按照0.6%交纳；（10）超过2000万元的部分，按照0.5%交纳。

配 套

《中华人民共和国民事诉讼法》第221-224条；《保障农民工工资支付条例》；《国务院关于解决农民工问题的若干意见》三；《诉讼费用交纳办法》第13条第1项、第14条第3项；《中华人民共和国劳动合同法》第85条；《最高人民法院关于审理劳动争议案件适用法律问题的解释（一）》第13条

第三章 仲　　裁

第一节　一般规定

第十七条　【劳动争议仲裁委员会的设立】劳动争议仲裁委员会按照统筹规划、合理布局和适应实际需要的原则设立。省、自治区人民政府可以决定在市、县设立；直辖市人民政府可以决定在区、县设立。直辖市、设区的市也可以设立一个或者若干个劳动争议仲裁委员会。劳动争议仲裁委员会不按行政区划层层设立。

> 注解

本条是关于劳动争议仲裁委员会的设立的规定。

1. 劳动争议仲裁委员会是指依法设立，由法律授权，依法独立对劳动争议案件进行仲裁的专门机构。劳动争议仲裁委员会是由省级人民政府依照本法的有关规定决定设立的，其设立和组成决定了其是由法律授权、代表国家行使仲裁权的国家仲裁机构。

2. 劳动争议仲裁是一种准司法的仲裁制度，其对劳动争议作出的处理结果具有法律效力。劳动争议仲裁是劳动争议处理的必经程序，当事人对仲裁裁决不服的，可以依法向人民法院提起诉讼；但对于其中一部分争议金额较小的或者违法事实简单的劳动争议，依照本法的规定，劳动者对仲裁裁决无异议的，该仲裁裁决为终局裁决。当事人对发生法律效力的调解书和裁决书应当依照法律规定的期限履行，一方当事人逾期不履行的，另一方当事人可以申请人民法院强制执行。

第十八条　【政府的职责】国务院劳动行政部门依照本法有关规定制定仲裁规则。省、自治区、直辖市人民政府劳动行政部门对本行政区域的劳动争议仲裁工作进行指导。

> 注解

本条是关于政府职责的规定。

1. 劳动争议仲裁的仲裁规则，是指调整劳动争议仲裁进行的具体程序及此程序中相应的劳动争议仲裁法律关系的规则。需要注意的是，劳动争议仲裁的仲裁规则不是由劳动争议仲裁委员会自行制定或者当事人另外选定，而是由本法直接授权国务院劳动行政部门依照本法的有关规定制定，并且不得违反法律对劳动争议仲裁程序方面的强制性规定。

2. 关于制定劳动争议仲裁的仲裁规则的依据，本条明确要求国务院劳动行政部门依照本法制定劳动争议仲裁的仲裁规则。同时，劳动争议仲裁规则也不得与现行劳动法、民事诉讼法等有关法律、法规相冲突。

3. 劳动争议仲裁的仲裁规则的基本内容是规定当事人和劳动争议仲裁委员会在仲裁程序进行过程中的权利义务，以及行使和履行这些权利义务的方式。主要内容应包括：仲裁管辖、仲裁组织、仲裁申请和答辩、反请求程序、仲裁庭组成程序、审理程序、裁决程序，以及在相应程序中劳动争议仲裁委员会、仲裁员、当事人和其他劳动争议仲裁参加人的相关权利义务，等等。

配套

《劳动人事争议仲裁组织规则》；《劳动人事争议仲裁办案规则》

第十九条　【劳动争议仲裁委员会的组成与职责】 劳动争议仲裁委员会由劳动行政部门代表、工会代表和企业方面代表组成。劳动争议仲裁委员会组成人员应当是单数。

劳动争议仲裁委员会依法履行下列职责：

（一）聘任、解聘专职或者兼职仲裁员；

（二）受理劳动争议案件；

（三）讨论重大或者疑难的劳动争议案件；

（四）对仲裁活动进行监督。

劳动争议仲裁委员会下设办事机构，负责办理劳动争议仲裁委员会的日常工作。

注解

本条是关于劳动争议仲裁委员会的组成、职责和办事机构的规定。

1. 关于劳动争议仲裁委员会的组成，本条第一款明确规定了劳动争议仲裁委员会由三方代表组成，体现了劳动关系的三方原则。所谓劳动关系三方原则是指政府（通常以劳动行政部门为代表）、雇主组织和工会组织通过一定的协作机制共同处理涉及劳动关系的重要问题的原则。作为处理劳动争议的专门机构的劳动争议仲裁委员会，为了体现公平、公正，在人员组成方面也对国家、企业、劳动者三方利益进行平衡。因此从劳动法到本法，都规定了劳动争议仲裁委员会由三方组成。（1）劳动行政部门代表。在我国，劳动行政部门代表政府主管全国的劳动和社会保障事务。本法明确将其作为劳动争议仲裁委员会的一方代表，体现了政府在劳资纠纷处理中的主导作用。（2）工会代表。工会代表作为工会一方的代表，代表了广大职工的利益，工会的参与有利于保护弱势一方劳动者的合法权益。（3）企业方面代表。即雇主代表组织，在我国主要是指各种形式的企业联合组织。企业方面代表参与，有利于对相关法律、法规的充分理解和对当事人的说服、调解。鉴于劳动争议仲裁委员会由三方代表组成，三方代表权利义务相同。仲裁委员会在作决定时应当按照少数服从多数的原则进行，故劳动争议仲裁委员会的组成人数必须是单数。

2. 关于仲裁员的规定，仲裁员必须符合本法第20条的条件要求。兼职仲裁员和专职仲裁员在执行仲裁事务时享有同等的权利。兼职仲裁员在进行仲裁活动时，应征得其所在单位同意，所在单位应当给予支持。

3. 劳动争议仲裁委员会依法受理劳动争议案件是其法定职责，这包括受理劳动争议当事人直接请求仲裁的争议，也包括虽经调解，但调解不成或者调解后当事人反悔而请求仲裁的争议。受理劳动争议案件不是任意的，而要依照本法有关规定进行必要的审查，看是否存在劳动争议，争议双方是否具备主体资格，争议是否属于仲裁管辖范围，争议是否已过仲裁时效期间等。

4. 本条第2款第3项中所谓的重大案件，是指案情复杂、涉及范围广、争议标的金额较大，案发后案件处理结果影响较大的案件。所谓疑难案件，是指案件的处理依据不明确，法律适用问题存在争议的案件。这一类案件由劳动争议仲裁委员会讨论比较适宜。

5. 关于劳动争议仲裁委员会办事机构的性质。目前我国各劳动争议仲裁委员会的办事机构设在劳动行政部门内，因而具有双重身份，既是劳动争议仲裁委员会的办事机构，又是劳动行政部门的职能部门，具体承担劳动争议调解仲裁等日常工作。

> 配套

《劳动人事争议仲裁组织规则》第 10 条

第二十条 【仲裁员】劳动争议仲裁委员会应当设仲裁员名册。

仲裁员应当公道正派并符合下列条件之一：
（一）曾任审判员的；
（二）从事法律研究、教学工作并具有中级以上职称的；
（三）具有法律知识、从事人力资源管理或者工会等专业工作满五年的；
（四）律师执业满三年的。

> 应用

15. 对劳动争议仲裁员应如何管理监督？

依据本法第 34 条的规定，仲裁员有下列情形之一，劳动争议仲裁委员会应当将其解聘：（1）劳动争议仲裁委员会发现其所聘任的仲裁员不符合本法第 20 条规定的条件的；（2）仲裁员私自会见当事人、代理人，或者接受当事人、代理人请客送礼的；（3）仲裁员有索贿受贿、徇私舞弊、枉法裁决行为的。

> 配套

本法第 33、34 条；《劳动人事争议仲裁组织规则》第 21 条

第二十一条 【劳动争议仲裁案件的管辖】劳动争议仲裁委员会负责管辖本区域内发生的劳动争议。

劳动争议由劳动合同履行地或者用人单位所在地的劳动争议仲裁委员会管辖。双方当事人分别向劳动合同履行地和用人单位所在地的劳动争议仲裁委员会申请仲裁的，由劳动合同履行地的劳动争议仲裁委员会管辖。

> 注解

本条是关于劳动争议仲裁管辖的规定。

1. 劳动争议仲裁管辖，是指确定各个劳动争议仲裁委员会审理劳动争议案件的分工和权限，明确当事人应当到哪一个劳动争议仲裁委员会申请劳动争议仲裁，由哪一个劳动争议仲裁委员会受理的法律制度。需要注意的是，从劳动争议仲裁委员会的设立可以看出，劳动争议的管辖区域与各级行政区划不完全一致。有时，一个劳动争议仲裁委员会可能同时管辖好几个市辖区，有时一个劳动争议仲裁委员会可能只管辖一个县或者市辖区内的劳动争议案件。这就需要省级人民政府在依法设立劳动争议仲裁委员会的时候，必须同时划定该劳动争议仲裁委员会的管辖区域。

2. 发生劳动争议的当事人必须到有管辖权的劳动争议仲裁委员会去申请仲裁。这里的用人单位所在地一般是指用人单位的注册地，用人单位的注册地与经常营业地不一致的，用人单位所在地指用人单位经常营业地。《劳动人事争议仲裁办案规则》第8条规定，劳动合同履行地为劳动者实际工作场所地，用人单位所在地为用人单位注册、登记地或者主要办事机构所在地。用人单位未经注册、登记的，其出资人、开办单位或者主管部门所在地为用人单位所在地。双方当事人分别向劳动合同履行地和用人单位所在地的仲裁委员会申请仲裁的，由劳动合同履行地的仲裁委员会管辖。有多个劳动合同履行地的，由最先受理的仲裁委员会管辖。劳动合同履行地不明确的，由用人单位所在地的仲裁委员会管辖。案件受理后，劳动合同履行地或者用人单位所在地发生变化的，不改变争议仲裁的管辖。需要注意的是，在实践中，大多数情况下，劳动合同的履行地即为用人单位所在地，二者是重合的。选择劳动合同履行地或者用人单位所在地的劳动争议仲裁委员会进行劳动争议仲裁，既方便劳动者和用人单位参加仲裁活动，又方便劳动争议仲裁委员会对仲裁案件的审理活动；且一旦仲裁裁决发生法律效力，当事人向人民法院申请强制执行时，还便于人民法院进行强制执行。

3. 我国的劳动争议仲裁实行的是特殊地域管辖，不实行级别管辖或者协定管辖。特殊地域管辖是指依照当事人之间的某一个特殊的联结点确定的管辖。本法以劳动合同履行地和用人单位所在地作为联结点确定劳动争议仲裁管辖，因此是特殊地域管辖。同时，本法不允许双方当事人协议选择劳动合同履行地或者用人单位所在地以外的其他劳动争议仲裁委员会进行管辖。

4. 劳动争议仲裁委员会设在同一层面的不同地域，相互之间是独立的，没有隶属关系，不存在上级仲裁委员会可以变更或者撤销下级仲裁委员会作出的仲裁裁决的问题。因此，劳动争议仲裁不实行级别管辖。在出现管辖权争议时，法律明确规定由劳动合同履行地的劳动争议仲裁委员会管辖，这也基本避免了由上级主管部门指定管辖的情形。

应用

16. 如何确定一个劳动争议是否发生在本劳动仲裁委员会管辖区域范围内？

根据本条第2款的规定，劳动争议由劳动合同履行地或者用人单位所在地的劳动争议仲裁委员会管辖。这就是说，只要发生争议的当事人一方的用人单位所在地或者发生争议的当事人之间的劳动合同的履行地是在一个劳动争议仲裁委员会的管辖范围内，则该劳动争议仲裁委员会为有管辖权的劳动争议仲裁委员会。本条第二款还进一步规定，发生劳动争议的双方当事人分别向劳动合同履行地和用人单位所在地的劳动争议仲裁委员会申请仲裁的，由劳动合同履行地的劳动争议仲裁委员会管辖。这主要是为了解决当事人就劳动争议仲裁委员会的管辖权发生争议时，如何确定劳动争议仲裁管辖的问题。根据本条的规定，发生劳动争议的劳动者和用人单位分别向劳动合同履行地和用人单位所在地的劳动争议仲裁委员会申请仲裁的，则只能由劳动合同履行地的劳动争议仲裁委员会管辖。

第二十二条　【劳动争议仲裁案件的当事人】发生劳动争议的劳动者和用人单位为劳动争议仲裁案件的双方当事人。

劳务派遣单位或者用工单位与劳动者发生劳动争议的，劳务派遣单位和用工单位为共同当事人。

注解

本条对劳动争议仲裁的当事人作了规定。

1. 劳动争议仲裁当事人是指因劳动权益纠纷，以自己的名义参加劳动争议仲裁活动，请求保护自己的合法权益，并受劳动争议仲裁委员会仲裁裁决约束的直接利害关系人。劳动争议仲裁当事人具有以下特点：（1）为劳动争议的一方。（2）以自己的名义参加劳动争议仲裁活动。如果不是以自己的名义而是以他人的名义参加到仲裁程序中的，如仲裁代理人等都不是劳动争议仲裁的当事人。（3）与案件有直接利害关系，即指劳动争议仲裁当事人是劳动权益纠纷的法律关系的主体，是权利享有者和义务承担者。与案件没有直接利害关系的人，如支持劳动者仲裁的工会等，不是劳动争议仲裁的当事人。（4）受劳动争议仲裁委员会裁决的约束。劳动争议仲裁委员会作出的裁决，对当事人具有法律上的约束力。虽以自己的名义参加劳动争议仲裁，但不受劳动争议仲裁委员会的仲裁裁决直接约束的人，如证人、鉴定人，不是劳动争议仲裁的当事人。

2. 当事人申请劳动争议仲裁应当具备的条件有：（1）申请人必须是与申请仲裁的劳动争议有直接利害关系的劳动者或者用人单位。（2）申请仲裁的争议必须是劳动争议。如果不是劳动争议，而是民事、经济纠纷，或者是劳动行政纠纷，劳动争议仲裁委员会将不予受理。（3）申请仲裁的劳动争议必须是属于本法第2条规定的劳动争议仲裁的受案范围。（4）当事人必须向有管辖权的劳动争议仲裁委员会申请仲裁。（5）有明确的被申请人和具体的仲裁请求及事实依据。（6）除非遇到不可抗力或者有其他正当理由，申请仲裁必须在本法规定的时效期间内提出等。

3. 本条第2款明确规定了劳务派遣单位或者用工单位与劳动者发生劳动争议的，劳务派遣单位和用工单位为共同当事人。劳务派遣的最大特点是劳动力雇佣与劳动力使用相分离，被派遣劳动者不与被派遣的单位（即真正的用工单位）签订劳动合同，发生劳动关系，而是与派遣机构（即劳务派遣单位）签订劳动合同，存在劳动关系，但却要被派遣到用工单位，在用工单位的监督管理下劳动，形成"有关系没劳动，有劳动没关系"的特殊用工形态。用工单位借劳务派遣降低用工成本、规避责任风险问题更为突出。为了最大限度地保护劳动者的合法权益，劳动合同法对劳务派遣问题作出了严格的规范，其中第92条第2款规定，劳务派遣单位违反劳动合同法规定，给被派遣劳动者造成损害的，劳务派遣单位与用工单位承担连带赔偿责任。劳务派遣单位或者用工单位与劳动者发生劳动争议的，劳务派遣单位和用工单位为共同当事人。

应用

17. 劳动争议仲裁的当事人在劳动争议仲裁中有哪些权利？

劳动争议仲裁的当事人在劳动争议仲裁中的权利主要有：（1）有权提出仲裁申请；（2）有权委托代理人；（3）有权提出答辩、回避和提供证据；（4）有权自行和解、达成协议和拒绝调解；（5）有权要求仲裁员对其个人隐私保密；(6) 有权要求追究仲裁人员违法行为的法律责任等。

18. 申请人的资格如何确定？

在实践中，申请人的主体资格比较容易确定，在目前的劳动争议仲裁案件中，绝大多数申请人为劳动者。确认申请人的主体资格应以是否存在劳动关系为依据。只要劳动者与用人单位存在劳动关系（包括事实劳动关系），与用人单位发生劳动争议申请仲裁的就具有申请人的主体资格。劳动者丧失或者部分丧失民事行为能力的，由其法定代理人代为参加仲裁活动；无法确定代理人的，由劳动争议仲裁委员会为其指定代理人。劳动者死亡的，由其近亲属或者代理人参加仲裁活动。

19. 用人单位发生变更时，当事人的资格应如何确定？

用人单位发生变更的，应以变更后的用人单位作为被申请人。用人单位的变更会对劳动者的劳动权利义务产生一定影响，但无论怎样变更都不应该导致劳动权利义务的消灭。用人单位与其他单位合并的，合并前发生的劳动争议，由合并后的单位为当事人；用人单位分立为若干单位的，其分立前发生的劳动争议，由分立后的实际用人单位为当事人。用人单位分立为若干单位后，具体承受劳动权利义务的单位不明确的，分立后的单位均为当事人。

20. 用人单位发生终止的情况时，应如何确定当事人？

用人单位终止的，应区分情况以用人单位的主管部门、开办单位或者依法成立的清算组作为被申请人。《劳动人事争议仲裁办案规则》第6条规定，发生争议的用人单位未办理营业执照、被吊销营业执照、营业执照到期继续经营、被责令关闭、被撤销以及用人单位解散、歇业，不能承担相关责任的，应当将用人单位和其出资人、开办单位或者主管部门作为共同当事人。

21. 劳动者在其用人单位与其他平等主体之间的承包经营期间，与发包方和承包方双方或者一方发生劳动争议，应如何确定当事人？

劳动者在用人单位与其他平等主体之间的承包经营期间，与发包方和承包方双方或者一方发生劳动争议，依法提起诉讼的，应当将承包方和发包方作为当事人。《劳动人事争议仲裁办案规则》第7条规定，劳动者与个人承包经营者发生争议，依法向仲裁委员会申请仲裁的，应当将发包的组织和个人承包经营者作为共同当事人。

22. 劳动者丧失劳动能力或者死亡时，应如何确定劳动争议仲裁的当事人？

根据本法第25条规定，丧失或者部分丧失民事行为能力的劳动者，由其法定代理人代为参加仲裁活动；无法定代理人的，由劳动争议仲裁委员会为其指定代理人。劳动者死亡的，由其近亲属或者代理人参加仲裁活动。

23. 用人单位招用尚未解除劳动合同的劳动者发生纠纷时，应如何确定劳动争议仲裁的当事人？

用人单位招用尚未解除劳动合同的劳动者，原用人单位与劳动者发生的劳动争议，可以列新的用人单位为第三人。原用人单位以新的用人单位侵权为由提起诉讼的，可以列劳动者为第三人。原用人单位以新的用人单位和劳动者共同侵权为由提起诉讼的，新的用人单位和劳动者列为共同被告。

配套

本法第25条；《劳动部对〈关于破产企业能否成为被诉人的请示〉的复函》；《劳动部对〈关于因破产、被工商部门吊销营业执照或自行解散的企业拖欠职工工资引发的劳动争议如何确认被诉人的请示〉的复函》；《最高人民法院关于审理劳动争议案件适用法律问题的解释（一）》第26-31条；《中华人民共和国劳动合同法》第33、34条；《劳动人事争议仲裁办案规则》第6、7条

第二十三条　【有利害关系的第三人】与劳动争议案件的处理结果有利害关系的第三人，可以申请参加仲裁活动或者由劳动争议仲裁委员会通知其参加仲裁活动。

注解

本条是关于劳动争议仲裁第三人的规定。

1. 劳动争议仲裁中的第三人是指与劳动争议案件的处理结果有法律上的利害关系，仲裁程序开始后参加进来以维护自己的合法权益的人。第三人参加仲裁活动，可以由自己主动申请参加，也可由仲裁委员会通知其参加。

2. 在第三人参加仲裁活动中应注意以下几个方面的问题：

第一，第三人与案件处理结果有法律上的利害关系是指实体权利义务上的关系。

第二，第三人参加仲裁活动有两种方式：第三人申请参加仲裁，或者由劳动争议仲裁委员会通知第三人参加仲裁。

第三，第三人参加仲裁的时间应是在劳动争议仲裁程序开始后且尚未作出仲裁裁决之前。

第四，凡是涉及第三人利益的劳动争议案件，第三人未参加仲裁的，仲裁裁决对其不发生法律效力。

第五，参加仲裁活动的第三人，如对仲裁裁决其承担责任不服，可以依法向人民法院提起诉讼。

应用

24. 在劳动争议仲裁中，第三人有哪些权利义务？

在劳动争议仲裁中，第三人的具体权利义务主要表现为：有权了解申请人申请事实和理由、被申请人答辩的事实和理由；有权要求查阅和复制案卷的有关材料，了解仲裁的进展情况；有权陈述自己的意见，并向劳动争议仲裁委员会递交自己对该争议的意见书；无权对案件的管辖权提出异议；无权放弃或者变更申请人或者被申请人的仲裁请求；不得撤回仲裁申请等。

25. 用人单位招用与其他用人单位尚未解除或者终止劳动合同的劳动者，给其他用人单位造成损失的，应当承担怎样的责任？

根据现行的《劳动合同法》第91条规定，用人单位招用与其他用人单位尚未解除或者终止劳动合同的劳动者，给其他用人单位造成损失的，应当承担连带赔偿责任。原用人单位与劳动者劳动争议申请劳动争议仲裁的，可以列新用人单位为第三人。

配套

《中华人民共和国劳动合同法》第91条

第二十四条 【委托代理人参加仲裁活动】当事人可以委托代理人参加仲裁活动。委托他人参加仲裁活动，应当向劳动争议仲裁委员会提交有委托人签名或者盖章的委托书，委托书应当载明委托事项和权限。

注解

本条是关于委托仲裁代理的规定。

1. 本条是关于委托仲裁代理制度的规定。委托仲裁代理是指受当事人的委托，代理人以被代理人的名义代为参加仲裁活动的制度。委托仲裁代理具有以下特征：(1) 代理权的发生基于当事人的意思表示，即代理权基于当事人的授权而发生，而非法律的规定或者仲裁委员会的指定。(2) 代理权限由当事人决定，而非法律规定。(3) 当事人委托他人参加仲裁活动，应当向劳动争议仲裁委员会提交委托书。

2. 委托书应当载明委托事项和权限。当事人向劳动争议仲裁委员会提交的授权委托书应当明确委托事项和权限。根据民事诉讼法对委托代理的规定，结合代理的有关理论，委托代理人代理仲裁活动时，代为承认、放弃、变更仲裁请求，进行和解、调解的，必须有委托人的特别授权。委托仲裁代理人是根据当事人、法定代理人、法定代表人的授权委托而代为进行仲裁活动的，委托代理人只有在代理权限范围内进行的代理行为所产生的法律后果才能由被代理人承担。因此，应当在委托书中写明代理权限，是委托其代理整个仲裁活动中的一项或几项仲裁行为，还是所有的仲裁行为。

应用

26. 委托代理的授权委托书无明确授权的，其效力应如何认定？

根据授权范围的不同，可以将劳动争议仲裁中的委托代理分为一般委托代理和特别委托代理。一般委托代理，是指代理人只能代理被代理人为一般仲裁行为的代理。特别委托代理，是指代理人不仅可以为被代理人代理一般仲裁行为，而且还可以根据被代理人的特别授权，代为承认、放弃、变更仲裁请求，进行和解、调解等仲裁行为的代理。对代理人进行特别授权，应当对此作出特别且明确的说明。授权委托书无明确授权的，只写"委托某某代理仲裁"或"全权代理"的，视为代理人无权代为承认、放弃、变更仲裁请求，进行和解、请求和接受调解，只可以进行除上述涉及实体权利处分以外的其他仲裁行为。

27. 什么情况下，仲裁委托代理关系应该终止？

关于委托代理的终止，本法并没有作出明确规定，结合民事诉讼法的相关规定，委托代理产生后，出现下列情况之一的，委托代理权即归于消灭：(1) 仲裁程序终结；(2) 委托代理人死亡或者丧失行为能力；(3) 委托人解除委托或者代理人辞去委托。

配套

《中华人民共和国民法典》第一编第七章；《中华人民共和国民事诉讼法》第60-64条

第二十五条 【法定代理人、指定代理人或近亲属参加仲裁的情形】 丧失或者部分丧失民事行为能力的劳动者，由其法定代理人代为参加仲裁活动；无法定代理人的，由劳动争议仲裁委员会为其指定代理人。劳动者死亡的，由其近亲属或者代理人参加仲裁活动。

注解

本条是关于法定代理和指定代理的规定。

1. 本法没有对法定仲裁代理人的范围作出直接的规定。[①] 一般认为，在劳动争议仲裁中，丧失或者部分丧失民事行为能力的劳动者的监护人是他的法定代理人。实践中，最常见的法定仲裁代理人主要有父母、配偶、成年的兄、姐等。

2. 由于法定代理人是基于法律规定而行使代理权的人，并且法定代理人对被代理人享有亲权或者监护权，因此，法定代理人的代理权限与被代理人的权利是同等的，即法定代理人不仅享有仲裁程序中的一般性权利，如本法第24条规定的委托代理人参加仲裁活动的权利，而且还可以根据自己的意愿处分被代理人的实体性权利，如承认、变更和放弃仲裁请求，进行和解或者调解等。

3. 关于劳动者死亡的情形，需要注意的是，劳动者死亡后，其生前所参加的劳动关系引发的劳动争议还未得到处理的，为保障劳动者及其家属的合法权益，由其近亲属或者代理人参加仲裁活动。这时，其近亲属或者代理人

[①] 《中华人民共和国民事诉讼法》第60条规定："无诉讼行为能力人由他的监护人作为法定代理人代为诉讼。……"《中华人民共和国民法典》第21条第1款规定："不能辨认自己行为的成年人为无民事行为能力人，由其法定代理人代理实施民事法律行为。"第28条规定："无民事行为能力或者限制民事行为能力的成年人，由下列有监护能力的人按顺序担任监护人：（一）配偶；（二）父母、子女；（三）其他近亲属；（四）其他愿意担任监护人的个人或者组织，但是须经被监护人住所地的居民委员会、村民委员会或者民政部门同意。"

是仲裁案件的当事人。

应用

28. 劳动仲裁的法定代理人的代理权在什么情况下丧失?

法定代理是法律为保护被代理人合法权益而设立的一项法律制度。对法定代理人来说，担任代理人既是法律赋予的民事权利，也是一项民事义务。法定代理人没有充分理由，不得拒绝代理。在仲裁程序中，法定代理人的代理权因下列情形之一而消灭：（1）被代理人恢复了行为能力；（2）被代理人死亡；（3）法定代理人死亡或者丧失行为能力；（4）法定代理人失去对被代理人的亲权或者监护权。

配套

《中华人民共和国民法典》第21-28、175条；《中华人民共和国民事诉讼法》第60条

第二十六条 【仲裁公开原则及例外】劳动争议仲裁公开进行，但当事人协议不公开进行或者涉及国家秘密、商业秘密和个人隐私的除外。

注解

本条是关于劳动争议仲裁公开的规定。

1. 本法对劳动争议仲裁案件公开进行仲裁的具体程序和要求没有作出进一步规定，实践中，一些地方制定了劳动争议仲裁开庭公开审理实施办法对此作出具体规定。

2. 本条中的国家秘密是指关系国家的安全和利益，依照法定程序确定，在一定时间内只限一定范围的人员知悉的事项。按照《中华人民共和国保守国家秘密法》第9条的规定，下列事项属于国家秘密：（1）国家事务重大决策中的秘密事项；（2）国防建设和武装力量活动中的秘密事项；（3）外交和外事活动中的秘密事项以及对外承担保密义务的秘密事项；（4）国民经济和社会发展中的秘密事项；（5）科学技术中的秘密事项；（6）维护国家安全活动和追查刑事犯罪中的秘密事项；（7）经国家保密行政管理部门确定的其他秘密事项。国家秘密的密级分为"绝密"、"机密"、"秘密"三级。"绝密"是最重要的国家秘密，泄露会使国家的安全和利益遭受特别严重的损害；

"机密"是重要的国家秘密,泄露会使国家的安全和利益遭受严重的损害;"秘密"是一般的国家秘密,泄露会使国家的安全和利益遭受损害。所以,为避免公开仲裁造成国家秘密泄露,给国家安全和利益造成损失,涉及国家秘密的案件不进行公开仲裁。

3. 商业秘密,是指不为公众所知悉、能为权利人带来经济利益、具有实用性并经权利人采取保密措施的技术信息和经营信息。商业秘密一般具有以下四个基本特征:(1)秘密性。商业秘密首先必须是处于秘密状态的信息,不可能从公开的渠道所获悉。即不为所有者或所有者允许知悉范围以外的其他人所知悉,不为同行业或者该信息应用领域的人所普遍知悉。(2)实用性。商业秘密必须是一种现在或者将来能够应用于生产经营或者对生产经营有用的具体的技术方案和经营策略。不能直接或间接使用于生产经营活动的信息,不具有实用性,不属于商业秘密。(3)保密性。保密性是指权利人采取保密措施,通过合理的保密手段,明示其保密意图。(4)价值性。价值性是指该商业秘密自身所蕴含的经济价值和市场竞争价值,并能实现权利人追求利益的目的。对于涉及商业秘密的内容,如果公开仲裁,造成商业秘密泄露,会对企业造成经济损失,降低其市场竞争力。经当事人提出不公开开庭的申请,对涉及商业秘密的案件不进行公开仲裁。

4. 个人隐私是指个人不愿意为他人知晓和干预的私人生活,包括私人生活不受他人非法干扰,私人信息不受他人非法收集、公开等。规定涉及个人隐私的案件不进行公开裁决,有利于对当事人合法权益的保护,是对个人隐私权的尊重。

配套

《中华人民共和国保守国家秘密法》第9、10条;《中华人民共和国反不正当竞争法》第9条

第二节 申请和受理

第二十七条 【仲裁时效】 劳动争议申请仲裁的时效期间为一年。仲裁时效期间从当事人知道或者应当知道其权利被侵害之日起计算。

前款规定的仲裁时效,因当事人一方向对方当事人主张权

利,或者向有关部门请求权利救济,或者对方当事人同意履行义务而中断。从中断时起,仲裁时效期间重新计算。

因不可抗力或者有其他正当理由,当事人不能在本条第一款规定的仲裁时效期间申请仲裁的,仲裁时效中止。从中止时效的原因消除之日起,仲裁时效期间继续计算。

劳动关系存续期间因拖欠劳动报酬发生争议的,劳动者申请仲裁不受本条第一款规定的仲裁时效期间的限制;但是,劳动关系终止的,应当自劳动关系终止之日起一年内提出。

注解

本条是关于申请仲裁的时效期间的规定。

1. 仲裁时效,具体来说就是指权利人于一定期间内不行使请求劳动争议仲裁机构保护其民事权利的请求权,就丧失该请求权的法律制度。仲裁时效具有以下四个方面的突出特征:第一,从仲裁时效的条件上看,仲裁时效是以权利人不行使请求劳动争议仲裁机构保护其权利的事实状态为前提的。第二,在仲裁时效完成后,权利人所丧失的并非是向劳动争议仲裁机构申请仲裁的权利。在时效完成后,权利人仍有权向劳动争议仲裁机构申请仲裁,不过劳动争议仲裁机构不再保护其权利。第三,仲裁时效具有强制性。法律关于仲裁时效的规定,属于强制性规范,当事人不得协议排除对仲裁时效的适用,也不得协议变更仲裁时效的期间。第四,仲裁时效具有特殊性。所谓特殊性,是指这里规定的仲裁时效仅适用于劳动争议仲裁案件。

2. 仲裁时效为一年。我国现行的《劳动法》第82条规定,提出仲裁要求的一方应当自劳动争议发生之日起六十日内向劳动争议仲裁委员会提出书面申请。现本法将该时效期限规定为一年。本法自2008年5月1日起施行之后,仲裁时效应当按照本法的规定执行。

3. 关于仲裁时效的计算,根据本条规定,仲裁时效期间从当事人知道或者应当知道其权利被侵害之日起计算。权利人知道自己的权利遭到了侵害,这是其请求劳动争议仲裁机构保护其权利的基础。从这一时间点开始计算仲裁时效期间,符合仲裁时效是权利人请求仲裁机构保护权利的法定期间的本意。知道权利遭受了侵害,指权利人主观上已了解自己权利被侵害事实的发生；应当知道权利遭受了侵害，指权利人尽管主观上不了解其权利已被侵害的事实，但根据他所处的环境，有理由认为他已了解被侵害的事实，他对侵害的不知情，出于对自己的权利未尽到必要的注意或将其作为推延仲裁时效期间起算点的借口的情况。仲裁时效的起算，以权利人的权利客观上受到了侵害且主观上已知晓权利被侵害的事实为构成要件。权利人主观上认为自己的权利受到了侵害，而事实上其权利并未受到侵害的，不能使仲裁时效期间开始计算。

【应用】

29. 事业单位人事争议仲裁时效如何计算？

关于事业单位人事争议仲裁时效如何计算的问题，《最高人民法院关于人事争议申请仲裁的时效期间如何计算的批复》（2013年9月12日，法释〔2013〕23号）规定："依据《中华人民共和国劳动争议调解仲裁法》第二十七条第一款、第五十二条的规定，当事人自知道或者应知道其权利被侵害之日起一年内申请仲裁，仲裁机构予以受理的，人民法院应予认可。"

【配套】

《最高人民法院关于人事争议申请仲裁的时效期间如何计算的批复》；《劳动人事争议仲裁办案规则》第26-28条；《中华人民共和国民法典》第一编总则第九章

第二十八条　【仲裁申请书】申请人申请仲裁应当提交书面仲裁申请，并按照被申请人人数提交副本。

仲裁申请书应当载明下列事项：

（一）劳动者的姓名、性别、年龄、职业、工作单位和住所，用人单位的名称、住所和法定代表人或者主要负责人的姓名、职务；

（二）仲裁请求和所根据的事实、理由；

（三）证据和证据来源、证人姓名和住所。

书写仲裁申请确有困难的，可以口头申请，由劳动争议仲裁委员会记入笔录，并告知对方当事人。

第二十九条　【仲裁的受理】劳动争议仲裁委员会收到仲裁

申请之日起五日内，认为符合受理条件的，应当受理，并通知申请人；认为不符合受理条件的，应当书面通知申请人不予受理，并说明理由。对劳动争议仲裁委员会不予受理或者逾期未作出决定的，申请人可以就该劳动争议事项向人民法院提起诉讼。

【注解】

本条是关于仲裁申请的受理与不受理的规定。

需要注意的是，根据本条规定，劳动争议仲裁委员会认为不符合受理条件的，应当书面通知申请人不予受理，并说明理由。由于申请人必须证明其已经历了申请仲裁的程序，才能向人民法院提起诉讼，因此，如果劳动争议仲裁委员会不予受理，应当书面通知申请人，并说明理由，便于申请人寻求司法救济。如果劳动争议仲裁委员会不在规定的时间内作出受理决定或者出具不予受理通知书，拖延了时间，使劳动争议双方的权利义务关系处于不确定状态，不利于劳动争议案件的处理，损害了当事人的合法权益。因此本条规定："对劳动争议仲裁委员会不予受理或者逾期未作出决定的，申请人可以就该劳动争议事项向人民法院提起诉讼。"根据这一规定，如果劳动争议仲裁委员会不予受理或者超过了五日没有向申请人出具不予受理通知书的，当事人即可以就劳动争议的内容向人民法院提起诉讼，进入诉讼程序，由人民法院审理劳动争议案件。应当注意的是，这样的规定也意味着如果劳动争议仲裁委员会既不受理，也不出具不予受理书面通知的，申请人可以直接向人民法院提起诉讼。本法没有对不予受理或者逾期未作出是否受理决定的情况下，申请人向法院提起诉讼的期间作出规定，应当理解为提起诉讼的期间适用民事诉讼时效的规定。

【应用】

30. 劳动争议仲裁委员会对当事人的仲裁申请的受理，会产生怎样的法律后果？

劳动争议仲裁委员会对当事人的仲裁申请一经受理，便产生了以下法律后果：（1）申请人和被申请人取得了当事人资格，各自依法享有本法规定的仲裁中的权利并承担仲裁中的义务。（2）劳动争议仲裁委员会取得了对这一案件的仲裁权，仲裁程序从此开始，劳动争议仲裁委员会与当事人发生仲裁法律关系。该劳动争议仲裁委员会有权利也有义务依照本法规定的仲裁规则组成仲裁庭对这一案件进行审理并作出裁决。当事人不得就同一纠纷向人民法院提起诉讼或向其他劳动争议仲裁委员会申请仲裁，人民法院或其他仲裁委员会也不得受理当事人的起诉或者仲裁申请。(3) 仲裁时效中断。根据本法第27条规定，仲裁时效因当事人一方向对方当事人主张权利，或者向有关部门请求权利救济，或者对方当事人同意履行义务而中断。当事人申请仲裁后，时效期间应当重新计算。

31. 劳动争议仲裁委员会受理当事人的仲裁申请后，应如何进行审查？

劳动争议仲裁委员会受理当事人的仲裁申请后，本法没有明确受理条件，但根据相关条文和民事诉讼的有关规定，劳动争议调解委员会可以从以下几个方面进行审查：

(1) 关于是否属于劳动争议，劳动争议仲裁委员会只负责审理法定的劳动争议案件，如果双方争议的事项不属于上述规定中的内容，不是劳动争议，则不属于劳动争议仲裁委员会的受案范围，劳动争议仲裁委员会应当不予受理。

(2) 关于是否属于受理的劳动争议仲裁委员会管辖，本法第21条第2款规定："劳动争议由劳动合同履行地或者用人单位所在地的劳动争议仲裁委员会管辖。双方当事人分别向劳动合同履行地和用人单位所在地的劳动争议仲裁委员会申请仲裁的，由劳动合同履行地的劳动争议仲裁委员会管辖。"因此，劳动争议仲裁委员会受理当事人的仲裁申请后，应当审查是否属于本仲裁委员会管辖。如果不属于本仲裁委员会管辖的，应当移送有管辖权的劳动争议仲裁委员会。《劳动人事争议仲裁办案规则》第9条规定，仲裁委员会发现已受理案件不属于其管辖范围的，应当移送至有管辖权的仲裁委员会，并书面通知当事人。对上述移送案件，受移送的仲裁委员会应当依法受理。受移送的仲裁委员会认为移送的案件按照规定不属于其管辖，或者仲裁委员会之间因管辖争议协商不成的，应当报请共同的上一级仲裁委员会主管部门指定管辖。

(3) 申请人与申请仲裁的事项是否有直接利害关系。有直接利害关系是指申请人自己的劳动权利受到侵害或者与另一方当事人发生劳动争议。只有申请人是为了保护自己的劳动权利而申请仲裁，才是合格的申请人。

(4) 有明确的被申请人。申请人提出仲裁申请，应当明确被申请人是谁,也就是说与谁发生劳动争议。

(5)具体的仲裁请求和事实、理由。仲裁请求是申请人想通过仲裁程序达到的目的,也就是向劳动争议仲裁委员会提出保护自己权利的具体内容。仲裁请求所根据的事实和理由包括:当事人之间纠纷形成的事实,双方当事人争执的焦点,请求的依据和理由及适用的法律等。

劳动争议仲裁委员会经过审查,认为符合上述条件的,就应当在收到仲裁申请之日起五日内受理。

32. 本条规定的"五日"受理期限,是否包含节假日?

本条中的"五日"是指工作日,不含法定节假日。

工作日的计算除不包括一般的公休日外,还不包括法定节假日。根据《全国年节及纪念日放假办法》的规定,法定节假日主要是指全体公民放假的节日,这些假日包括:(1)新年,放假1天(1月1日);(2)春节,放假3天(农历正月初一、初二、初三);(3)清明节,放假1天(农历清明当日);(4)劳动节,放假1天(5月1日);(5)端午节,放假1天(农历端午当日);(6)中秋节,放假1天(农历中秋当日);(7)国庆节,放假3天(10月1日、2日、3日)。全体公民放假的假日,如果适逢星期六、星期日,应当在工作日补假。本条中的法定节假日主要是指可能对劳动争议仲裁工作进程造成影响的全体公民放假的节日。法定节假日在我国还包括部分公民放假的节日及纪念日,主要为:妇女节、青年节、儿童节、中国人民解放军建军纪念日等。部分公民放假的节日及纪念日,一般不会影响到劳动争议仲裁机构的工作进程,如果本条规定的"五日"劳动争议仲裁期间包含了这一部分节日,不会影响劳动争议仲裁期间的计算。

33. 劳动争议仲裁委员会以当事人申请仲裁的事项不属于劳动争议为由,作出不予受理的书面裁决、决定或者通知,当事人不服,依法向人民法院起诉的,应如何处理?

如果出现上述情况,人民法院应当分别情况予以处理:(1)属于劳动争议案件的,应当受理;(2)虽不属于劳动争议案件,但属于人民法院主管的其他案件,应当依法受理。

34. 劳动争议仲裁机构以无管辖权为由对劳动争议案件不予受理,当事人不服,依法向人民法院起诉的,应如何处理?

劳动争议仲裁机构以无管辖权为由对劳动争议案件不予受理,当事人提起诉讼的,人民法院按照以下情形分别处理:(1)经审查认为该劳动争议仲裁机构对案件确无管辖权的,应当告知当事人向有辖权的劳动争议仲裁机构申请仲裁;(2)经审查认为该劳动争议仲裁机构有管辖权的,应当告知当事人申请仲裁,并将审查意见书面通知该劳动争议仲裁机构;劳动争议仲裁机构仍不受理,当事人就该劳动争议事项提起诉讼的,人民法院应予受理。

35. 劳动争议仲裁委员会以申请仲裁的主体不适格为由,作出不予受理的书面裁决、决定或者通知,当事人不服,依法向人民法院起诉的,应如何处理?

出现上述情况,人民法院应当分别情况予以处理:如果经审查,确属主体不适格的,人民法院不予受理;已经受理的,裁定驳回起诉。

配套

《最高人民法院关于审理劳动争议案件适用法律问题的解释(一)》第5-12条;《劳动人事争议仲裁办案规则》第9条

第三十条 【被申请人答辩书】 劳动争议仲裁委员会受理仲裁申请后,应当在五日内将仲裁申请书副本送达被申请人。

被申请人收到仲裁申请书副本后,应当在十日内向劳动争议仲裁委员会提交答辩书。劳动争议仲裁委员会收到答辩书后,应当在五日内将答辩书副本送达申请人。被申请人未提交答辩书的,不影响仲裁程序的进行。

应用

36. 申请人如果是口头申请仲裁的,应如何处理?

根据本条规定,劳动争议仲裁委员会受理仲裁申请后,应当在五日内将仲裁申请书副本送达被申请人。如果申请人是口头申请仲裁的,劳动争议仲裁委员会也应在五日内将口述笔录的复制本发送被申请人,或者口头将申请人申请的内容通知被申请人。向被申请人送达仲裁申请书副本的期限从立案之次日起计算。

37. 仲裁答辩书应包含哪些内容?

被申请人的答辩应以书面的方式作出。答辩既可以是实体方面的内容,也可以是程序方面的内容。在程序方面主要是申请人无权提起仲裁,劳动争议仲裁委员会无权管辖等。在实体方面重点是要针对申请人的仲裁请求及其所依据的事实和理由进行反驳和辩解,阐明自己的主张和根据,并可以提出反请求。仲裁答辩书主要由以下部分组成:(1)首部。主要包括标题和当事人基本情况。(2)案由。简要写明对何人提出的仲裁案件进行答辩。(3)答辩意见。该部分应对申请人的仲裁请求进行明确答复,清楚地表明自己的态度,写明自己对案件的主张和理由。(4)反请求。若被申请人有反请求,要具体写明反请求的各项内容及其所依据的事实证据和理由。(5)尾部。该部分应写明致送的劳动争议仲裁委员会的全称,在右下方写明答辩人的姓名,答辩人是法人或其他组织的,要写出其全称,并另行写出法定代表人或主要负责人的姓名、职务,如委托仲裁代理人,代理人也应签名、盖章,并注明年、月、日。在附项栏中写明附件的份数及名称并按顺序号装订在答辩书正文之后。

第三节 开庭和裁决

第三十一条 【仲裁庭】 劳动争议仲裁委员会裁决劳动争议案件实行仲裁庭制。仲裁庭由三名仲裁员组成,设首席仲裁员。简单劳动争议案件可以由一名仲裁员独任仲裁。

应用

38. 劳动争议仲裁庭应如何组成?

劳动争议仲裁庭在仲裁委员会领导下处理劳动争议案件,实行一案一庭制。仲裁庭由一名首席仲裁员、二名仲裁员组成。简单案件,仲裁委员会可以指定一名仲裁员独任处理。记录人员负责案件庭审记录等相关工作。记录人员不得由本庭仲裁员兼任。

39. 仲裁庭组成不合规定,应如何处理?

仲裁庭组成不符合规定的,由仲裁委员会予以撤销,重新组成仲裁庭。

40. 哪些争议案件应当由三名仲裁员组成仲裁庭?

处理下列争议案件应当由三名仲裁员组成仲裁庭,设首席仲裁员:(1)十人以上并有共同请求的争议案件;(2)履行集体合同发生的争议案件;

（3）有重大影响或者疑难复杂的争议案件；（4）仲裁委员会认为应当由三名仲裁员组庭处理的其他争议案件。

配套

《劳动人事争议仲裁组织规则》第12-15条；《中华人民共和国民事诉讼法》第40、41条；《中华人民共和国仲裁法》第30-32条

第三十二条　【通知仲裁庭的组成情况】 劳动争议仲裁委员会应当在受理仲裁申请之日起五日内将仲裁庭的组成情况书面通知当事人。

第三十三条　【回避】 仲裁员有下列情形之一，应当回避，当事人也有权以口头或者书面方式提出回避申请：

（一）是本案当事人或者当事人、代理人的近亲属的；

（二）与本案有利害关系的；

（三）与本案当事人、代理人有其他关系，可能影响公正裁决的；

（四）私自会见当事人、代理人，或者接受当事人、代理人的请客送礼的。

劳动争议仲裁委员会对回避申请应当及时作出决定，并以口头或者书面方式通知当事人。

注解

本条是关于仲裁员回避制度的规定。

1. 本条需要注意的是，参照民事诉讼法、仲裁法等法律有关回避的规定，回避应不仅适用于组成该案件仲裁庭的仲裁员，还应适用于劳动争议仲裁委员会的成员，包括书记员、鉴定人、勘验人，以及翻译人员。

2. 本条第1款第1项中的近亲属，本法并没有列举出具体的范围；按照我国现行的刑事诉讼法的规定，近亲属是指当事人的夫、妻、父、母、子、女、同胞兄弟姊妹，夫妻双方虽无血亲关系，但是夫妻是共同生活的伴侣，是血亲关系的渊源，因此，夫妻也规定为近亲属。这里的"当事人"是指依据本法第22条规定，发生劳动争议的劳动者和用人单位为劳动争议仲裁案

件的双方当事人,劳务派遣单位或者用工单位与劳动者发生劳动争议的,劳动派遣单位和用工单位为共同当事人。"

3. 本条第1款第3项中的"其他关系"主要指以下几种情况:是当事人的朋友、亲戚、同学、同事等,或者曾经与当事人有过恩怨,与当事人有借贷关系等。"可能影响公正裁决的"是"与本案当事人、代理人有其他关系"而应当回避的必要条件,即只有在可能影响公正处理案件的情况下,才适用回避。如仲裁员是当事人的朋友,则要看这种关系是否会影响案件的公正审理来决定是否回避。

应 用

41. 仲裁员的回避,应由谁决定?

仲裁委员会主任的回避,由仲裁委员会决定;仲裁委员会其他成员、仲裁员、记录人员的回避由仲裁委员会主任或者其委托的仲裁院负责人决定。仲裁委员会或仲裁委员会主任对回避申请应在七日内作出决定。

配 套

《劳动人事争议仲裁办案规则》第12条;《中华人民共和国民事诉讼法》第47-50条;《中华人民共和国刑事诉讼法》第29-32条;《中华人民共和国仲裁法》第34-38条

第三十四条 【仲裁员承担责任的情形】 仲裁员有本法第三十三条第四项规定情形,或者有索贿受贿、徇私舞弊、枉法裁决行为的,应当依法承担法律责任。劳动争议仲裁委员会应当将其解聘。

应 用

42. 仲裁员违反本条的规定,应承担怎样的法律责任?

仲裁员私自会见当事人、代理人,或者接受当事人、代理人的请客送礼的,或者有索贿受贿、徇私舞弊、枉法裁决行为的,应当将其解聘。

根据本法以及刑法、仲裁法等有关法律的规定,目前,在我国劳动争议案件仲裁员承担的法律责任主要是刑事责任。2006年6月29日通过的刑法修正案(六)第20条规定,在刑法第399条后增加一条,作为第399条之一:"依法承担仲裁职责的人员,在仲裁活动中故意违背事实和法律作枉法裁决,情节严重的,处三年以下有期徒刑或者拘役;情节特别严重的,处三年以上七年以下有期徒刑。"①

配套

《中华人民共和国刑法修正案（六）》第20条；《中华人民共和国刑法》第399条之一；《劳动人事争议仲裁组织规则》第33条

第三十五条 【开庭通知及延期】 仲裁庭应当在开庭五日前，将开庭日期、地点书面通知双方当事人。当事人有正当理由的，可以在开庭三日前请求延期开庭。是否延期，由劳动争议仲裁委员会决定。

注解

本条是关于开庭日期的规定。

1. 仲裁庭应当在开庭五日前，将开庭日期、地点书面通知双方当事人。根据一案一庭的原则，此时针对该案件的仲裁庭已经成立，具体承担对案件的仲裁工作。仲裁庭成员应当认真审阅申请书、答辩材料，调查、收集证据，查明争议事实。遇有需要勘验或鉴定的问题，应交由法定部门勘验或鉴定；没有法定部门的，由劳动争议仲裁委员会委托有关部门勘验或鉴定。

2. 关于延期开庭，本条规定当事人请求延期开庭的，应当有正当的理由，但本法并没有对正当的理由作出明确具体的规定。根据我国现行的《民事诉讼法》第149条规定："有下列情形之一的，可以延期开庭审理：（一）必须到庭的当事人和其他诉讼参与人有正当理由没有到庭的；（二）当事人临时提出回避申请的；（三）需要通知新的证人到庭，调取新的证据，重新鉴定、勘验，或者需要补充调查的；（四）其他应当延期的情形。"参照上述规定，一般认为，在劳动争议仲裁中，正当理由主要包括以下几种情形：（1）当事人由于不可抗力的事由或其他特殊情况不能到庭的，例如当事人患重大疾病或

---

① 依照该条的规定，枉法仲裁罪的构成要件包括以下几点：（1）枉法仲裁罪侵犯的客体是正常的仲裁活动和仲裁秩序以及仲裁当事人的合法权益，属于渎职罪的一种。（2）枉法仲裁罪的客观方面表现为故意违背事实和法律作出枉法裁决，情节严重。（3）枉法仲裁罪的主体是承担仲裁职责的人员，即仲裁员。需要注意的是，本罪的主体是自然人，仲裁机构本身不是犯罪主体。（4）枉法仲裁罪的主观方面只能是故意，过失不能构成本罪。

遭受其他身体伤害影响其行使权利的；劳动者面临紧急情形，如重大自然灾害、战争等对当事人出庭行使权利形成障碍的。(2) 当事人在仲裁审理中临时提出回避申请的。劳动争议仲裁委员会应当对当事人的回避申请进行审查，作出是否同意其回避申请的决定。(3) 需要调取新的证据进行重新鉴定、勘验的。

3. 当事人在法定期限内提出延期开庭的请求后，并不必然会导致仲裁开庭延期进行，而是由劳动争议仲裁委员会根据对当事人的申请是否有正当理由的判断，作出是否同意延期开庭的决定。

配套

《中华人民共和国民事诉讼法》第 149 条

第三十六条 【申请人、被申请人无故不到庭或中途退庭】 申请人收到书面通知，无正当理由拒不到庭或者未经仲裁庭同意中途退庭的，可以视为撤回仲裁申请。

被申请人收到书面通知，无正当理由拒不到庭或者未经仲裁庭同意中途退庭的，可以缺席裁决。

注解

本条是关于当事人无正当理由拒不到庭或者未经仲裁庭同意中途退庭如何处理的规定。

1. 视为撤回仲裁申请，是指劳动争议仲裁的申请人虽然未主动提出撤回仲裁的申请，但是，申请人出现法律规定的情形且行为已经表明其不愿意继续进行仲裁的，可以按照申请人撤回仲裁申请处理，从而终结对劳动争议案件的仲裁。根据本条的规定，申请人收到书面通知，无正当理由拒不到庭或者未经仲裁庭同意中途退庭的，可以视为申请人撤回仲裁申请。按撤回仲裁申请处理与当事人撤回仲裁申请具有同等的法律效力。此处需要注意的是，申请人收到的必须是书面的开庭通知，同时申请人不到庭并且无正当理由，或者申请人中途退庭未经仲裁庭同意的才可视为撤回仲裁申请。否则，可能会导致延期开庭，而不是视为撤回仲裁申请。

2. 缺席裁决，是指只有一方当事人到庭参与仲裁审理时，仲裁庭仅就到庭的一方当事人进行调查，审查核实证据，听取意见，并对未到庭一方当事人提供的书面资料进行审查后,即作出仲裁裁决的仲裁活动。此处需要注意的是,被申请人必须是经仲裁庭书面通知,无正当理由不到庭或者未经仲裁庭许可中途退庭的,才可以进行缺席裁决,否则也可能会导致延期开庭。

配套

《劳动人事争议仲裁办案规则》第39条

第三十七条　【鉴定】仲裁庭对专门性问题认为需要鉴定的,可以交由当事人约定的鉴定机构鉴定;当事人没有约定或者无法达成约定的,由仲裁庭指定的鉴定机构鉴定。

根据当事人的请求或者仲裁庭的要求,鉴定机构应当派鉴定人参加开庭。当事人经仲裁庭许可,可以向鉴定人提问。

注解

本条是关于劳动争议仲裁中鉴定问题的规定。

1. 所谓鉴定,就是指鉴定主体根据司法机关、仲裁机构或者当事人的申请,通过对鉴定材料的观察、比较、检验、鉴别等专业性、技术性活动,对案件涉及的专门性问题进行分析、判断,作出鉴定意见的活动。劳动争议仲裁案件经常涉及的鉴定包括劳动能力鉴定、职业病鉴定等。

2. 本条对劳动争议仲裁中的鉴定只作了原则规定,没有规定申请鉴定的期限、申请重新鉴定的条件等内容。根据本法第18条的规定,国务院劳动行政部门可以依照本法有关规定制定仲裁规则对此加以规定。仲裁规则没有规定的,可以参照适用民事诉讼法及其司法解释的相关规定。[1]

---

[1] 关于鉴定的期限,除特殊规定外,当事人应当在举证期限内提出。根据《最高人民法院关于民事诉讼证据的若干规定》第50条和第51条的规定,人民法院应当在审理前的准备阶段向当事人送达举证通知书。举证通知书应当载明举证责任的分配原则和要求、可以向人民法院申请调查收集证据的情形、人民法院根据案件情况指定的举证期限以及逾期提供证据的法律后果等内容。举证期限可以由当事人协商,并经人民法院准许。人民法院指定举证期限的,适用第一审普通程序审理的案件不得少于15日,当事人提供新的证据的第二审案件不得少于10日。适用简易程序审理的案件不得超过15日,小额诉讼案件的举证期限一般不得超过7日。举证期限届满后,当事人提供反驳证据或者对已经提供的证据的来源、形式等方面的瑕疵进行补正的,人民法院可以酌情再次确定举证期限,该期限不受上述规定的期间限制。

3. 鉴定费的承担。根据《劳动人事争议仲裁办案规则》第40条规定，当事人申请鉴定的，鉴定费由申请鉴定方先行垫付，案件处理终结后，由鉴定结果对其不利方负担。鉴定结果不明确的，由申请鉴定方负担。

> 应用

43. 鉴定机构如何确定？

根据本条的规定，首先应当按照当事人的约定确定鉴定机构；当事人没有约定或者无法达成约定的，由仲裁庭指定鉴定机构。约定或者指定的鉴定机构应当是依法取得相应资格的鉴定机构。

44. 对鉴定意见，在什么情况下当事人可以申请重新鉴定？

当事人申请鉴定，应当在举证期限内提出。鉴定意见有下列情形之一的，当事人可以申请重新鉴定：(1) 鉴定人不具备相应资格的；(2) 鉴定程序严重违法的；(3) 鉴定意见明显依据不足的；(4) 鉴定意见不能作为证据使用的其他情形。

45. 对有瑕疵的鉴定意见，是否可以申请重新鉴定？

对有瑕疵的鉴定意见，当事人可以通过补正、补充鉴定或者补充质证、重新质证等方法解决的，不予重新鉴定。

> 配套

《最高人民法院关于民事诉讼证据的若干规定》第31-42条

第三十八条　【质证和辩论】当事人在仲裁过程中有权进行质证和辩论。质证和辩论终结时，首席仲裁员或者独任仲裁员应当征询当事人的最后意见。

> 注解

本条是关于劳动争议仲裁中质证和辩论问题的规定。

1. 本条中的质证是指当事人在仲裁庭的主持下，对对方当事人提供的证据的真实性、关联性和合法性提出质疑，否定其证明力的活动。在质证过程中，当事人需要指出对方当事人提供的证据存在的问题，通过否定其真实性、关联性和合法性来否定其证明力。同时，针对对方提出的质疑，当事人需要作出回应，论证己方提供的证据的真实性、关联性和合法性。因此质证是通过双方的互相质疑和自我辩护，审查证据的真实性、关联性和合法性，判断其证明力，去伪存真的过程。

2. 本条需要注意的是，对书证、物证、视听资料进行质证时，当事人有权要求出示证据的原件或者原物。但有下列情况之一的除外：（1）出示原件或者原物确有困难并经仲裁庭准许出示复制件或者复制品的；（2）原件或原物已不存在，但有证据证明复制件、复制品与原件或原物一致的。

应用

46. 质证应按照怎样的顺序进行？

质证时，当事人应当围绕证据的真实性、关联性、合法性，针对证据证明力有无以及证明力大小，进行质疑、说明与辩驳。质证应按下列顺序进行：

（1）申请人出示证据，被申请人、第三人与申请人进行质证；

（2）被申请人出示证据，申请人、第三人与被申请人进行质证；

（3）第三人出示证据，申请人、被申请人与第三人进行质证。

案件有两个以上独立的请求的，当事人可以逐个出示证据进行质证。仲裁庭应当将当事人的质证情况记入笔录，并由当事人核对后签名或者盖章。

47. 质证时，对于证人的资格有什么要求？

质证时，不能正确辨认自身行为的人，不能作为证人。待证事实与其年龄、智力状况或者精神健康状况相适应的无民事行为能力人和限制民事行为能力人，可以作为证人。证人为聋哑人的，可以其他表达方式作证。

48. 质证时，当事人是否必须到庭？

证人应当出庭作证，接受当事人的质询。证人因年迈体弱或者行动不便、特殊岗位确实无法离开、路途特别遥远交通不便、自然灾害等不可抗力或者其他特殊情况，确实不能出庭的，经仲裁庭许可，可以以出具书面证言等方式作证。鉴定人应当出庭接受当事人质询。鉴定人确因特殊原因无法出庭的，经仲裁庭准许，可以书面答复当事人的质询。

49. 辩论应按照怎样的顺序进行？

本法并没有具体规定辩论的顺序，可参照民事诉讼法的顺序进行：

（1）申请人及其代理人发言。申请人及其代理人的发言，主要是针对事实和证据、应当适用的法律，发表自己的意见。

（2）被申请人及其代理人答辩。被申请人及其代理人的答辩主要是针对申请人及其代理人的主张进行的。内容主要是驳斥申请人及其代理人的主张，为自己的主张辩护。

（3）第三人及其代理人发言或者答辩。有第三人参加仲裁的，申请人和被申请人发言、答辩完毕后,仲裁庭应当请第三人就案件事实和应当适用的法律等问题,发表意见,阐述主张。

(4)双方当事人及第三人互相辩论。经过上述程序后,仲裁庭应当让双方当事人及第三人就本案的问题互相发问。辩论的顺序原则上还是申请人及其代理人、被申请人及其代理人、第三人及其代理人。

第一轮辩论结束,首席仲裁员或者独任仲裁员应当询问当事人是否还有补充意见。当事人要求继续发言的,应当允许,但当事人不得重复第一轮的发言。一轮辩论结束后当事人要求继续辩论的,可以进行下一轮辩论。下一轮辩论不得重复上一轮的内容。

质证和辩论终结时,首席仲裁员或者独任仲裁员应当按照申请人、被申请人、第三人的顺序,征询他们各自的最后意见,以充分保证当事人发表意见的权利。

配套

《中华人民共和国民事诉讼法》第71条;《最高人民法院关于民事诉讼证据的若干规定》第60-62条

第三十九条 【举证】 当事人提供的证据经查证属实的,仲裁庭应当将其作为认定事实的根据。

劳动者无法提供由用人单位掌握管理的与仲裁请求有关的证据,仲裁庭可以要求用人单位在指定期限内提供。用人单位在指定期限内不提供的,应当承担不利后果。

注解

本条是关于劳动争议仲裁中证据问题的规定。

1. 本条第一款中的查证属实是指证据在仲裁庭的主持下,经当事人出示、对方质证和仲裁庭认证,认为证据具有真实性、关联性和合法性。[①]

[①] 所谓真实性,是指证据是证明待证事实的材料,证据又是客观存在的材料,而不是任何人主观臆造的产物。因此它必须是真实可靠的,否则以它为根据认定的案件事实就不可能是客观真实的。所谓关联性,是指证据必须与案件事实有内在的联系。这种内在的联系表现在,证据应当能够证明本案的部分或全部事实。缺乏关联性的证据,不是本案的证据,对本案没有证明力。所谓合法性,是指证据的取得必须符合法律规定的程序,不能侵害他人的合法权益。以侵害他人合法权益或者违反法律禁止性规定的方法取得的证据,不能作为认定案件事实的依据。

2. 劳动争议仲裁涉及的证据种类包括书证、物证、视听资料、电子数据、证人证言、当事人陈述、鉴定意见、勘验笔录等。①

3. 关于用人单位应当提供由其掌握管理的证据，目前，用人单位扣押劳动者的劳动合同书等本应由劳动者保管的文书的现象比较普遍，在劳动争议发生后用人单位往往拒不提供由其管理的对劳动者有利的关键证据，导致劳动者举证不能，无法维护自身的合法权益。针对这种情况，本条规定，劳动者无法提供由用人单位掌握管理的与仲裁请求有关的证据，仲裁庭可以要求用人单位在指定期限内提供；用人单位在指定期限内不提供的，应当承担不利后果。

---

① （1）书证是用文字、符号、图案等所表达的思想内容来证明案件事实的证据。如书信、文件、合同书、遗嘱、票据等。在劳动争议仲裁中，劳动合同文本是证明劳动关系存在的最有力的证据。(2) 物证是以物品的外形、结构、质量、数量等物理属性来证明案件事实的证据。在某些情况下，某些证据可能既是书证，又是物证。例如，手写的劳动合同书，如果用来证明劳动者与用人单位之间的权利义务关系，则是书证；如果用来证明书写者的书写习惯，则是物证。(3) 视听资料是指用录音、录像、计算机存储等方法记录下来的有关案件事实的音像、数据资料。例如录音带、录像带等。视听资料与书证都是以记录的内容证明案件事实，但书证是以文字、符号等来再现案件事实，而视听资料则以直观的声音、图像等再现案件事实。(4) 电子数据包括下列信息、电子文件：①网页、博客、微博客等网络平台发布的信息；②手机短信、电子邮件、即时通信、通讯群组等网络应用服务的通信信息；③用户注册信息、身份认证信息、电子交易记录、通信记录、登录日志等信息；④文档、图片、音频、视频、数字证书、计算机程序等电子文件；⑤其他以数字化形式存储、处理、传输的能够证明案件事实的信息。(5) 证人证言是指证人就其了解的案件事实以口头或者书面方式向仲裁庭所作的陈述。证人只能就其直接感知的客观事实如实陈述，证人主观的推测、评价，以及道听途说的事实，不具有证据效力。(6) 当事人陈述是指当事人就案件事实向仲裁庭所作的叙述和说明。由于当事人最了解案件事实，因此当事人陈述是查清案件事实的重要线索。同时，也由于当事人与案件事实之间具有直接利害关系，因此当事人陈述难免带有很强的倾向性、片面性甚至虚假性。因此当事人陈述只有与其他证据结合起来，才能作为认定事实的根据。(7) 鉴定意见是指鉴定主体根据仲裁庭或者当事人的申请，在对鉴定材料进行观察、比较、检验、鉴别等的基础上，对案件涉及的专门性问题进行分析、判断后作出的意见。劳动争议仲裁案件经常涉及的鉴定意见包括劳动能力鉴定意见、职业病鉴定意见等。(8) 勘验笔录是指在仲裁庭的主持下，勘验人对案件发生的现场或者不便移动的物证采取勘察、检验、绘图、拍照等措施时所形成的实况记录。勘验是在仲裁庭的主持下和双方当事人的见证下进行的，能够比较真实地反映现场或者物证的客观情况，具有较强的证明力。制作勘验笔录是保全原始证据的重要手段。

应用

50. 对证据应怎样进行审核认定?

仲裁员对单一证据应从下列方面进行审核认定：（1）证据是否原件、原物，复印件、复制品与原件、原物是否相符；（2）证据与本案事实是否相关；（3）证据的形式、来源是否符合法律规定；（4）证据的内容是否真实；（5）证人或者提供证据的人，与当事人有无利害关系。

仲裁员对案件的全部证据，应当从各证据与案件事实的关联程度、各证据之间的联系等方面进行综合审查判断。

51. 什么样的证据不能单独作为认定案件事实的依据?

依据本法以及民事诉讼与刑事诉讼方面的相关规定，下列证据不能单独作为认定案件事实的根据：（1）当事人的陈述；（2）无民事行为能力人或者限制民事行为能力人所作的与其年龄、智力状况或者精神健康状况不相当的证言；（3）与一方当事人或者其代理人有利害关系的证人陈述的证言；（4）存有疑点的视听资料、电子数据；（5）无法与原件、原物核对的复制件、复制品。

配套

本法第6条；《最高人民法院关于民事诉讼证据的若干规定》第14、90、95条；《最高人民法院关于审理劳动争议案件适用法律问题的解释（一）》第42条

第四十条　【开庭笔录】 仲裁庭应当将开庭情况记入笔录。当事人和其他仲裁参加人认为对自己陈述的记录有遗漏或者差错的，有权申请补正。如果不予补正，应当记录该申请。

笔录由仲裁员、记录人员、当事人和其他仲裁参加人签名或者盖章。

注解

本条是关于劳动争议仲裁开庭笔录的规定。

开庭笔录应当记明下列内容：案由；开庭时间、地点；仲裁员、记录人员姓名；当事人姓名、性别、年龄、民族、职业、住所、到庭情况；首席仲裁员或者独任仲裁员告知当事人的仲裁权利义务，以及是否申请仲裁员回避

的情况；当事人陈述、证人作证、出示证据、宣读鉴定意见、宣读勘验笔录以及当事人互相质证的情况；当事人辩论的情况；当事人增加、变更、撤回仲裁请求的情况；先行调解的，应当记明调解的过程；当庭裁决的，应当记明裁决内容、当事人对裁决的声明；仲裁员、记录人员、当事人以及其他仲裁参加人的签名或者盖章，或者拒绝签名或者盖章的情况。

第四十一条 【申请仲裁后自行和解】 当事人申请劳动争议仲裁后，可以自行和解。达成和解协议的，可以撤回仲裁申请。

应用

52. 当事人达成和解协议后是否可以申请仲裁庭根据和解协议制作调解书？

对此问题，本条没有规定，但按照法理，和解和调解都是当事人在自愿和享有处分权的前提下，通过平等协商、互相妥协达成的，区别只是在是否由仲裁庭主持等形式上，这只是达成方式的区别，不是法律属性的区别。二者所达到的效果是一样的。因此，当事人申请仲裁庭根据和解协议制作调解书的，仲裁庭经对和解协议依法进行审查，确认意思表示真实、合法有效后，可以根据和解协议制作调解书。[①]

53. 当事人自行和解达成和解协议并撤回仲裁申请后，如果一方当事人逾期不履行，另一方当事人是否可以向劳动争议仲裁机构重新申请仲裁？

对于这一问题，由于立法没有明确规定，实践中操作不一，有的劳动争议仲裁委员会不允许再次申请仲裁；向法院起诉的，有的人民法院也不予受

---

① 《最高人民法院关于人民法院民事调解工作若干问题的规定》第2条第1款规定："当事人在诉讼过程中自行达成和解协议的，人民法院可以根据当事人的申请依法确认和解协议制作调解书……"仲裁庭对和解协议进行审查的内容应当包括：协议是否违反了法律、行政法规的强制性规定，是否侵害国家利益和社会公共利益；协议内容是否属于当事人处分权的范畴；当事人争议的法律关系是否涉及案外人的权益；协议指定转移的财产上是否存在案外人权利；协议内容是否符合善良风俗和公共道德；调解是否存在明显违反当事人真实意思的情形等。仲裁庭对和解协议审查确认后制作的调解书，应当由仲裁员签名，并加盖劳动争议仲裁委员会的印章。调解书应当写明仲裁请求和当事人协议的结果。

理。我们认为,在这种情况下,应当允许就同一纠纷再次申请仲裁。主要理由是:

1. 在劳动争议仲裁程序中自行和解,既是当事人双方享有的法定程序性权利,也是当事人处分实体权利的直接表现。《劳动争议调解仲裁法》第41条明文规定:"当事人申请劳动争议仲裁后,可以自行和解。达成和解协议的,可以撤回仲裁申请。"由此可见,立法是通过赋予当事人一定的程序权利,来维护其按照自己的意思处分实体权利的自由。

2. 当事人自行达成的和解协议不同于仲裁委员会作出的调解书,并没有获得完全的法律强制力,从某种意义上讲,自行达成的和解协议未经法定程序认可,不具有当然的法律执行力。为获得具有强制力的法律评价,应当允许当事人再次申请仲裁。

3. 撤回仲裁申请是当事人对已经进行的仲裁程序作出终结的肯定性反映,是当事人意思自治的具体体现。法律并没有明确禁止撤回仲裁申请后不能再次申请仲裁从而恢复仲裁程序,从"法无禁止即可行"的角度出发,赋予当事人再次申请仲裁的权利同样也是尊重当事人意思自治的应然性评价。从与仲裁程序相似的民事诉讼角度来看,当事人一方起诉后,双方达成和解协议撤诉的,任何一方都有权就同一纠纷再次提起诉讼。

4. 调解与和解贯穿了劳动争议调解仲裁程序的全过程。如《劳动争议调解仲裁法》第15条规定,达成调解协议后,一方当事人在协议约定期限内不履行调解协议的,另一方当事人可以依法申请仲裁。如果将这一规定平行位移于仲裁程序中,则将出现"在仲裁过程中达成和解协议,一方当事人在协议约定期限内不履行和解协议的,另一方当事人可以依法再次申请仲裁"的后果。而且,双方权利义务在程序位移中并没有发生一方扩大一方减少的情形,立法对此当然也就没有必要采取禁止性态度。[①]

配套

《最高人民法院关于人民法院民事调解工作若干问题的规定》第2条

[①] 参见本书研究组:《当事人一方不履行劳动争议和解协议,对方可再次申请仲裁》,载最高人民法院民事审判第一庭编:《民事审判指导与参考》总第37集,法律出版社2009年版,第304~305页。

第四十二条 【先行调解】仲裁庭在作出裁决前,应当先行调解。

调解达成协议的,仲裁庭应当制作调解书。

调解书应当写明仲裁请求和当事人协议的结果。调解书由仲裁员签名,加盖劳动争议仲裁委员会印章,送达双方当事人。调解书经双方当事人签收后,发生法律效力。

调解不成或者调解书送达前,一方当事人反悔的,仲裁庭应当及时作出裁决。

> **注解**

本条是关于在仲裁程序中进行调解的规定。

1. 调解在劳动争议仲裁中是法定的、必需的,法律明确规定了"仲裁庭在作出裁决前,应当先行调解"。

2. 调解书是指仲裁庭制作的记载对当事人劳动争议进行调解的过程和结果的具有约束力的法律文书,是经双方当事人协商并经仲裁庭批准的协议。与裁决书一经作出就发生法律效力不同,调解书不是作成后马上生效,而是要由双方当事人签收后才生效。

> **应用**

54. 仲裁调解书的效力表现在什么方面?

仲裁调解书的法律效力主要表现在以下几个方面:(1)使仲裁程序终结。调解书一经生效,仲裁程序即告结束,仲裁机构便不再对该案进行审理。这是调解书在程序上的法律后果。(2)纠纷当事人的权利义务关系被确定。这是调解书在实体上的法律后果。(3)任何机关或组织都要在重新处理该案方面受调解书约束。也就是说,对于仲裁机构出具了调解书的争议,任何机关或组织都不得再做处理。

55. 仲裁调解书在签收之前当事人反悔的,应如何处理?

调解书须经签收后生效,因此调解书一经签收,当事人不得反悔,但在签收之前应当允许当事人反悔。调解不成或调解书送达前一方当事人反悔的,仲裁庭应及时作出裁决。

劳动争议仲裁机构作出的调解书已经发生法律效力,一方当事人反悔提起诉讼的,人民法院不予受理;已经受理的,裁定驳回起诉。

56. 在什么情况下,调解程序应当终止?

如果出现下列情况,调解程序应当终止:(1)当事人达成调解协议,由仲裁庭制作调解书并送达双方当事人,经双方签署后,调解程序终止;(2)一方或双方当事人明确表示拒绝调解的,调解程序终止;(3)仲裁庭根据实际情况认为不宜调解,明确告知双方当事人。第一种情况下的终止,标志着案件审理完毕;后两种情况下,调解程序终止后,审理活动自动转入仲裁程序。

配套

《最高人民法院关于审理劳动争议案件适用法律问题的解释(一)》第11条;《劳动人事争议仲裁办案规则》第68-73条

第四十三条 【仲裁案件审理期限】 仲裁庭裁决劳动争议案件,应当自劳动争议仲裁委员会受理仲裁申请之日起四十五日内结束。案情复杂需要延期的,经劳动争议仲裁委员会主任批准,可以延期并书面通知当事人,但是延长期限不得超过十五日。逾期未作出仲裁裁决的,当事人可以就该劳动争议事项向人民法院提起诉讼。

仲裁庭裁决劳动争议案件时,其中一部分事实已经清楚,可以就该部分先行裁决。

注解

本条是关于仲裁庭裁决劳动争议案件审理期限和先行裁决的规定。

1. 本条第一款规定中,仲裁庭逾期未作出仲裁裁决的,当事人可以向人民法院提起诉讼。"逾期"中的期限,可以根据是否需要延期区分为两种情况:对于案情不复杂、不需要延期的,这里的期限为四十五日;对于案情复杂需要延期并经劳动争议仲裁委员会主任批准的,期限为六十日。仲裁庭逾期未作出仲裁裁决的,当事人可以向人民法院提起诉讼,有利于防止案件在仲裁阶段久拖不决,也有利于更好地维护当事人的合法权益。

2. 先行裁决是通过行使部分裁决权作出的裁决,从性质上来说与最终裁决的效力是一样的,具有同样的法律效力。因此,仲裁庭在仲裁程序中已经作出的部分裁决即约束其在以后的裁决中不得对该已作出的裁决部分的结果进行变更。先行裁决是在仲裁权行使过程中先行作出的，因此，在对争议事项作最后裁决时，也不得对在部分裁决中的事项再进行裁决。另外需要注意的是，先行裁决与最后裁决的内容不能相互矛盾，而应保持一致。先行裁决不同于中间裁决。中间裁决通常是指有关程序问题和证据问题的裁决，这些问题通常是通过程序命令或指令的形式加以处理，以确立当事人所遵循的程序，严格说来，这些程序命令或指令还不属裁决范畴，它不能等同于最后裁决，也不可能由法院宣布其是可执行的。但不管是中间裁决还是部分裁决，其效力是一样的。

配套

《最高人民法院关于审理劳动争议案件适用法律问题的解释（一）》第1条

第四十四条【可以裁决先予执行的案件】仲裁庭对追索劳动报酬、工伤医疗费、经济补偿或者赔偿金的案件，根据当事人的申请，可以裁决先予执行，移送人民法院执行。

仲裁庭裁决先予执行的，应当符合下列条件：

（一）当事人之间权利义务关系明确；

（二）不先予执行将严重影响申请人的生活。

劳动者申请先予执行的，可以不提供担保。

注解

本条是关于先予执行的适用情形的规定。

仲裁庭不能直接采取先予执行措施，但仲裁庭可以裁决先予执行，移送人民法院执行。本法所规定的先予执行，在此需要注意以下几点：（1）仅对特定类型案件可以申请先予执行。这些特定类型案件是指追索劳动报酬、工伤医疗费、经济补偿或者赔偿金的案件。其他类型的案件不适用先予执行。（2）必须根据当事人的申请。只有当事人申请，仲裁庭才能作出先予执行的裁定。如果当事人不申请，仲裁庭不能主动作出先予执行的裁决。

`应用`

57. 当事人不服劳动争议仲裁委员会作出的预先支付劳动者劳动报酬、工伤医疗费、经济补偿或者赔偿金的裁决，人民法院是否应予受理？

不予受理。但如果是用人单位不履行上述裁决中的给付义务，劳动者依法向人民法院申请强制执行的，人民法院应予受理。

`配套`

《劳动人事争议仲裁办案规则》第51条；《中华人民共和国民事诉讼法》第109、110条；《最高人民法院关于审理劳动争议案件适用法律问题的解释（一）》第10条

第四十五条　【作出裁决意见】 裁决应当按照多数仲裁员的意见作出，少数仲裁员的不同意见应当记入笔录。仲裁庭不能形成多数意见时，裁决应当按照首席仲裁员的意见作出。

第四十六条　【裁决书】 裁决书应当载明仲裁请求、争议事实、裁决理由、裁决结果和裁决日期。裁决书由仲裁员签名，加盖劳动争议仲裁委员会印章。对裁决持不同意见的仲裁员，可以签名，也可以不签名。

`注解`

本条是关于裁决书内容和形式的规定。

1. 裁决书的内容是指对仲裁案件程序事项和实体事项所作决定的书面陈述。仲裁庭行使裁决权的结果是作出仲裁裁决。需要注意的是，本条规定只是列明了仲裁裁决书的主要内容，作为一份完整的仲裁裁决书，还应写明仲裁机构的名称和地址、裁决书的编号、双方当事人的基本情况、代理人的情况、仲裁庭组成情况、仲裁员姓名、审理过程等。

2. 关于仲裁员签名的规定，仲裁裁决书由仲裁员签名，加盖劳动争议仲裁委员会的印章，这就意味着仲裁庭虽然是案件的具体审理者，但裁决却不能以仲裁庭的名义作出，而是统一以劳动争议仲裁委员会的名义作出。对裁决持不同意见的仲裁员，可以签名，也可以不签名。这是因为仲裁庭虽然是一个统一的集体，但每个仲裁员又有其独立的仲裁人格。签名或不签名，

实际上是持不同意见的仲裁员在"保持对外一致"与"维护自己独立仲裁人格"两者之间进行选择的结果。但应注意的是，一旦有仲裁员不签名，仲裁庭就应在仲裁裁决书中对这一情况作适当的说明，以此证明该仲裁员参加了审理工作。

配 套

《中华人民共和国仲裁法》第54条；《劳动人事争议仲裁办案规则》第52条

第四十七条　【一裁终局的案件】下列劳动争议，除本法另有规定的外，仲裁裁决为终局裁决，裁决书自作出之日起发生法律效力：

（一）追索劳动报酬、工伤医疗费、经济补偿或者赔偿金，不超过当地月最低工资标准十二个月金额的争议；

（二）因执行国家的劳动标准在工作时间、休息休假、社会保险等方面发生的争议。

注 解

本条是关于一裁终局的规定。

1. 一裁终局制度是劳动争议经仲裁庭裁决后即行终结的制度。它包括五层含义：一是本条中的"除本法另有规定的外"是指本法第48条的规定，劳动者对本条规定的仲裁裁决不服的，可以向法院提起诉讼。二是一裁终局有范围限制。一裁终局仅限于小额和标准明确的仲裁案件。三是裁决书自作出之日起发生法律效力。四是仲裁裁决发生法律效力后，当事人不得就同一争议事项再向仲裁委员会申请仲裁或向法院起诉。五是仲裁裁决发生法律效力后，当事人应当依照规定的期限履行。

2. 本条中所谓的国家劳动标准是指国家对劳动领域内规律性出现的事物或行为进行规范，以定量或定性形式所作出的统一规定。国家劳动标准包括工作时间、休息休假、社会保险等方面。国家劳动标准具有以下特点：（1）通过规范性文件加以规定。（2）标准明确。往往是用定量的方式加以规定。（3）适用范围广泛。涵盖了劳动领域的主要方面。

应用

58. 仲裁裁决书未载明该裁决为终局裁决或者非终局裁决，用人单位不服该仲裁裁决向基层人民法院提起诉讼的，应当如何处理？

应当按照以下情形分别处理：（1）经审查认为该仲裁裁决为非终局裁决的，基层人民法院应予受理；（2）经审查认为该仲裁裁决为终局裁决的，基层人民法院不予受理，但应告知用人单位可以自收到不予受理裁定书之日起三十日内向劳动争议仲裁机构所在地的中级人民法院申请撤销该仲裁裁决；已经受理的，裁定驳回起诉。

配套

《中华人民共和国劳动合同法》第23、46-48、83、87条；《最高人民法院关于审理劳动争议案件适用法律问题的解释（一）》第18条

第四十八条　【劳动者不服一裁终局案件的裁决提起诉讼的期限】劳动者对本法第四十七条规定的仲裁裁决不服的，可以自收到仲裁裁决书之日起十五日内向人民法院提起诉讼。

注解

本条是关于劳动者对一裁终局的仲裁裁决不服的，可以向法院提起诉讼的规定。此处需要注意的是：（1）诉讼申请人只能是劳动者，用人单位不能直接提起诉讼。（2）本条对劳动者提起诉讼没有法定条件的限制，只规定了劳动者对本法第47条规定的仲裁裁决不服的，就可以提起诉讼。劳动者对诉与不诉有选择权。劳动者认为仲裁裁决对其有利，可以选择仲裁生效；劳动者认为仲裁裁决对其不利，可以继续提起诉讼。（3）本条规定的诉讼期间是自收到仲裁裁决书之日起十五日内。

应用

59. 仲裁裁决作出后，劳动者期满不起诉的，会产生怎样的后果？

劳动者期满不起诉的，视为放弃诉权，裁决书对劳动者发生法律效力。

60. 未经仲裁程序而直接进入诉讼程序的劳动争议案件，当事人又向劳动争议仲裁委员会申请仲裁的，仲裁委员会可否受理？

如果未经仲裁程序而直接进入诉讼程序的劳动争议案件，当事人又向劳

动争议仲裁委员会申请仲裁的，若当事人就该劳动争议提起诉讼后又撤诉的，或者人民法院书面裁定先由仲裁委员会处理的，只要该劳动争议符合受理条件，仲裁委员会应当受理。

> 配 套

《中华人民共和国劳动法》第79条；《最高人民法院关于审理劳动争议案件适用法律问题的解释（一）》第21条

第四十九条 【用人单位不服一裁终局案件的裁决可诉请撤销的条件】用人单位有证据证明本法第四十七条规定的仲裁裁决有下列情形之一，可以自收到仲裁裁决书之日起三十日内向劳动争议仲裁委员会所在地的中级人民法院申请撤销裁决：

（一）适用法律、法规确有错误的；

（二）劳动争议仲裁委员会无管辖权的；

（三）违反法定程序的；

（四）裁决所根据的证据是伪造的；

（五）对方当事人隐瞒了足以影响公正裁决的证据的；

（六）仲裁员在仲裁该案时有索贿受贿、徇私舞弊、枉法裁决行为的。

人民法院经组成合议庭审查核实裁决有前款规定情形之一的，应当裁定撤销。

仲裁裁决被人民法院裁定撤销的，当事人可以自收到裁定书之日起十五日内就该劳动争议事项向人民法院提起诉讼。

> 注 解

本条是关于用人单位可以向人民法院申请撤销仲裁裁决的规定。

1. 申请撤销裁决有以下特点：（1）撤销裁决的申请人是用人单位。劳动者的救济途径与用人单位不同，根据本法第48条的规定，劳动者的救济途径是本法第47条规定的对仲裁裁决不服的，可以向法院提起诉讼，而非申请撤销裁决；反之，用人单位只能申请撤销裁决，而不能直接提起诉讼。（2）申请撤销的是已经生效的裁决。（3）申请撤销裁决，不影响用人单位对仲裁裁决的履行。法院作出撤销裁定之前，仲裁裁决仍然有效。

2. 本条第一款中的"适用法律、法规确有错误"，主要是指以下几种情形：（1）适用法律、行政法规、地方性法规错误的。这里并不包括法律法规以外的其他规范性文件。（2）适用已失效或尚未生效的法律法规的。（3）援引法条错误的。（4）违反法律关于溯及力规定的。

3. 根据本法第21条的规定，劳动争议仲裁委员会负责管辖本区域内发生的劳动争议。劳动争议由劳动合同履行地或者用人单位所在地的劳动争议仲裁委员会管辖。双方当事人分别向劳动合同履行地或者用人单位所在地的劳动争议仲裁委员会申请仲裁的，由劳动合同履行地的劳动争议仲裁委员会管辖。如果劳动争议不符合上述条件，则属于劳动争议仲裁委员会无管辖权的情况。

4. 违反法定程序，主要是指以下几种情况：（1）仲裁组织的组成不合法的；（2）违反了有关回避规定的；（3）违反了有关期间规定的；（4）审理程序违法等。

5. 裁决所根据的证据是伪造的，即伪造证据，是指制造虚假的证据，对证据内容进行篡改，使其与真实不符。如：制造虚假的书证、物证、鉴定意见，等等。

6. 对方当事人隐瞒了足以影响公正裁决的证据。所谓"足以影响公正裁决的证据"包括证明案件基本事实的证据、证明主体之间权利义务关系的证据等。

应 用

61. 出现本条第一款中规定的情形，人民法院应如何处理，会产生怎样的法律后果？

人民法院经组成合议庭审查核实裁决有第一款规定情形之一的，应当裁定撤销。仲裁裁决被人民法院裁定撤销的，仲裁裁决自始无效；当事人（既包括用人单位，也包括劳动者）可以自收到裁定书之日起十五日内就该劳动争议事项向人民法院提起诉讼。

62. 申请撤销仲裁的用人单位是否包括特殊主体？

《劳动争议调解仲裁法》第49条明确限定了撤裁案件的申请人应为用人单位。由于司法实践中最后承担用工主体责任者并不都是用人单位，那么对于有权申请撤裁的"用人单位"应作扩大理解,不能仅局限于字面含义。

(一) 与用人单位承担连带责任者应享有撤裁申请权,具体包括以下几种情形:

1. 用人单位挂靠在其他单位名下或者借用其他单位的营业执照进行生产经营,劳动者与用人单位发生劳动争议,并将用人单位与被挂靠单位或营业执照出借单位共同作为被申请人申请仲裁的,承担连带责任的被挂靠单位或营业执照出借单位能否作为撤裁案件申请人?根据《最高人民法院关于适用〈中华人民共和国民事诉讼法〉的解释》及审判实践,挂靠经营或借用营业执照经营的,应将挂靠企业和被挂靠企业、借用企业和出借企业作为共同诉讼人并承担连带责任;既然由被挂靠企业或出借企业承担连带责任,上述企业已成为法律意义上承担用工主体责任的"用人单位",那么其获得法律救济的权利应得到保障,应赋予与其用人单位同等的申请撤裁权利。

2. 《劳动争议调解仲裁法》第22条第2款规定:"劳务派遣单位或者用工单位与劳动者发生劳动争议的,劳务派遣单位和用工单位为共同当事人。"而《劳动合同法》第58条第1款的规定,在派遣用工形态下,"用人单位"仅指劳务派遣单位,实际使用派遣劳动力的机构被称为"用工单位"。也就是说,《劳动争议调解仲裁法》与《劳动合同法》在称谓上保持了统一,但《劳动争议调解仲裁法》第49条第1款关于申请撤销仲裁裁决的主体,仅规定为"用人单位",而未包括"用工单位"。从《劳动争议调解仲裁法》的立法本意和保护当事人的诉权角度看,在此类争议中,"用工单位"也应当视同"用人单位",有权向法院申请撤销仲裁,而不是直接向法院起诉,更不能被遗忘。

3. 在建筑工程分包中,如作为实际施工人的自然人或组织不具备用工主体资格,在其与招用的劳动者发生劳动争议时,具备合法用工主体资格的发包单位应当承担用工主体责任,如实际施工人承担连带责任,也应享有撤裁申请权。

(二) 错列的被申请人不应享有撤裁申请权

劳动者申请仲裁时错列被申请人,而劳动仲裁部门疏于核实被申请人身份,认定事实错误,裁决无利害关系者承担了用工主体责任。此时,被错裁承担责任者能否申请撤裁?审判实践中就曾遇到此种情况。因《劳动争议调解仲裁法》明确限定撤裁案件申请人为用人单位,被错裁者并非用人单位,也不属于法律上应承担连带责任者,且其申请的理由也不属于法定的法院撤裁事由,所以此种情况应由劳动仲裁部门予以纠正,以仲裁决定书的形式撤销原仲裁裁决,并另行组成仲裁庭重新裁决。

(三)出资人、开办单位或主管部门在特殊情形下亦应享有撤裁申请权

根据《劳动人事争议仲裁办案规则》第6条规定,发生争议的用人单位未办理营业执照、被吊销营业执照、营业执照到期继续经营、被责令关闭、被撤销以及用人单位解散、歇业,不能承担相关责任的,应当将用人单位和其出资人、开办单位或者主管部门作为共同当事人。因此,在该种情况下的出资人、开办单位或主管部门如果不服一裁终局裁决的,均可作为特殊主体向法院申请撤销仲裁裁决,启动撤裁程序。①

配套

本法第47条;《最高人民法院关于审理劳动争议案件适用法律问题的解释(一)》第22条

第五十条 【其他不服仲裁裁决提起诉讼的期限】当事人对本法第四十七条规定以外的其他劳动争议案件的仲裁裁决不服的,可以自收到仲裁裁决书之日起十五日内向人民法院提起诉讼;期满不起诉的,裁决书发生法律效力。

注解

本条是关于当事人可以对一裁终局以外的其他劳动争议仲裁案件提起诉讼的规定。

1. 一裁终局以外的其他劳动争议是指,除了本法第47条规定的劳动争议以外的、本法第2条规定的劳动争议。②

2. 对一裁终局以外的其他劳动争议,当事人不愿协商、协商不成或者达成和解协议后不履行的,可以向调解组织申请调解;不愿调解、调解不成或

---

① 参见最高人民法院民事审判第一庭编著:《最高人民法院劳动争议司法解释(四)理解与适用》,人民法院出版社2013年版,第77~79页。

② 本法第2条规定了适用本法的劳动争议的范围,具体可参见前文第2条"注解";本法第47条规定了适用一裁终局的劳动争议的范围,具体可以参见前文第47条"注解"。

者达成调解协议后不履行的,可以向劳动争议仲裁委员会申请仲裁;对仲裁裁决不服的,可以向人民法院提起诉讼。即采用"一调一裁两审,仲裁前置"的模式。

应用

63. 仲裁裁决书具有怎样的法律效力?

仲裁裁决作出后,并不立即发生法律效力;当事人对仲裁裁决不服的,可以自收到裁决书之日起十五日内向人民法院提起诉讼;期满不起诉的,裁决书发生法律效力。裁决书发生法律效力后的法律后果表现在两个方面:(1)裁决书具有既判力。当事人不能就同一争议事项再向人民法院起诉,也不能再申请仲裁机构仲裁。(2)裁决书具有执行力。当事人对发生法律效力的裁决书,应当依照规定的期限履行。一方当事人逾期不履行的,另一方当事人可以依照民事诉讼法的有关规定向人民法院申请执行。

配套

本法第47条

第五十一条 【生效调解书、裁决书的执行】当事人对发生法律效力的调解书、裁决书,应当依照规定的期限履行。一方当事人逾期不履行的,另一方当事人可以依照民事诉讼法的有关规定向人民法院申请执行。受理申请的人民法院应当依法执行。

应用

64. 由法院执行的调解书、裁决书,应如何确定执行法院?

根据民事诉讼法的规定,由法院执行的调解书、裁决书,由被执行人住所地或者被执行的财产所在地法院执行。

65. 什么情况下,人民法院可以裁定不予执行劳动争议仲裁机构作出的发生法律效力的裁决书、调解书?

当事人申请人民法院执行劳动争议仲裁机构作出的发生法律效力的裁决书、调解书,被申请人提出证据证明劳动争议仲裁裁决书、调解书有下列情形之一,并经审查核实的,人民法院可以根据《民事诉讼法》第244条规定,裁定不予执行:被申请人提出证据证明仲裁裁决有下列情形之一的,经人民法院组成合议庭审查核实,裁定不予执行:(1)当事人在合同中没有订有仲裁条款或者事后没有达成书面仲裁协议的;(2)裁决的事项不属于仲裁协议的范围或者仲裁机构无权仲裁的;(3)仲裁庭的组成或者仲裁的程序违反法定程序的;(4)裁决所根据的证据是伪造的;(5)对方当事人向仲裁机构隐瞒了足以影响公正裁决的证据的;(6)仲裁员在仲裁该案时有贪污受贿,徇私舞弊,枉法裁决行为的。人民法院认定执行该裁决违背社会公共利益的,裁定不予执行。裁定书应当送达双方当事人和仲裁机构。仲裁裁决被人民法院裁定不予执行的,当事人可以根据双方达成的书面仲裁协议重新申请仲裁,也可以向人民法院起诉。

66. 当事人、利害关系人认为执行行为违反法律规定的,可以采取什么补救措施?

当事人、利害关系人认为执行行为违反法律规定的,可以向负责执行的法院提出书面异议。当事人、利害关系人提出书面异议的,法院应当自收到书面异议之日起十五日内审查,理由成立的,裁定撤销或者改正;理由不成立的,裁定驳回。当事人、利害关系人对裁定不服的,可以自裁定送达之日起十日内向上一级法院申请复议。

67. 仲裁裁决执行完毕后,据以执行的仲裁裁决确有错误,被人民法院撤销的,应如何处理?

仲裁裁决执行完毕后,据以执行的仲裁裁决确有错误,被人民法院撤销的,对已被执行的财产,法院应当作出裁定,责令取得财产的人返还;拒不返还的,强制执行。

68. 在什么情况下,法院应中止仲裁裁决的执行?

有下列情形之一的,法院应当裁定中止执行仲裁裁决:(1)申请人表示可以延期执行的;(2)案外人对执行标的提出确有理由的异议的;(3)作为一方当事人的公民死亡,需要等待继承人继承权利或者承担义务的;(4)作为一方当事人的法人或者其他组织终止,尚未确定权利义务承受人的;(5)法院认为应当中止执行的其他情形。中止的情形消失后,恢复执行。

69. 在什么情况下,法院应终结仲裁裁决的执行?

有下列情形之一的,法院裁定终结执行:(1)申请人撤销申请的;(2)据以执行的法律文书被撤销的;(3)作为被执行人的公民死亡,无遗产可供执行,又无义务承担人的;(4)作为被执行人的公民因生活困难无力偿还借款,无收入来源,又丧失劳动能力的;(5)法院认为应当终结执行的其他情形。

配套

《中华人民共和国民事诉讼法》第三编;《最高人民法院关于审理劳动争议案件适用法律问题的解释(一)》第24条

第四章 附 则

第五十二条 【人事争议处理的法律适用】事业单位实行聘用制的工作人员与本单位发生劳动争议的,依照本法执行;法律、行政法规或者国务院另有规定的,依照其规定。

注解

本条是关于事业单位聘用制工作人员适用本法的规定。

所谓事业单位,是指为了社会公益目的,由国家机关举办或者其他组织利用国有资产举办的,从事教育、科技、文化、卫生等活动的社会服务组织。国家通过编制管理实现对事业人员的配置和调控。按照国家财政拨款的多少,可以将事业单位分为三种:全额拨款的事业单位、差额拨款的事业单位和自收自支的事业单位。事业单位人员结构归纳起来分为三类:第一类是编制内聘用人员,包括签订聘用合同的编制内聘用人员和无须签订聘用合同的编制内聘用人员;第二类是编制外人员,包括档案内部管理的编外人员和档案外部管理的编外人员,编外人员一般实行企业化管理,与事业单位签订劳动合同;第三类是劳务派遣人员,是通过劳务派遣形式招用的人员。

应用

70. 哪些人事争议可以申请人事仲裁?

根据《人事争议处理规定》第2条的规定,下列人事争议可以申请人事仲裁:(1)实施公务员法的机关与聘任制公务员之间、参照《中华人民共和国公务员法》管理的机关(单位)与聘任工作人员之间因履行聘任合同发生的争议。(2)事业单位与工作人员之间因解除人事关系、履行聘用合同发生的争议。(3) 社团组织与工作人员之间因解除人事关系、履行聘用合同发生的争议。(4) 军队聘用单位与文职人员之间因履行聘用合同发生的争议。(5) 依照法律、法规规定可以仲裁的其他人事争议。

配套

《中华人民共和国公务员法》第2条;《中华人民共和国劳动合同法》第96条;《事业单位人事管理条例》第37条;《人事争议处理规定》

第五十三条 【劳动争议仲裁不收费】 劳动争议仲裁不收费。劳动争议仲裁委员会的经费由财政予以保障。

第五十四条 【实施日期】 本法自2008年5月1日起施行。

配套法规

中华人民共和国民事诉讼法（节录）

（1991年4月9日第七届全国人民代表大会第四次会议通过　根据2007年10月28日第十届全国人民代表大会常务委员会第三十次会议《关于修改〈中华人民共和国民事诉讼法〉的决定》第一次修正　根据2012年8月31日第十一届全国人民代表大会常务委员会第二十八次会议《关于修改〈中华人民共和国民事诉讼法〉的决定》第二次修正　根据2017年6月27日第十二届全国人民代表大会常务委员会第二十八次会议《关于修改〈中华人民共和国民事诉讼法〉和〈中华人民共和国行政诉讼法〉的决定》第三次修正　根据2021年12月24日第十三届全国人民代表大会常务委员会第三十二次会议《关于修改〈中华人民共和国民事诉讼法〉的决定》第四次修正）

第一编　总　　则

第一章　任务、适用范围和基本原则

第一条　中华人民共和国民事诉讼法以宪法为根据，结合我国民事审判工作的经验和实际情况制定。

第二条　中华人民共和国民事诉讼法的任务，是保护当事人行

使诉讼权利，保证人民法院查明事实，分清是非，正确适用法律，及时审理民事案件，确认民事权利义务关系，制裁民事违法行为，保护当事人的合法权益，教育公民自觉遵守法律，维护社会秩序、经济秩序，保障社会主义建设事业顺利进行。

第三条　人民法院受理公民之间、法人之间、其他组织之间以及他们相互之间因财产关系和人身关系提起的民事诉讼，适用本法的规定。

第四条　凡在中华人民共和国领域内进行民事诉讼，必须遵守本法。

第五条　外国人、无国籍人、外国企业和组织在人民法院起诉、应诉，同中华人民共和国公民、法人和其他组织有同等的诉讼权利义务。

外国法院对中华人民共和国公民、法人和其他组织的民事诉讼权利加以限制的，中华人民共和国人民法院对该国公民、企业和组织的民事诉讼权利，实行对等原则。

第六条　民事案件的审判权由人民法院行使。

人民法院依照法律规定对民事案件独立进行审判，不受行政机关、社会团体和个人的干涉。

第七条　人民法院审理民事案件，必须以事实为根据，以法律为准绳。

第八条　民事诉讼当事人有平等的诉讼权利。人民法院审理民事案件，应当保障和便利当事人行使诉讼权利，对当事人在适用法律上一律平等。

第九条　人民法院审理民事案件，应当根据自愿和合法的原则进行调解；调解不成的，应当及时判决。

第十条　人民法院审理民事案件，依照法律规定实行合议、回避、公开审判和两审终审制度。

第十一条　各民族公民都有用本民族语言、文字进行民事诉讼的权利。

在少数民族聚居或者多民族共同居住的地区，人民法院应当用当地民族通用的语言、文字进行审理和发布法律文书。

人民法院应当对不通晓当地民族通用的语言、文字的诉讼参与人提供翻译。

第十二条 人民法院审理民事案件时，当事人有权进行辩论。

第十三条 民事诉讼应当遵循诚信原则。

当事人有权在法律规定的范围内处分自己的民事权利和诉讼权利。

第十四条 人民检察院有权对民事诉讼实行法律监督。

第十五条 机关、社会团体、企业事业单位对损害国家、集体或者个人民事权益的行为，可以支持受损害的单位或者个人向人民法院起诉。

第十六条 经当事人同意，民事诉讼活动可以通过信息网络平台在线进行。

民事诉讼活动通过信息网络平台在线进行的，与线下诉讼活动具有同等法律效力。

第十七条 民族自治地方的人民代表大会根据宪法和本法的原则，结合当地民族的具体情况，可以制定变通或者补充的规定。自治区的规定，报全国人民代表大会常务委员会批准。自治州、自治县的规定，报省或者自治区的人民代表大会常务委员会批准，并报全国人民代表大会常务委员会备案。

第二章　管　辖

第一节　级别管辖

第十八条 基层人民法院管辖第一审民事案件，但本法另有规定的除外。

第十九条 中级人民法院管辖下列第一审民事案件：

（一）重大涉外案件；

（二）在本辖区有重大影响的案件；

（三）最高人民法院确定由中级人民法院管辖的案件。

第二十条 高级人民法院管辖在本辖区有重大影响的第一审民事案件。

第二十一条 最高人民法院管辖下列第一审民事案件：

（一）在全国有重大影响的案件；

（二）认为应当由本院审理的案件。

第二节 地域管辖

第二十二条 对公民提起的民事诉讼，由被告住所地人民法院管辖；被告住所地与经常居住地不一致的，由经常居住地人民法院管辖。

对法人或者其他组织提起的民事诉讼，由被告住所地人民法院管辖。

同一诉讼的几个被告住所地、经常居住地在两个以上人民法院辖区的，各该人民法院都有管辖权。

第二十三条 下列民事诉讼，由原告住所地人民法院管辖；原告住所地与经常居住地不一致的，由原告经常居住地人民法院管辖：

（一）对不在中华人民共和国领域内居住的人提起的有关身份关系的诉讼；

（二）对下落不明或者宣告失踪的人提起的有关身份关系的诉讼；

（三）对被采取强制性教育措施的人提起的诉讼；

（四）对被监禁的人提起的诉讼。

第二十四条 因合同纠纷提起的诉讼，由被告住所地或者合同履行地人民法院管辖。

第二十五条　因保险合同纠纷提起的诉讼，由被告住所地或者保险标的物所在地人民法院管辖。

第二十六条　因票据纠纷提起的诉讼，由票据支付地或者被告住所地人民法院管辖。

第二十七条　因公司设立、确认股东资格、分配利润、解散等纠纷提起的诉讼，由公司住所地人民法院管辖。

第二十八条　因铁路、公路、水上、航空运输和联合运输合同纠纷提起的诉讼，由运输始发地、目的地或者被告住所地人民法院管辖。

第二十九条　因侵权行为提起的诉讼，由侵权行为地或者被告住所地人民法院管辖。

第三十条　因铁路、公路、水上和航空事故请求损害赔偿提起的诉讼，由事故发生地或者车辆、船舶最先到达地、航空器最先降落地或者被告住所地人民法院管辖。

第三十一条　因船舶碰撞或者其他海事损害事故请求损害赔偿提起的诉讼，由碰撞发生地、碰撞船舶最先到达地、加害船舶被扣留地或者被告住所地人民法院管辖。

第三十二条　因海难救助费用提起的诉讼，由救助地或者被救助船舶最先到达地人民法院管辖。

第三十三条　因共同海损提起的诉讼，由船舶最先到达地、共同海损理算地或者航程终止地的人民法院管辖。

第三十四条　下列案件，由本条规定的人民法院专属管辖：

（一）因不动产纠纷提起的诉讼，由不动产所在地人民法院管辖；

（二）因港口作业中发生纠纷提起的诉讼，由港口所在地人民法院管辖；

（三）因继承遗产纠纷提起的诉讼，由被继承人死亡时住所地或者主要遗产所在地人民法院管辖。

第三十五条　合同或者其他财产权益纠纷的当事人可以书面协

议选择被告住所地、合同履行地、合同签订地、原告住所地、标的物所在地等与争议有实际联系的地点的人民法院管辖，但不得违反本法对级别管辖和专属管辖的规定。

第三十六条 两个以上人民法院都有管辖权的诉讼，原告可以向其中一个人民法院起诉；原告向两个以上有管辖权的人民法院起诉的，由最先立案的人民法院管辖。

第三节 移送管辖和指定管辖

第三十七条 人民法院发现受理的案件不属于本院管辖的，应当移送有管辖权的人民法院，受移送的人民法院应当受理。受移送的人民法院认为受移送的案件依照规定不属于本院管辖的，应当报请上级人民法院指定管辖，不得再自行移送。

第三十八条 有管辖权的人民法院由于特殊原因，不能行使管辖权的，由上级人民法院指定管辖。

人民法院之间因管辖权发生争议，由争议双方协商解决；协商解决不了的，报请它们的共同上级人民法院指定管辖。

第三十九条 上级人民法院有权审理下级人民法院管辖的第一审民事案件；确有必要将本院管辖的第一审民事案件交下级人民法院审理的，应当报请其上级人民法院批准。

下级人民法院对它所管辖的第一审民事案件，认为需要由上级人民法院审理的，可以报请上级人民法院审理。

第三章 审 判 组 织

第四十条 人民法院审理第一审民事案件，由审判员、陪审员共同组成合议庭或者由审判员组成合议庭。合议庭的成员人数，必须是单数。

适用简易程序审理的民事案件，由审判员一人独任审理。基层人民法院审理的基本事实清楚、权利义务关系明确的第一审民事案件，可以由审判员一人适用普通程序独任审理。

陪审员在执行陪审职务时，与审判员有同等的权利义务。

第四十一条 人民法院审理第二审民事案件，由审判员组成合议庭。合议庭的成员人数，必须是单数。

中级人民法院对第一审适用简易程序审结或者不服裁定提起上诉的第二审民事案件，事实清楚、权利义务关系明确的，经双方当事人同意，可以由审判员一人独任审理。

发回重审的案件，原审人民法院应当按照第一审程序另行组成合议庭。

审理再审案件，原来是第一审的，按照第一审程序另行组成合议庭；原来是第二审的或者是上级人民法院提审的，按照第二审程序另行组成合议庭。

第四十二条 人民法院审理下列民事案件，不得由审判员一人独任审理：

（一）涉及国家利益、社会公共利益的案件；

（二）涉及群体性纠纷，可能影响社会稳定的案件；

（三）人民群众广泛关注或者其他社会影响较大的案件；

（四）属于新类型或者疑难复杂的案件；

（五）法律规定应当组成合议庭审理的案件；

（六）其他不宜由审判员一人独任审理的案件。

第四十三条 人民法院在审理过程中，发现案件不宜由审判员一人独任审理的，应当裁定转由合议庭审理。

当事人认为案件由审判员一人独任审理违反法律规定的，可以向人民法院提出异议。人民法院对当事人提出的异议应当审查，异议成立的，裁定转由合议庭审理；异议不成立的，裁定驳回。

第四十四条 合议庭的审判长由院长或者庭长指定审判员一人担任；院长或者庭长参加审判的，由院长或者庭长担任。

第四十五条 合议庭评议案件，实行少数服从多数的原则。评议应当制作笔录,由合议庭成员签名。评议中的不同意见,必须如实记入笔录。

第四十六条 审判人员应当依法秉公办案。

审判人员不得接受当事人及其诉讼代理人请客送礼。

审判人员有贪污受贿,徇私舞弊,枉法裁判行为的,应当追究法律责任;构成犯罪的,依法追究刑事责任。

第四章 回 避

第四十七条 审判人员有下列情形之一的,应当自行回避,当事人有权用口头或者书面方式申请他们回避:

(一)是本案当事人或者当事人、诉讼代理人近亲属的;

(二)与本案有利害关系的;

(三)与本案当事人、诉讼代理人有其他关系,可能影响对案件公正审理的。

审判人员接受当事人、诉讼代理人请客送礼,或者违反规定会见当事人、诉讼代理人的,当事人有权要求他们回避。

审判人员有前款规定的行为的,应当依法追究法律责任。

前三款规定,适用于书记员、翻译人员、鉴定人、勘验人。

第四十八条 当事人提出回避申请,应当说明理由,在案件开始审理时提出;回避事由在案件开始审理后知道的,也可以在法庭辩论终结前提出。

被申请回避的人员在人民法院作出是否回避的决定前,应当暂停参与本案的工作,但案件需要采取紧急措施的除外。

第四十九条 院长担任审判长或者独任审判员时的回避,由审判委员会决定;审判人员的回避,由院长决定;其他人员的回避,由审判长或者独任审判员决定。

第五十条 人民法院对当事人提出的回避申请,应当在申请提出的三日内，以口头或者书面形式作出决定。申请人对决定不服的，可以在接到决定时申请复议一次。复议期间，被申请回避的人员，不停止参与本案的工作。人民法院对复议申请，应当在三日内作出复议决定，并通知复议申请人。

第五章　诉讼参加人

第一节　当　事　人

第五十一条　公民、法人和其他组织可以作为民事诉讼的当事人。

法人由其法定代表人进行诉讼。其他组织由其主要负责人进行诉讼。

第五十二条　当事人有权委托代理人，提出回避申请，收集、提供证据，进行辩论，请求调解，提起上诉，申请执行。

当事人可以查阅本案有关材料，并可以复制本案有关材料和法律文书。查阅、复制本案有关材料的范围和办法由最高人民法院规定。

当事人必须依法行使诉讼权利，遵守诉讼秩序，履行发生法律效力的判决书、裁定书和调解书。

第五十三条　双方当事人可以自行和解。

第五十四条　原告可以放弃或者变更诉讼请求。被告可以承认或者反驳诉讼请求，有权提起反诉。

第五十五条　当事人一方或者双方为二人以上，其诉讼标的是共同的，或者诉讼标的是同一种类、人民法院认为可以合并审理并经当事人同意的，为共同诉讼。

共同诉讼的一方当事人对诉讼标的有共同权利义务的，其中一人的诉讼行为经其他共同诉讼人承认，对其他共同诉讼人发生效力；

对诉讼标的没有共同权利义务的，其中一人的诉讼行为对其他共同诉讼人不发生效力。

第五十六条 当事人一方人数众多的共同诉讼，可以由当事人推选代表人进行诉讼。代表人的诉讼行为对其所代表的当事人发生效力，但代表人变更、放弃诉讼请求或者承认对方当事人的诉讼请求，进行和解，必须经被代表的当事人同意。

第五十七条 诉讼标的是同一种类、当事人一方人数众多在起诉时人数尚未确定的，人民法院可以发出公告，说明案件情况和诉讼请求，通知权利人在一定期间向人民法院登记。

向人民法院登记的权利人可以推选代表人进行诉讼；推选不出代表人的，人民法院可以与参加登记的权利人商定代表人。

代表人的诉讼行为对其所代表的当事人发生效力，但代表人变更、放弃诉讼请求或者承认对方当事人的诉讼请求，进行和解，必须经被代表的当事人同意。

人民法院作出的判决、裁定，对参加登记的全体权利人发生效力。未参加登记的权利人在诉讼时效期间提起诉讼的，适用该判决、裁定。

第五十八条 对污染环境、侵害众多消费者合法权益等损害社会公共利益的行为，法律规定的机关和有关组织可以向人民法院提起诉讼。

人民检察院在履行职责中发现破坏生态环境和资源保护、食品药品安全领域侵害众多消费者合法权益等损害社会公共利益的行为，在没有前款规定的机关和组织或者前款规定的机关和组织不提起诉讼的情况下，可以向人民法院提起诉讼。前款规定的机关或者组织提起诉讼的，人民检察院可以支持起诉。

第五十九条 对当事人双方的诉讼标的，第三人认为有独立请求权的，有权提起诉讼。

对当事人双方的诉讼标的，第三人虽然没有独立请求权，但案件处理结果同他有法律上的利害关系的，可以申请参加诉讼，或者由人民法院通知他参加诉讼。人民法院判决承担民事责任的第三人，有当事人的诉讼权利义务。

前两款规定的第三人，因不能归责于本人的事由未参加诉讼，但有证据证明发生法律效力的判决、裁定、调解书的部分或者全部内容错误，损害其民事权益的，可以自知道或者应当知道其民事权益受到损害之日起六个月内，向作出该判决、裁定、调解书的人民法院提起诉讼。人民法院经审理，诉讼请求成立的，应当改变或者撤销原判决、裁定、调解书；诉讼请求不成立的，驳回诉讼请求。

第二节　诉讼代理人

第六十条　无诉讼行为能力人由他的监护人作为法定代理人代为诉讼。法定代理人之间互相推诿代理责任的，由人民法院指定其中一人代为诉讼。

第六十一条　当事人、法定代理人可以委托一至二人作为诉讼代理人。

下列人员可以被委托为诉讼代理人：

（一）律师、基层法律服务工作者；

（二）当事人的近亲属或者工作人员；

（三）当事人所在社区、单位以及有关社会团体推荐的公民。

第六十二条　委托他人代为诉讼，必须向人民法院提交由委托人签名或者盖章的授权委托书。

授权委托书必须记明委托事项和权限。诉讼代理人代为承认、放弃、变更诉讼请求，进行和解，提起反诉或者上诉，必须有委托人的特别授权。

侨居在国外的中华人民共和国公民从国外寄交或者托交的授权委托书，必须经中华人民共和国驻该国的使领馆证明；没有使领馆的，由与中华人民共和国有外交关系的第三国驻该国的使领馆证明，再转由中华人民共和国驻该第三国使领馆证明，或者由当地的爱国华侨团体证明。

第六十三条 诉讼代理人的权限如果变更或者解除,当事人应当书面告知人民法院,并由人民法院通知对方当事人。

第六十四条 代理诉讼的律师和其他诉讼代理人有权调查收集证据,可以查阅本案有关材料。查阅本案有关材料的范围和办法由最高人民法院规定。

第六十五条 离婚案件有诉讼代理人的,本人除不能表达意思的以外,仍应出庭;确因特殊情况无法出庭的,必须向人民法院提交书面意见。

第六章 证 据

第六十六条 证据包括:

(一) 当事人的陈述;

(二) 书证;

(三) 物证;

(四) 视听资料;

(五) 电子数据;

(六) 证人证言;

(七) 鉴定意见;

(八) 勘验笔录。

证据必须查证属实,才能作为认定事实的根据。

第六十七条 当事人对自己提出的主张,有责任提供证据。

当事人及其诉讼代理人因客观原因不能自行收集的证据,或者人民法院认为审理案件需要的证据,人民法院应当调查收集。

人民法院应当按照法定程序,全面地、客观地审查核实证据。

第六十八条 当事人对自己提出的主张应当及时提供证据。

人民法院根据当事人的主张和案件审理情况,确定当事人应当提供的证据及其期限。当事人在该期限内提供证据确有困难的,可以向人民法院申请延长期限,人民法院根据当事人的申请适当延长。当事人逾期提供证据的,人民法院应当责令其说明理由;拒不说明理由或者理由不成立的,人民法院根据不同情形可以不予采纳该证据,或者采纳该证据但予以训诫、罚款。

第六十九条 人民法院收到当事人提交的证据材料,应当出具收据,写明证据名称、页数、份数、原件或者复印件以及收到时间等,并由经办人员签名或者盖章。

第七十条 人民法院有权向有关单位和个人调查取证,有关单位和个人不得拒绝。

人民法院对有关单位和个人提出的证明文书,应当辨别真伪,审查确定其效力。

第七十一条 证据应当在法庭上出示,并由当事人互相质证。对涉及国家秘密、商业秘密和个人隐私的证据应当保密,需要在法庭出示的,不得在公开开庭时出示。

第七十二条 经过法定程序公证证明的法律事实和文书,人民法院应当作为认定事实的根据,但有相反证据足以推翻公证证明的除外。

第七十三条 书证应当提交原件。物证应当提交原物。提交原件或者原物确有困难的,可以提交复制品、照片、副本、节录本。

提交外文书证,必须附有中文译本。

第七十四条 人民法院对视听资料,应当辨别真伪,并结合本案的其他证据,审查确定能否作为认定事实的根据。

第七十五条 凡是知道案件情况的单位和个人,都有义务出庭作证。有关单位的负责人应当支持证人作证。

不能正确表达意思的人,不能作证。

第七十六条 经人民法院通知,证人应当出庭作证。有下列情形之一的,经人民法院许可,可以通过书面证言、视听传输技术或者视听资料等方式作证:

77

（一）因健康原因不能出庭的；
（二）因路途遥远，交通不便不能出庭的；
（三）因自然灾害等不可抗力不能出庭的；
（四）其他有正当理由不能出庭的。

第七十七条 证人因履行出庭作证义务而支出的交通、住宿、就餐等必要费用以及误工损失，由败诉一方当事人负担。当事人申请证人作证的，由该当事人先行垫付；当事人没有申请，人民法院通知证人作证的，由人民法院先行垫付。

第七十八条 人民法院对当事人的陈述，应当结合本案的其他证据，审查确定能否作为认定事实的根据。

当事人拒绝陈述的，不影响人民法院根据证据认定案件事实。

第七十九条 当事人可以就查明事实的专门性问题向人民法院申请鉴定。当事人申请鉴定的，由双方当事人协商确定具备资格的鉴定人；协商不成的，由人民法院指定。

当事人未申请鉴定，人民法院对专门性问题认为需要鉴定的，应当委托具备资格的鉴定人进行鉴定。

第八十条 鉴定人有权了解进行鉴定所需要的案件材料，必要时可以询问当事人、证人。

鉴定人应当提出书面鉴定意见，在鉴定书上签名或者盖章。

第八十一条 当事人对鉴定意见有异议或者人民法院认为鉴定人有必要出庭的，鉴定人应当出庭作证。经人民法院通知，鉴定人拒不出庭作证的，鉴定意见不得作为认定事实的根据；支付鉴定费用的当事人可以要求返还鉴定费用。

第八十二条 当事人可以申请人民法院通知有专门知识的人出庭，就鉴定人作出的鉴定意见或者专业问题提出意见。

第八十三条 勘验物证或者现场，勘验人必须出示人民法院的证件，并邀请当地基层组织或者当事人所在单位派人参加。当事人或者当事人的成年家属应当到场，拒不到场的，不影响勘验的进行。

有关单位和个人根据人民法院的通知，有义务保护现场，协助勘验工作。

勘验人应当将勘验情况和结果制作笔录,由勘验人、当事人和被邀参加人签名或者盖章。

第八十四条 在证据可能灭失或者以后难以取得的情况下,当事人可以在诉讼过程中向人民法院申请保全证据,人民法院也可以主动采取保全措施。

因情况紧急,在证据可能灭失或者以后难以取得的情况下,利害关系人可以在提起诉讼或者申请仲裁前向证据所在地、被申请人住所地或者对案件有管辖权的人民法院申请保全证据。

证据保全的其他程序,参照适用本法第九章保全的有关规定。

第七章 期间、送达

第一节 期 间

第八十五条 期间包括法定期间和人民法院指定的期间。

期间以时、日、月、年计算。期间开始的时和日,不计算在期间内。

期间届满的最后一日是法定休假日的,以法定休假日后的第一日为期间届满的日期。

期间不包括在途时间,诉讼文书在期满前交邮的,不算过期。

第八十六条 当事人因不可抗拒的事由或者其他正当理由耽误期限的,在障碍消除后的十日内,可以申请顺延期限,是否准许,由人民法院决定。

第二节 送 达

第八十七条 送达诉讼文书必须有送达回证,由受送达人在送达回证上记明收到日期,签名或者盖章。

受送达人在送达回证上的签收日期为送达日期。

第八十八条 送达诉讼文书，应当直接送交受送达人。受送达人是公民的，本人不在交他的同住成年家属签收；受送达人是法人或者其他组织的，应当由法人的法定代表人、其他组织的主要负责人或者该法人、组织负责收件的人签收；受送达人有诉讼代理人的，可以送交其代理人签收；受送达人已向人民法院指定代收人的，送交代收人签收。

受送达人的同住成年家属，法人或者其他组织的负责收件的人，诉讼代理人或者代收人在送达回证上签收的日期为送达日期。

第八十九条 受送达人或者他的同住成年家属拒绝接收诉讼文书的，送达人可以邀请有关基层组织或者所在单位的代表到场，说明情况，在送达回证上记明拒收事由和日期，由送达人、见证人签名或者盖章，把诉讼文书留在受送达人的住所；也可以把诉讼文书留在受送达人的住所，并采用拍照、录像等方式记录送达过程，即视为送达。

第九十条 经受送达人同意，人民法院可以采用能够确认其收悉的电子方式送达诉讼文书。通过电子方式送达的判决书、裁定书、调解书，受送达人提出需要纸质文书的，人民法院应当提供。

采用前款方式送达的，以送达信息到达受送达人特定系统的日期为送达日期。

第九十一条 直接送达诉讼文书有困难的，可以委托其他人民法院代为送达，或者邮寄送达。邮寄送达的，以回执上注明的收件日期为送达日期。

第九十二条 受送达人是军人的，通过其所在部队团以上单位的政治机关转交。

第九十三条 受送达人被监禁的，通过其所在监所转交。

受送达人被采取强制性教育措施的，通过其所在强制性教育机构转交。

第九十四条 代为转交的机关、单位收到诉讼文书后，必须立即交受送达人签收，以在送达回证上的签收日期，为送达日期。

第九十五条 受送达人下落不明，或者用本节规定的其他方式无法送达的，公告送达。自发出公告之日起，经过三十日，即视为送达。

公告送达，应当在案卷中记明原因和经过。

第八章 调　　解

第九十六条 人民法院审理民事案件，根据当事人自愿的原则，在事实清楚的基础上，分清是非，进行调解。

第九十七条 人民法院进行调解，可以由审判员一人主持，也可以由合议庭主持，并尽可能就地进行。

人民法院进行调解，可以用简便方式通知当事人、证人到庭。

第九十八条 人民法院进行调解，可以邀请有关单位和个人协助。被邀请的单位和个人，应当协助人民法院进行调解。

第九十九条 调解达成协议，必须双方自愿，不得强迫。调解协议的内容不得违反法律规定。

第一百条 调解达成协议，人民法院应当制作调解书。调解书应当写明诉讼请求、案件的事实和调解结果。

调解书由审判人员、书记员署名，加盖人民法院印章，送达双方当事人。

调解书经双方当事人签收后，即具有法律效力。

第一百零一条 下列案件调解达成协议，人民法院可以不制作调解书：

（一）调解和好的离婚案件；

（二）调解维持收养关系的案件；

（三）能够即时履行的案件；

（四）其他不需要制作调解书的案件。

对不需要制作调解书的协议，应当记入笔录，由双方当事人、审判人员、书记员签名或者盖章后，即具有法律效力。

第一百零二条 调解未达成协议或者调解书送达前一方反悔的，人民法院应当及时判决。

第九章 保全和先予执行

第一百零三条 人民法院对于可能因当事人一方的行为或者其他原因，使判决难以执行或者造成当事人其他损害的案件，根据对方当事人的申请，可以裁定对其财产进行保全、责令其作出一定行为或者禁止其作出一定行为；当事人没有提出申请的，人民法院在必要时也可以裁定采取保全措施。

人民法院采取保全措施，可以责令申请人提供担保，申请人不提供担保的，裁定驳回申请。

人民法院接受申请后，对情况紧急的，必须在四十八小时内作出裁定；裁定采取保全措施的，应当立即开始执行。

第一百零四条 利害关系人因情况紧急，不立即申请保全将会使其合法权益受到难以弥补的损害的，可以在提起诉讼或者申请仲裁前向被保全财产所在地、被申请人住所地或者对案件有管辖权的人民法院申请采取保全措施。申请人应当提供担保，不提供担保的，裁定驳回申请。

人民法院接受申请后，必须在四十八小时内作出裁定；裁定采取保全措施的，应当立即开始执行。

申请人在人民法院采取保全措施后三十日内不依法提起诉讼或者申请仲裁的，人民法院应当解除保全。

第一百零五条 保全限于请求的范围，或者与本案有关的财物。

第一百零六条 财产保全采取查封、扣押、冻结或者法律规定的其他方法。人民法院保全财产后，应当立即通知被保全财产的人。

财产已被查封、冻结的,不得重复查封、冻结。

第一百零七条 财产纠纷案件,被申请人提供担保的,人民法院应当裁定解除保全。

第一百零八条 申请有错误的,申请人应当赔偿被申请人因保全所遭受的损失。

第一百零九条 人民法院对下列案件,根据当事人的申请,可以裁定先予执行:

(一)追索赡养费、扶养费、抚养费、抚恤金、医疗费用的;

(二)追索劳动报酬的;

(三)因情况紧急需要先予执行的。

第一百一十条 人民法院裁定先予执行的,应当符合下列条件:

(一)当事人之间权利义务关系明确,不先予执行将严重影响申请人的生活或者生产经营的;

(二)被申请人有履行能力。

人民法院可以责令申请人提供担保,申请人不提供担保的,驳回申请。申请人败诉的,应当赔偿被申请人因先予执行遭受的财产损失。

第一百一十一条 当事人对保全或者先予执行的裁定不服的,可以申请复议一次。复议期间不停止裁定的执行。

第十章 对妨害民事诉讼的强制措施

第一百一十二条 人民法院对必须到庭的被告,经两次传票传唤,无正当理由拒不到庭的,可以拘传。

第一百一十三条 诉讼参与人和其他人应当遵守法庭规则。

人民法院对违反法庭规则的人,可以予以训诫,责令退出法庭或者予以罚款、拘留。

人民法院对哄闹、冲击法庭,侮辱、诽谤、威胁、殴打审判人员，严重扰乱法庭秩序的人，依法追究刑事责任；情节较轻的，予以罚款、拘留。

第一百一十四条 诉讼参与人或者其他人有下列行为之一的，人民法院可以根据情节轻重予以罚款、拘留；构成犯罪的，依法追究刑事责任：

（一）伪造、毁灭重要证据，妨碍人民法院审理案件的；

（二）以暴力、威胁、贿买方法阻止证人作证或者指使、贿买、胁迫他人作伪证的；

（三）隐藏、转移、变卖、毁损已被查封、扣押的财产，或者已被清点并责令其保管的财产，转移已被冻结的财产的；

（四）对司法工作人员、诉讼参加人、证人、翻译人员、鉴定人、勘验人、协助执行的人，进行侮辱、诽谤、诬陷、殴打或者打击报复的；

（五）以暴力、威胁或者其他方法阻碍司法工作人员执行职务的；

（六）拒不履行人民法院已经发生法律效力的判决、裁定的。

人民法院对有前款规定的行为之一的单位，可以对其主要负责人或者直接责任人员予以罚款、拘留；构成犯罪的，依法追究刑事责任。

第一百一十五条 当事人之间恶意串通，企图通过诉讼、调解等方式侵害他人合法权益的，人民法院应当驳回其请求，并根据情节轻重予以罚款、拘留；构成犯罪的，依法追究刑事责任。

第一百一十六条 被执行人与他人恶意串通，通过诉讼、仲裁、调解等方式逃避履行法律文书确定的义务的，人民法院应当根据情节轻重予以罚款、拘留；构成犯罪的，依法追究刑事责任。

第一百一十七条 有义务协助调查、执行的单位有下列行为之一的，人民法院除责令其履行协助义务外，并可以予以罚款：

（一）有关单位拒绝或者妨碍人民法院调查取证的；

（二）有关单位接到人民法院协助执行通知书后，拒不协助查询、扣押、冻结、划拨、变价财产的；

（三）有关单位接到人民法院协助执行通知书后，拒不协助扣留被执行人的收入、办理有关财产权证照转移手续、转交有关票证、证照或者其他财产的；

（四）其他拒绝协助执行的。

人民法院对有前款规定的行为之一的单位，可以对其主要负责人或者直接责任人员予以罚款；对仍不履行协助义务的，可以予以拘留；并可以向监察机关或者有关机关提出予以纪律处分的司法建议。

第一百一十八条 对个人的罚款金额，为人民币十万元以下。对单位的罚款金额，为人民币五万元以上一百万元以下。

拘留的期限，为十五日以下。

被拘留的人，由人民法院交公安机关看管。在拘留期间，被拘留人承认并改正错误的，人民法院可以决定提前解除拘留。

第一百一十九条 拘传、罚款、拘留必须经院长批准。

拘传应当发拘传票。

罚款、拘留应当用决定书。对决定不服的，可以向上一级人民法院申请复议一次。复议期间不停止执行。

第一百二十条 采取对妨害民事诉讼的强制措施必须由人民法院决定。任何单位和个人采取非法拘禁他人或者非法私自扣押他人财产追索债务的，应当依法追究刑事责任，或者予以拘留、罚款。

第十一章 诉讼费用

第一百二十一条 当事人进行民事诉讼，应当按照规定交纳案件受理费。财产案件除交纳案件受理费外，并按照规定交纳其他诉讼费用。

当事人交纳诉讼费用确有困难的，可以按照规定向人民法院申请缓交、减交或者免交。

收取诉讼费用的办法另行制定。

第二编 审判程序

第十二章 第一审普通程序

第一节 起诉和受理

第一百二十二条 起诉必须符合下列条件：

（一）原告是与本案有直接利害关系的公民、法人和其他组织；

（二）有明确的被告；

（三）有具体的诉讼请求和事实、理由；

（四）属于人民法院受理民事诉讼的范围和受诉人民法院管辖。

第一百二十三条 起诉应当向人民法院递交起诉状，并按照被告人数提出副本。

书写起诉状确有困难的，可以口头起诉，由人民法院记入笔录，并告知对方当事人。

第一百二十四条 起诉状应当记明下列事项：

（一）原告的姓名、性别、年龄、民族、职业、工作单位、住所、联系方式，法人或者其他组织的名称、住所和法定代表人或者主要负责人的姓名、职务、联系方式；

（二）被告的姓名、性别、工作单位、住所等信息，法人或者其他组织的名称、住所等信息；

（三）诉讼请求和所根据的事实与理由；

（四）证据和证据来源，证人姓名和住所。

第一百二十五条 当事人起诉到人民法院的民事纠纷，适宜调解的，先行调解，但当事人拒绝调解的除外。

第一百二十六条 人民法院应当保障当事人依照法律规定享有

的起诉权利。对符合本法第一百二十二条的起诉，必须受理。符合起诉条件的，应当在七日内立案，并通知当事人；不符合起诉条件的，应当在七日内作出裁定书，不予受理；原告对裁定不服的，可以提起上诉。

第一百二十七条 人民法院对下列起诉，分别情形，予以处理：

（一）依照行政诉讼法的规定，属于行政诉讼受案范围的，告知原告提起行政诉讼；

（二）依照法律规定，双方当事人达成书面仲裁协议申请仲裁、不得向人民法院起诉的，告知原告向仲裁机构申请仲裁；

（三）依照法律规定，应当由其他机关处理的争议，告知原告向有关机关申请解决；

（四）对不属于本院管辖的案件，告知原告向有管辖权的人民法院起诉；

（五）对判决、裁定、调解书已经发生法律效力的案件，当事人又起诉的，告知原告申请再审，但人民法院准许撤诉的裁定除外；

（六）依照法律规定，在一定期限内不得起诉的案件，在不得起诉的期限内起诉的，不予受理；

（七）判决不准离婚和调解和好的离婚案件，判决、调解维持收养关系的案件，没有新情况、新理由，原告在六个月内又起诉的，不予受理。

第二节 审理前的准备

第一百二十八条 人民法院应当在立案之日起五日内将起诉状副本发送被告，被告应当在收到之日起十五日内提出答辩状。答辩状应当记明被告的姓名、性别、年龄、民族、职业、工作单位、住所、联系方式；法人或者其他组织的名称、住所和法定代表人或者主要负责人的姓名、职务、联系方式。人民法院应当在收到答辩状之日起五日内将答辩状副本发送原告。

被告不提出答辩状的，不影响人民法院审理。

第一百二十九条 人民法院对决定受理的案件，应当在受理案件通知书和应诉通知书中向当事人告知有关的诉讼权利义务，或者口头告知。

第一百三十条 人民法院受理案件后，当事人对管辖权有异议的，应当在提交答辩状期间提出。人民法院对当事人提出的异议，应当审查。异议成立的，裁定将案件移送有管辖权的人民法院；异议不成立的，裁定驳回。

当事人未提出管辖异议，并应诉答辩的，视为受诉人民法院有管辖权，但违反级别管辖和专属管辖规定的除外。

第一百三十一条 审判人员确定后，应当在三日内告知当事人。

第一百三十二条 审判人员必须认真审核诉讼材料，调查收集必要的证据。

第一百三十三条 人民法院派出人员进行调查时，应当向被调查人出示证件。

调查笔录经被调查人校阅后，由被调查人、调查人签名或者盖章。

第一百三十四条 人民法院在必要时可以委托外地人民法院调查。

委托调查，必须提出明确的项目和要求。受委托人民法院可以主动补充调查。

受委托人民法院收到委托书后，应当在三十日内完成调查。因故不能完成的，应当在上述期限内函告委托人民法院。

第一百三十五条 必须共同进行诉讼的当事人没有参加诉讼的，人民法院应当通知其参加诉讼。

第一百三十六条 人民法院对受理的案件，分别情形，予以处理：

（一）当事人没有争议，符合督促程序规定条件的，可以转入督促程序；

（二）开庭前可以调解的，采取调解方式及时解决纠纷；

（三）根据案件情况，确定适用简易程序或者普通程序；

（四）需要开庭审理的，通过要求当事人交换证据等方式，明确争议焦点。

第三节 开庭审理

第一百三十七条 人民法院审理民事案件，除涉及国家秘密、个人隐私或者法律另有规定的以外，应当公开进行。

离婚案件，涉及商业秘密的案件，当事人申请不公开审理的，可以不公开审理。

第一百三十八条 人民法院审理民事案件，根据需要进行巡回审理，就地办案。

第一百三十九条 人民法院审理民事案件，应当在开庭三日前通知当事人和其他诉讼参与人。公开审理的，应当公告当事人姓名、案由和开庭的时间、地点。

第一百四十条 开庭审理前，书记员应当查明当事人和其他诉讼参与人是否到庭，宣布法庭纪律。

开庭审理时，由审判长或者独任审判员核对当事人，宣布案由，宣布审判人员、书记员名单，告知当事人有关的诉讼权利义务，询问当事人是否提出回避申请。

第一百四十一条 法庭调查按照下列顺序进行：

（一）当事人陈述；

（二）告知证人的权利义务，证人作证，宣读未到庭的证人证言；

（三）出示书证、物证、视听资料和电子数据；

（四）宣读鉴定意见；

（五）宣读勘验笔录。

第一百四十二条 当事人在法庭上可以提出新的证据。

当事人经法庭许可,可以向证人、鉴定人、勘验人发问。

当事人要求重新进行调查、鉴定或者勘验的,是否准许,由人民法院决定。

第一百四十三条 原告增加诉讼请求,被告提出反诉,第三人提出与本案有关的诉讼请求,可以合并审理。

第一百四十四条 法庭辩论按照下列顺序进行:

(一)原告及其诉讼代理人发言;

(二)被告及其诉讼代理人答辩;

(三)第三人及其诉讼代理人发言或者答辩;

(四)互相辩论。

法庭辩论终结,由审判长或者独任审判员按照原告、被告、第三人的先后顺序征询各方最后意见。

第一百四十五条 法庭辩论终结,应当依法作出判决。判决前能够调解的,还可以进行调解,调解不成的,应当及时判决。

第一百四十六条 原告经传票传唤,无正当理由拒不到庭的,或者未经法庭许可中途退庭的,可以按撤诉处理;被告反诉的,可以缺席判决。

第一百四十七条 被告经传票传唤,无正当理由拒不到庭的,或者未经法庭许可中途退庭的,可以缺席判决。

第一百四十八条 宣判前,原告申请撤诉的,是否准许,由人民法院裁定。

人民法院裁定不准许撤诉的,原告经传票传唤,无正当理由拒不到庭的,可以缺席判决。

第一百四十九条 有下列情形之一的,可以延期开庭审理:

(一)必须到庭的当事人和其他诉讼参与人有正当理由没有到庭的;

(二)当事人临时提出回避申请的;

(三)需要通知新的证人到庭,调取新的证据,重新鉴定、勘验,或者需要补充调查的;

（四）其他应当延期的情形。

第一百五十条 书记员应当将法庭审理的全部活动记入笔录，由审判人员和书记员签名。

法庭笔录应当当庭宣读，也可以告知当事人和其他诉讼参与人当庭或者在五日内阅读。当事人和其他诉讼参与人认为对自己的陈述记录有遗漏或者差错的，有权申请补正。如果不予补正，应当将申请记录在案。

法庭笔录由当事人和其他诉讼参与人签名或者盖章。拒绝签名盖章的，记明情况附卷。

第一百五十一条 人民法院对公开审理或者不公开审理的案件，一律公开宣告判决。

当庭宣判的，应当在十日内发送判决书；定期宣判的，宣判后立即发给判决书。

宣告判决时，必须告知当事人上诉权利、上诉期限和上诉的法院。

宣告离婚判决，必须告知当事人在判决发生法律效力前不得另行结婚。

第一百五十二条 人民法院适用普通程序审理的案件，应当在立案之日起六个月内审结。有特殊情况需要延长的，经本院院长批准，可以延长六个月；还需要延长的，报请上级人民法院批准。

第四节 诉讼中止和终结

第一百五十三条 有下列情形之一的，中止诉讼：

（一）一方当事人死亡，需要等待继承人表明是否参加诉讼的；

（二）一方当事人丧失诉讼行为能力，尚未确定法定代理人的；

（三）作为一方当事人的法人或者其他组织终止，尚未确定权利义务承受人的；

（四）一方当事人因不可抗拒的事由，不能参加诉讼的；

（五）本案必须以另一案的审理结果为依据，而另一案尚未审结的；

（六）其他应当中止诉讼的情形。

中止诉讼的原因消除后，恢复诉讼。

第一百五十四条 有下列情形之一的，终结诉讼：

（一）原告死亡，没有继承人，或者继承人放弃诉讼权利的；

（二）被告死亡，没有遗产，也没有应当承担义务的人的；

（三）离婚案件一方当事人死亡的；

（四）追索赡养费、扶养费、抚养费以及解除收养关系案件的一方当事人死亡的。

第五节 判决和裁定

第一百五十五条 判决书应当写明判决结果和作出该判决的理由。判决书内容包括：

（一）案由、诉讼请求、争议的事实和理由；

（二）判决认定的事实和理由、适用的法律和理由；

（三）判决结果和诉讼费用的负担；

（四）上诉期间和上诉的法院。

判决书由审判人员、书记员署名，加盖人民法院印章。

第一百五十六条 人民法院审理案件，其中一部分事实已经清楚，可以就该部分先行判决。

第一百五十七条 裁定适用于下列范围：

（一）不予受理；

（二）对管辖权有异议的；

（三）驳回起诉；

（四）保全和先予执行；

（五）准许或者不准许撤诉；

（六）中止或者终结诉讼；

（七）补正判决书中的笔误；

（八）中止或者终结执行；

（九）撤销或者不予执行仲裁裁决；

（十）不予执行公证机关赋予强制执行效力的债权文书；

（十一）其他需要裁定解决的事项。

对前款第一项至第三项裁定，可以上诉。

裁定书应当写明裁定结果和作出该裁定的理由。裁定书由审判人员、书记员署名，加盖人民法院印章。口头裁定的，记入笔录。

第一百五十八条 最高人民法院的判决、裁定，以及依法不准上诉或者超过上诉期没有上诉的判决、裁定，是发生法律效力的判决、裁定。

第一百五十九条 公众可以查阅发生法律效力的判决书、裁定书，但涉及国家秘密、商业秘密和个人隐私的内容除外。

第十三章 简 易 程 序

第一百六十条 基层人民法院和它派出的法庭审理事实清楚、权利义务关系明确、争议不大的简单的民事案件，适用本章规定。

基层人民法院和它派出的法庭审理前款规定以外的民事案件，当事人双方也可以约定适用简易程序。

第一百六十一条 对简单的民事案件，原告可以口头起诉。

当事人双方可以同时到基层人民法院或者它派出的法庭，请求解决纠纷。基层人民法院或者它派出的法庭可以当即审理，也可以另定日期审理。

第一百六十二条 基层人民法院和它派出的法庭审理简单的民事案件，可以用简便方式传唤当事人和证人、送达诉讼文书、审理案件，但应当保障当事人陈述意见的权利。

第一百六十三条 简单的民事案件由审判员一人独任审理，并不受本法第一百三十九条、第一百四十一条、第一百四十四条规定的限制。

第一百六十四条 人民法院适用简易程序审理案件，应当在立案之日起三个月内审结。有特殊情况需要延长的，经本院院长批准，可以延长一个月。

第一百六十五条 基层人民法院和它派出的法庭审理事实清楚、权利义务关系明确、争议不大的简单金钱给付民事案件，标的额为各省、自治区、直辖市上年度就业人员年平均工资百分之五十以下的，适用小额诉讼的程序审理，实行一审终审。

基层人民法院和它派出的法庭审理前款规定的民事案件，标的额超过各省、自治区、直辖市上年度就业人员年平均工资百分之五十但在二倍以下的，当事人双方也可以约定适用小额诉讼的程序。

第一百六十六条 人民法院审理下列民事案件，不适用小额诉讼的程序：

（一）人身关系、财产确权案件；

（二）涉外案件；

（三）需要评估、鉴定或者对诉前评估、鉴定结果有异议的案件；

（四）一方当事人下落不明的案件；

（五）当事人提出反诉的案件；

（六）其他不宜适用小额诉讼的程序审理的案件。

第一百六十七条 人民法院适用小额诉讼的程序审理案件，可以一次开庭审结并且当庭宣判。

第一百六十八条 人民法院适用小额诉讼的程序审理案件，应当在立案之日起两个月内审结。有特殊情况需要延长的，经本院院长批准，可以延长一个月。

第一百六十九条 人民法院在审理过程中，发现案件不宜适用小额诉讼的程序的，应当适用简易程序的其他规定审理或者裁定转为普通程序。

当事人认为案件适用小额诉讼的程序审理违反法律规定的，可以向人民法院提出异议。人民法院对当事人提出的异议应当审查，异议成立的，应当适用简易程序的其他规定审理或者裁定转为普通程序；异议不成立的，裁定驳回。

第一百七十条 人民法院在审理过程中，发现案件不宜适用简易程序的，裁定转为普通程序。

第十四章　第二审程序

第一百七十一条 当事人不服地方人民法院第一审判决的，有权在判决书送达之日起十五日内向上一级人民法院提起上诉。

当事人不服地方人民法院第一审裁定的，有权在裁定书送达之日起十日内向上一级人民法院提起上诉。

第一百七十二条 上诉应当递交上诉状。上诉状的内容，应当包括当事人的姓名，法人的名称及其法定代表人的姓名或者其他组织的名称及其主要负责人的姓名；原审人民法院名称、案件的编号和案由；上诉的请求和理由。

第一百七十三条 上诉状应当通过原审人民法院提出，并按照对方当事人或者代表人的人数提出副本。

当事人直接向第二审人民法院上诉的，第二审人民法院应当在五日内将上诉状移交原审人民法院。

第一百七十四条 原审人民法院收到上诉状，应当在五日内将上诉状副本送达对方当事人，对方当事人在收到之日起十五日内提出答辩状。人民法院应当在收到答辩状之日起五日内将副本送达上诉人。对方当事人不提出答辩状的，不影响人民法院审理。

原审人民法院收到上诉状、答辩状，应当在五日内连同全部案卷和证据，报送第二审人民法院。

第一百七十五条 第二审人民法院应当对上诉请求的有关事实

和适用法律进行审查。

第一百七十六条　第二审人民法院对上诉案件应当开庭审理。经过阅卷、调查和询问当事人，对没有提出新的事实、证据或者理由，人民法院认为不需要开庭审理的，可以不开庭审理。

第二审人民法院审理上诉案件，可以在本院进行，也可以到案件发生地或者原审人民法院所在地进行。

第一百七十七条　第二审人民法院对上诉案件，经过审理，按照下列情形，分别处理：

（一）原判决、裁定认定事实清楚，适用法律正确的，以判决、裁定方式驳回上诉，维持原判决、裁定；

（二）原判决、裁定认定事实错误或者适用法律错误的，以判决、裁定方式依法改判、撤销或者变更；

（三）原判决认定基本事实不清的，裁定撤销原判决，发回原审人民法院重审，或者查清事实后改判；

（四）原判决遗漏当事人或者违法缺席判决等严重违反法定程序的，裁定撤销原判决，发回原审人民法院重审。

原审人民法院对发回重审的案件作出判决后，当事人提起上诉的，第二审人民法院不得再次发回重审。

第一百七十八条　第二审人民法院对不服第一审人民法院裁定的上诉案件的处理，一律使用裁定。

第一百七十九条　第二审人民法院审理上诉案件，可以进行调解。调解达成协议，应当制作调解书，由审判人员、书记员署名，加盖人民法院印章。调解书送达后，原审人民法院的判决即视为撤销。

第一百八十条　第二审人民法院判决宣告前，上诉人申请撤回上诉的，是否准许，由第二审人民法院裁定。

第一百八十一条　第二审人民法院审理上诉案件，除依照本章规定外，适用第一审普通程序。

第一百八十二条　第二审人民法院的判决、裁定，是终审的判决、裁定。

第一百八十三条 人民法院审理对判决的上诉案件，应当在第二审立案之日起三个月内审结。有特殊情况需要延长的，由本院院长批准。

人民法院审理对裁定的上诉案件，应当在第二审立案之日起三十日内作出终审裁定。

……

第六节 确认调解协议案件

第二百零一条 经依法设立的调解组织调解达成调解协议，申请司法确认的，由双方当事人自调解协议生效之日起三十日内，共同向下列人民法院提出：

（一）人民法院邀请调解组织开展先行调解的，向作出邀请的人民法院提出；

（二）调解组织自行开展调解的，向当事人住所地、标的物所在地、调解组织所在地的基层人民法院提出；调解协议所涉纠纷应当由中级人民法院管辖的，向相应的中级人民法院提出。

第二百零二条 人民法院受理申请后，经审查，符合法律规定的，裁定调解协议有效，一方当事人拒绝履行或者未全部履行的，对方当事人可以向人民法院申请执行；不符合法律规定的，裁定驳回申请，当事人可以通过调解方式变更原调解协议或者达成新的调解协议，也可以向人民法院提起诉讼。

……

第十六章 审判监督程序

第二百零五条 各级人民法院院长对本院已经发生法律效力的判决、裁定、调解书，发现确有错误，认为需要再审的，应当提交审判委员会讨论决定。

最高人民法院对地方各级人民法院已经发生法律效力的判决、裁定、调解书，上级人民法院对下级人民法院已经发生法律效力的判决、裁定、调解书，发现确有错误的，有权提审或者指令下级人民法院再审。

第二百零六条 当事人对已经发生法律效力的判决、裁定，认为有错误的，可以向上一级人民法院申请再审；当事人一方人数众多或者当事人双方为公民的案件，也可以向原审人民法院申请再审。当事人申请再审的，不停止判决、裁定的执行。

第二百零七条 当事人的申请符合下列情形之一的，人民法院应当再审：

（一）有新的证据，足以推翻原判决、裁定的；

（二）原判决、裁定认定的基本事实缺乏证据证明的；

（三）原判决、裁定认定事实的主要证据是伪造的；

（四）原判决、裁定认定事实的主要证据未经质证的；

（五）对审理案件需要的主要证据，当事人因客观原因不能自行收集，书面申请人民法院调查收集，人民法院未调查收集的；

（六）原判决、裁定适用法律确有错误的；

（七）审判组织的组成不合法或者依法应当回避的审判人员没有回避的；

（八）无诉讼行为能力人未经法定代理人代为诉讼或者应当参加诉讼的当事人，因不能归责于本人或者其诉讼代理人的事由，未参加诉讼的；

（九）违反法律规定，剥夺当事人辩论权利的；

（十）未经传票传唤，缺席判决的；

（十一）原判决、裁定遗漏或者超出诉讼请求的；

（十二）据以作出原判决、裁定的法律文书被撤销或者变更的；

（十三）审判人员审理该案件时有贪污受贿，徇私舞弊，枉法裁判行为的。

第二百零八条 当事人对已经发生法律效力的调解书,提出证据证明调解违反自愿原则或者调解协议的内容违反法律的,可以申请再审。经人民法院审查属实的,应当再审。

第二百零九条 当事人对已经发生法律效力的解除婚姻关系的判决、调解书,不得申请再审。

第二百一十条 当事人申请再审的,应当提交再审申请书等材料。人民法院应当自收到再审申请书之日起五日内将再审申请书副本发送对方当事人。对方当事人应当自收到再审申请书副本之日起十五日内提交书面意见;不提交书面意见的,不影响人民法院审查。人民法院可以要求申请人和对方当事人补充有关材料,询问有关事项。

第二百一十一条 人民法院应当自收到再审申请书之日起三个月内审查,符合本法规定的,裁定再审;不符合本法规定的,裁定驳回申请。有特殊情况需要延长的,由本院院长批准。

因当事人申请裁定再审的案件由中级人民法院以上的人民法院审理,但当事人依照本法第二百零六条的规定选择向基层人民法院申请再审的除外。最高人民法院、高级人民法院裁定再审的案件,由本院再审或者交其他人民法院再审,也可以交原审人民法院再审。

第二百一十二条 当事人申请再审,应当在判决、裁定发生法律效力后六个月内提出;有本法第二百零七条第一项、第三项、第十二项、第十三项规定情形的,自知道或者应当知道之日起六个月内提出。

第二百一十三条 按照审判监督程序决定再审的案件,裁定中止原判决、裁定、调解书的执行,但追索赡养费、扶养费、抚养费、抚恤金、医疗费用、劳动报酬等案件,可以不中止执行。

第二百一十四条 人民法院按照审判监督程序再审的案件,发生法律效力的判决、裁定是由第一审法院作出的,按照第一审程序审理,所作的判决、裁定,当事人可以上诉;发生法律效力的判决、裁定是由第二审法院作出的,按照第二审程序审理,所作的判决、裁定，是发生法律效力的判决、裁定；上级人民法院按照审判监督程序提审的，按照第二审程序审理，所作的判决、裁定是发生法律效力的判决、裁定。

人民法院审理再审案件，应当另行组成合议庭。

第二百一十五条 最高人民检察院对各级人民法院已经发生法律效力的判决、裁定，上级人民检察院对下级人民法院已经发生法律效力的判决、裁定，发现有本法第二百零七条规定情形之一的，或者发现调解书损害国家利益、社会公共利益的，应当提出抗诉。

地方各级人民检察院对同级人民法院已经发生法律效力的判决、裁定，发现有本法第二百零七条规定情形之一的，或者发现调解书损害国家利益、社会公共利益的，可以向同级人民法院提出检察建议，并报上级人民检察院备案；也可以提请上级人民检察院向同级人民法院提出抗诉。

各级人民检察院对审判监督程序以外的其他审判程序中审判人员的违法行为，有权向同级人民法院提出检察建议。

第二百一十六条 有下列情形之一的，当事人可以向人民检察院申请检察建议或者抗诉：

（一）人民法院驳回再审申请的；

（二）人民法院逾期未对再审申请作出裁定的；

（三）再审判决、裁定有明显错误的。

人民检察院对当事人的申请应当在三个月内进行审查，作出提出或者不予提出检察建议或者抗诉的决定。当事人不得再次向人民检察院申请检察建议或者抗诉。

第二百一十七条 人民检察院因履行法律监督职责提出检察建议或者抗诉的需要，可以向当事人或者案外人调查核实有关情况。

第二百一十八条 人民检察院提出抗诉的案件，接受抗诉的人民法院应当自收到抗诉书之日起三十日内作出再审的裁定；有本法第二百零七条第一项至第五项规定情形之一的，可以交下一级人民法院再审，但经该下一级人民法院再审的除外。

第二百一十九条　人民检察院决定对人民法院的判决、裁定、调解书提出抗诉的，应当制作抗诉书。

第二百二十条　人民检察院提出抗诉的案件，人民法院再审时，应当通知人民检察院派员出席法庭。

第十七章　督促程序

第二百二十一条　债权人请求债务人给付金钱、有价证券，符合下列条件的，可以向有管辖权的基层人民法院申请支付令：

（一）债权人与债务人没有其他债务纠纷的；

（二）支付令能够送达债务人的。

申请书应当写明请求给付金钱或者有价证券的数量和所根据的事实、证据。

第二百二十二条　债权人提出申请后，人民法院应当在五日内通知债权人是否受理。

第二百二十三条　人民法院受理申请后，经审查债权人提供的事实、证据，对债权债务关系明确、合法的，应当在受理之日起十五日内向债务人发出支付令；申请不成立的，裁定予以驳回。

债务人应当自收到支付令之日起十五日内清偿债务，或者向人民法院提出书面异议。

债务人在前款规定的期间不提出异议又不履行支付令的，债权人可以向人民法院申请执行。

第二百二十四条　人民法院收到债务人提出的书面异议后，经审查，异议成立的，应当裁定终结督促程序，支付令自行失效。

支付令失效的，转入诉讼程序，但申请支付令的一方当事人不同意提起诉讼的除外。

……

第三编 执行程序

第十九章 一般规定

第二百三十一条 发生法律效力的民事判决、裁定,以及刑事判决、裁定中的财产部分,由第一审人民法院或者与第一审人民法院同级的被执行的财产所在地人民法院执行。

法律规定由人民法院执行的其他法律文书,由被执行人住所地或者被执行的财产所在地人民法院执行。

第二百三十二条 当事人、利害关系人认为执行行为违反法律规定的,可以向负责执行的人民法院提出书面异议。当事人、利害关系人提出书面异议的,人民法院应当自收到书面异议之日起十五日内审查,理由成立的,裁定撤销或者改正;理由不成立的,裁定驳回。当事人、利害关系人对裁定不服的,可以自裁定送达之日起十日内向上一级人民法院申请复议。

第二百三十三条 人民法院自收到申请执行书之日起超过六个月未执行的,申请执行人可以向上一级人民法院申请执行。上一级人民法院经审查,可以责令原人民法院在一定期限内执行,也可以决定由本院执行或者指令其他人民法院执行。

第二百三十四条 执行过程中,案外人对执行标的提出书面异议的,人民法院应当自收到书面异议之日起十五日内审查,理由成立的,裁定中止对该标的的执行;理由不成立的,裁定驳回。案外人、当事人对裁定不服,认为原判决、裁定错误的,依照审判监督程序办理;与原判决、裁定无关的,可以自裁定送达之日起十五日内向人民法院提起诉讼。

第二百三十五条 执行工作由执行员进行。

采取强制执行措施时,执行员应当出示证件。执行完毕后,应当将执行情况制作笔录,由在场的有关人员签名或者盖章。

人民法院根据需要可以设立执行机构。

第二百三十六条 被执行人或者被执行的财产在外地的,可以委托当地人民法院代为执行。受委托人民法院收到委托函件后,必须在十五日内开始执行,不得拒绝。执行完毕后,应当将执行结果及时函复委托人民法院;在三十日内如果还未执行完毕,也应当将执行情况函告委托人民法院。

受委托人民法院自收到委托函件之日起十五日内不执行的,委托人民法院可以请求受委托人民法院的上级人民法院指令受委托人民法院执行。

第二百三十七条 在执行中,双方当事人自行和解达成协议的,执行员应当将协议内容记入笔录,由双方当事人签名或者盖章。

申请执行人因受欺诈、胁迫与被执行人达成和解协议,或者当事人不履行和解协议的,人民法院可以根据当事人的申请,恢复对原生效法律文书的执行。

第二百三十八条 在执行中,被执行人向人民法院提供担保,并经申请执行人同意的,人民法院可以决定暂缓执行及暂缓执行的期限。被执行人逾期仍不履行的,人民法院有权执行被执行人的担保财产或者担保人的财产。

第二百三十九条 作为被执行人的公民死亡的,以其遗产偿还债务。作为被执行人的法人或者其他组织终止的,由其权利义务承受人履行义务。

第二百四十条 执行完毕后,据以执行的判决、裁定和其他法律文书确有错误,被人民法院撤销的,对已被执行的财产,人民法院应当作出裁定,责令取得财产的人返还;拒不返还的,强制执行。

第二百四十一条 人民法院制作的调解书的执行,适用本编的规定。

第二百四十二条 人民检察院有权对民事执行活动实行法律监督。

第二十章　执行的申请和移送

第二百四十三条　发生法律效力的民事判决、裁定，当事人必须履行。一方拒绝履行的，对方当事人可以向人民法院申请执行，也可以由审判员移送执行员执行。

调解书和其他应当由人民法院执行的法律文书，当事人必须履行。一方拒绝履行的，对方当事人可以向人民法院申请执行。

第二百四十四条　对依法设立的仲裁机构的裁决，一方当事人不履行的，对方当事人可以向有管辖权的人民法院申请执行。受申请的人民法院应当执行。

被申请人提出证据证明仲裁裁决有下列情形之一的，经人民法院组成合议庭审查核实，裁定不予执行：

（一）当事人在合同中没有订有仲裁条款或者事后没有达成书面仲裁协议的；

（二）裁决的事项不属于仲裁协议的范围或者仲裁机构无权仲裁的；

（三）仲裁庭的组成或者仲裁的程序违反法定程序的；

（四）裁决所根据的证据是伪造的；

（五）对方当事人向仲裁机构隐瞒了足以影响公正裁决的证据的；

（六）仲裁员在仲裁该案时有贪污受贿，徇私舞弊，枉法裁决行为的。

人民法院认定执行该裁决违背社会公共利益的，裁定不予执行。

裁定书应当送达双方当事人和仲裁机构。

仲裁裁决被人民法院裁定不予执行的，当事人可以根据双方达成的书面仲裁协议重新申请仲裁，也可以向人民法院起诉。

第二百四十五条　对公证机关依法赋予强制执行效力的债权文

书，一方当事人不履行的，对方当事人可以向有管辖权的人民法院申请执行，受申请的人民法院应当执行。

公证债权文书确有错误的，人民法院裁定不予执行，并将裁定书送达双方当事人和公证机关。

第二百四十六条 申请执行的期间为二年。申请执行时效的中止、中断，适用法律有关诉讼时效中止、中断的规定。

前款规定的期间，从法律文书规定履行期间的最后一日起计算；法律文书规定分期履行的，从最后一期履行期限届满之日起计算；法律文书未规定履行期间的，从法律文书生效之日起计算。

第二百四十七条 执行员接到申请执行书或者移交执行书，应当向被执行人发出执行通知，并可以立即采取强制执行措施。

第二十一章　执　行　措　施

第二百四十八条 被执行人未按执行通知履行法律文书确定的义务，应当报告当前以及收到执行通知之日前一年的财产情况。被执行人拒绝报告或者虚假报告的，人民法院可以根据情节轻重对被执行人或者其法定代理人、有关单位的主要负责人或者直接责任人员予以罚款、拘留。

第二百四十九条 被执行人未按执行通知履行法律文书确定的义务，人民法院有权向有关单位查询被执行人的存款、债券、股票、基金份额等财产情况。人民法院有权根据不同情形扣押、冻结、划拨、变价被执行人的财产。人民法院查询、扣押、冻结、划拨、变价的财产不得超出被执行人应当履行义务的范围。

人民法院决定扣押、冻结、划拨、变价财产，应当作出裁定，并发出协助执行通知书，有关单位必须办理。

第二百五十条 被执行人未按执行通知履行法律文书确定的义务，人民法院有权扣留、提取被执行人应当履行义务部分的收入。

但应当保留被执行人及其所扶养家属的生活必需费用。

人民法院扣留、提取收入时，应当作出裁定，并发出协助执行通知书，被执行人所在单位、银行、信用合作社和其他有储蓄业务的单位必须办理。

第二百五十一条　被执行人未按执行通知履行法律文书确定的义务，人民法院有权查封、扣押、冻结、拍卖、变卖被执行人应当履行义务部分的财产。但应当保留被执行人及其所扶养家属的生活必需品。

采取前款措施，人民法院应当作出裁定。

第二百五十二条　人民法院查封、扣押财产时，被执行人是公民的，应当通知被执行人或者他的成年家属到场；被执行人是法人或者其他组织的，应当通知其法定代表人或者主要负责人到场。拒不到场的，不影响执行。被执行人是公民的，其工作单位或者财产所在地的基层组织应当派人参加。

对被查封、扣押的财产，执行员必须造具清单，由在场人签名或者盖章后，交被执行人一份。被执行人是公民的，也可以交他的成年家属一份。

第二百五十三条　被查封的财产，执行员可以指定被执行人负责保管。因被执行人的过错造成的损失，由被执行人承担。

第二百五十四条　财产被查封、扣押后，执行员应当责令被执行人在指定期间履行法律文书确定的义务。被执行人逾期不履行的，人民法院应当拍卖被查封、扣押的财产；不适于拍卖或者当事人双方同意不进行拍卖的，人民法院可以委托有关单位变卖或者自行变卖。国家禁止自由买卖的物品，交有关单位按照国家规定的价格收购。

第二百五十五条　被执行人不履行法律文书确定的义务，并隐匿财产的，人民法院有权发出搜查令，对被执行人及其住所或者财产隐匿地进行搜查。

采取前款措施，由院长签发搜查令。

第二百五十六条　法律文书指定交付的财物或者票证，由执行员传唤双方当事人当面交付，或者由执行员转交，并由被交付人签收。

　　有关单位持有该项财物或者票证的，应当根据人民法院的协助执行通知书转交，并由被交付人签收。

　　有关公民持有该项财物或者票证的，人民法院通知其交出。拒不交出的，强制执行。

　　第二百五十七条　强制迁出房屋或者强制退出土地，由院长签发公告，责令被执行人在指定期间履行。被执行人逾期不履行的，由执行员强制执行。

　　强制执行时，被执行人是公民的，应当通知被执行人或者他的成年家属到场；被执行人是法人或者其他组织的，应当通知其法定代表人或者主要负责人到场。拒不到场的，不影响执行。被执行人是公民的，其工作单位或者房屋、土地所在地的基层组织应当派人参加。执行员应当将强制执行情况记入笔录，由在场人签名或者盖章。

　　强制迁出房屋被搬出的财物，由人民法院派人运至指定处所，交给被执行人。被执行人是公民的，也可以交给他的成年家属。因拒绝接收而造成的损失，由被执行人承担。

　　第二百五十八条　在执行中，需要办理有关财产权证照转移手续的，人民法院可以向有关单位发出协助执行通知书，有关单位必须办理。

　　第二百五十九条　对判决、裁定和其他法律文书指定的行为，被执行人未按执行通知履行的，人民法院可以强制执行或者委托有关单位或者其他人完成，费用由被执行人承担。

　　第二百六十条　被执行人未按判决、裁定和其他法律文书指定的期间履行给付金钱义务的，应当加倍支付迟延履行期间的债务利息。被执行人未按判决、裁定和其他法律文书指定的期间履行其他义务的，应当支付迟延履行金。

第二百六十一条　人民法院采取本法第二百四十九条、第二百五十条、第二百五十一条规定的执行措施后,被执行人仍不能偿还债务的,应当继续履行义务。债权人发现被执行人有其他财产的,可以随时请求人民法院执行。

第二百六十二条　被执行人不履行法律文书确定的义务的,人民法院可以对其采取或者通知有关单位协助采取限制出境,在征信系统记录、通过媒体公布不履行义务信息以及法律规定的其他措施。

第二十二章　执行中止和终结

第二百六十三条　有下列情形之一的,人民法院应当裁定中止执行:

(一)申请人表示可以延期执行的;
(二)案外人对执行标的提出确有理由的异议的;
(三)作为一方当事人的公民死亡,需要等待继承人继承权利或者承担义务的;
(四)作为一方当事人的法人或者其他组织终止,尚未确定权利义务承受人的;
(五)人民法院认为应当中止执行的其他情形。
中止的情形消失后,恢复执行。

第二百六十四条　有下列情形之一的,人民法院裁定终结执行:
(一)申请人撤销申请的;
(二)据以执行的法律文书被撤销的;
(三)作为被执行人的公民死亡,无遗产可供执行,又无义务承担人的;
(四)追索赡养费、扶养费、抚养费案件的权利人死亡的;
(五)作为被执行人的公民因生活困难无力偿还借款,无收入来源,又丧失劳动能力的;

（六）人民法院认为应当终结执行的其他情形。

第二百六十五条 中止和终结执行的裁定，送达当事人后立即生效。

……

保障农民工工资支付条例

（2019年12月4日国务院第73次常务会议通过 2019年12月30日中华人民共和国国务院令第724号公布 自2020年5月1日起施行）

第一章 总 则

第一条 为了规范农民工工资支付行为，保障农民工按时足额获得工资，根据《中华人民共和国劳动法》及有关法律规定，制定本条例。

第二条 保障农民工工资支付，适用本条例。

本条例所称农民工，是指为用人单位提供劳动的农村居民。

本条例所称工资，是指农民工为用人单位提供劳动后应当获得的劳动报酬。

第三条 农民工有按时足额获得工资的权利。任何单位和个人不得拖欠农民工工资。

农民工应当遵守劳动纪律和职业道德，执行劳动安全卫生规程，完成劳动任务。

第四条 县级以上地方人民政府对本行政区域内保障农民工工资支付工作负责，建立保障农民工工资支付工作协调机制，加强监管能力建设，健全保障农民工工资支付工作目标责任制，并纳入对本级人民政府有关部门和下级人民政府进行考核和监督的内容。

乡镇人民政府、街道办事处应当加强对拖欠农民工工资矛盾的排查和调处工作，防范和化解矛盾，及时调解纠纷。

第五条 保障农民工工资支付，应当坚持市场主体负责、政府依法监管、社会协同监督，按照源头治理、预防为主、防治结合、标本兼治的要求，依法根治拖欠农民工工资问题。

第六条 用人单位实行农民工劳动用工实名制管理，与招用的农民工书面约定或者通过依法制定的规章制度规定工资支付标准、支付时间、支付方式等内容。

第七条 人力资源社会保障行政部门负责保障农民工工资支付工作的组织协调、管理指导和农民工工资支付情况的监督检查，查处有关拖欠农民工工资案件。

住房城乡建设、交通运输、水利等相关行业工程建设主管部门按照职责履行行业监管责任，督办因违法发包、转包、违法分包、挂靠、拖欠工程款等导致的拖欠农民工工资案件。

发展改革等部门按照职责负责政府投资项目的审批管理，依法审查政府投资项目的资金来源和筹措方式，按规定及时安排政府投资，加强社会信用体系建设，组织对拖欠农民工工资失信联合惩戒对象依法依规予以限制和惩戒。

财政部门负责政府投资资金的预算管理，根据经批准的预算按规定及时足额拨付政府投资资金。

公安机关负责及时受理、侦办涉嫌拒不支付劳动报酬刑事案件，依法处置因农民工工资拖欠引发的社会治安案件。

司法行政、自然资源、人民银行、审计、国有资产管理、税务、市场监管、金融监管等部门，按照职责做好与保障农民工工资支付相关的工作。

第八条 工会、共产主义青年团、妇女联合会、残疾人联合会等组织按照职责依法维护农民工获得工资的权利。

第九条 新闻媒体应当开展保障农民工工资支付法律法规政策的公益宣传和先进典型的报道，依法加强对拖欠农民工工资违法行为的舆论监督，引导用人单位增强依法用工、按时足额支付工资的法律意识，引导农民工依法维权。

第十条 被拖欠工资的农民工有权依法投诉，或者申请劳动争议调解仲裁和提起诉讼。

任何单位和个人对拖欠农民工工资的行为，有权向人力资源社会保障行政部门或者其他有关部门举报。

人力资源社会保障行政部门和其他有关部门应当公开举报投诉电话、网站等渠道，依法接受对拖欠农民工工资行为的举报、投诉。对于举报、投诉的处理实行首问负责制，属于本部门受理的，应当依法及时处理；不属于本部门受理的，应当及时转送相关部门，相关部门应当依法及时处理，并将处理结果告知举报、投诉人。

第二章 工资支付形式与周期

第十一条 农民工工资应当以货币形式，通过银行转账或者现金支付给农民工本人，不得以实物或者有价证券等其他形式替代。

第十二条 用人单位应当按照与农民工书面约定或者依法制定的规章制度规定的工资支付周期和具体支付日期足额支付工资。

第十三条 实行月、周、日、小时工资制的，按照月、周、日、小时为周期支付工资；实行计件工资制的，工资支付周期由双方依法约定。

第十四条 用人单位与农民工书面约定或者依法制定的规章制度规定的具体支付日期，可以在农民工提供劳动的当期或者次期。具体支付日期遇法定节假日或者休息日的，应当在法定节假日或者休息日前支付。

用人单位因不可抗力未能在支付日期支付工资的，应当在不可抗力消除后及时支付。

第十五条 用人单位应当按照工资支付周期编制书面工资支付

台账，并至少保存3年。

书面工资支付台账应当包括用人单位名称，支付周期，支付日期，支付对象姓名、身份证号码、联系方式，工作时间，应发工资项目及数额，代扣、代缴、扣除项目和数额，实发工资数额，银行代发工资凭证或者农民工签字等内容。

用人单位向农民工支付工资时，应当提供农民工本人的工资清单。

第三章 工资清偿

第十六条 用人单位拖欠农民工工资的，应当依法予以清偿。

第十七条 不具备合法经营资格的单位招用农民工，农民工已经付出劳动而未获得工资的，依照有关法律规定执行。

第十八条 用工单位使用个人、不具备合法经营资格的单位或者未依法取得劳务派遣许可证的单位派遣的农民工，拖欠农民工工资的，由用工单位清偿，并可以依法进行追偿。

第十九条 用人单位将工作任务发包给个人或者不具备合法经营资格的单位，导致拖欠所招用农民工工资的，依照有关法律规定执行。

用人单位允许个人、不具备合法经营资格或者未取得相应资质的单位以用人单位的名义对外经营，导致拖欠所招用农民工工资的，由用人单位清偿，并可以依法进行追偿。

第二十条 合伙企业、个人独资企业、个体经济组织等用人单位拖欠农民工工资的，应当依法予以清偿；不清偿的，由出资人依法清偿。

第二十一条 用人单位合并或者分立时，应当在实施合并或者分立前依法清偿拖欠的农民工工资；经与农民工书面协商一致的，可以由合并或者分立后承继其权利和义务的用人单位清偿。

第二十二条 用人单位被依法吊销营业执照或者登记证书、被责令关闭、被撤销或者依法解散的,应当在申请注销登记前依法清偿拖欠的农民工工资。

未依据前款规定清偿农民工工资的用人单位主要出资人,应当在注册新用人单位前清偿拖欠的农民工工资。

第四章 工程建设领域特别规定

第二十三条 建设单位应当有满足施工所需要的资金安排。没有满足施工所需要的资金安排的,工程建设项目不得开工建设;依法需要办理施工许可证的,相关行业工程建设主管部门不予颁发施工许可证。

政府投资项目所需资金,应当按照国家有关规定落实到位,不得由施工单位垫资建设。

第二十四条 建设单位应当向施工单位提供工程款支付担保。

建设单位与施工总承包单位依法订立书面工程施工合同,应当约定工程款计量周期、工程款进度结算办法以及人工费用拨付周期,并按照保障农民工工资按时足额支付的要求约定人工费用。人工费用拨付周期不得超过1个月。

建设单位与施工总承包单位应当将工程施工合同保存备查。

第二十五条 施工总承包单位与分包单位依法订立书面分包合同,应当约定工程款计量周期、工程款进度结算办法。

第二十六条 施工总承包单位应当按照有关规定开设农民工工资专用账户,专项用于支付该工程建设项目农民工工资。

开设、使用农民工工资专用账户有关资料应当由施工总承包单位妥善保存备查。

第二十七条 金融机构应当优化农民工工资专用账户开设服务流程,做好农民工工资专用账户的日常管理工作;发现资金未按约定拨付等情况的，及时通知施工总承包单位，由施工总承包单位报告人力资源社会保障行政部门和相关行业工程建设主管部门，并纳入欠薪预警系统。

工程完工且未拖欠农民工工资的，施工总承包单位公示30日后，可以申请注销农民工工资专用账户，账户内余额归施工总承包单位所有。

第二十八条 施工总承包单位或者分包单位应当依法与所招用的农民工订立劳动合同并进行用工实名登记，具备条件的行业应当通过相应的管理服务信息平台进行用工实名登记、管理。未与施工总承包单位或者分包单位订立劳动合同并进行用工实名登记的人员，不得进入项目现场施工。

施工总承包单位应当在工程项目部配备劳资专管员，对分包单位劳动用工实施监督管理，掌握施工现场用工、考勤、工资支付等情况，审核分包单位编制的农民工工资支付表，分包单位应当予以配合。

施工总承包单位、分包单位应当建立用工管理台账，并保存至工程完工且工资全部结清后至少3年。

第二十九条 建设单位应当按照合同约定及时拨付工程款，并将人工费用及时足额拨付至农民工工资专用账户，加强对施工总承包单位按时足额支付农民工工资的监督。

因建设单位未按照合同约定及时拨付工程款导致农民工工资拖欠的，建设单位应当以未结清的工程款为限先行垫付被拖欠的农民工工资。

建设单位应当以项目为单位建立保障农民工工资支付协调机制和工资拖欠预防机制，督促施工总承包单位加强劳动用工管理，妥善处理与农民工工资支付相关的矛盾纠纷。发生农民工集体讨薪事件的，建设单位应当会同施工总承包单位及时处理，并向项目所在地人力资源社会保障行政部门和相关行业工程建设主管部门报告有关情况。

第三十条 分包单位对所招用农民工的实名制管理和工资支付负直接责任。

施工总承包单位对分包单位劳动用工和工资发放等情况进行监督。

分包单位拖欠农民工工资的，由施工总承包单位先行清偿，再依法进行追偿。

工程建设项目转包，拖欠农民工工资的，由施工总承包单位先行清偿，再依法进行追偿。

第三十一条 工程建设领域推行分包单位农民工工资委托施工总承包单位代发制度。

分包单位应当按月考核农民工工作量并编制工资支付表，经农民工本人签字确认后，与当月工程进度等情况一并交施工总承包单位。

施工总承包单位根据分包单位编制的工资支付表，通过农民工工资专用账户直接将工资支付到农民工本人的银行账户，并向分包单位提供代发工资凭证。

用于支付农民工工资的银行账户所绑定的农民工本人社会保障卡或者银行卡，用人单位或者其他人员不得以任何理由扣押或者变相扣押。

第三十二条 施工总承包单位应当按照有关规定存储工资保证金，专项用于支付为所承包工程提供劳动的农民工被拖欠的工资。

工资保证金实行差异化存储办法，对一定时期内未发生工资拖欠的单位实行减免措施，对发生工资拖欠的单位适当提高存储比例。工资保证金可以用金融机构保函替代。

工资保证金的存储比例、存储形式、减免措施等具体办法，由国务院人力资源社会保障行政部门会同有关部门制定。

第三十三条 除法律另有规定外，农民工工资专用账户资金和工资保证金不得因支付为本项目提供劳动的农民工工资之外的原因被查封、冻结或者划拨。

第三十四条 施工总承包单位应当在施工现场醒目位置设立维权信息告示牌,明示下列事项:

(一)建设单位、施工总承包单位及所在项目部、分包单位、相关行业工程建设主管部门、劳资专管员等基本信息;

(二)当地最低工资标准、工资支付日期等基本信息;

(三)相关行业工程建设主管部门和劳动保障监察投诉举报电话、劳动争议调解仲裁申请渠道、法律援助申请渠道、公共法律服务热线等信息。

第三十五条 建设单位与施工总承包单位或者承包单位与分包单位因工程数量、质量、造价等产生争议的,建设单位不得因争议不按照本条例第二十四条的规定拨付工程款中的人工费用,施工总承包单位也不得因争议不按照规定代发工资。

第三十六条 建设单位或者施工总承包单位将建设工程发包或者分包给个人或者不具备合法经营资格的单位,导致拖欠农民工工资的,由建设单位或者施工总承包单位清偿。

施工单位允许其他单位和个人以施工单位的名义对外承揽建设工程,导致拖欠农民工工资的,由施工单位清偿。

第三十七条 工程建设项目违反国土空间规划、工程建设等法律法规,导致拖欠农民工工资的,由建设单位清偿。

第五章 监督检查

第三十八条 县级以上地方人民政府应当建立农民工工资支付监控预警平台,实现人力资源社会保障、发展改革、司法行政、财政、住房城乡建设、交通运输、水利等部门的工程项目审批、资金落实、施工许可、劳动用工、工资支付等信息及时共享。

人力资源社会保障行政部门根据水电燃气供应、物业管理、信贷、税收等反映企业生产经营相关指标的变化情况,及时监控和预警工资支付隐患并做好防范工作，市场监管、金融监管、税务等部门应当予以配合。

第三十九条 人力资源社会保障行政部门、相关行业工程建设主管部门和其他有关部门应当按照职责，加强对用人单位与农民工签订劳动合同、工资支付以及工程建设项目实行农民工实名制管理、农民工工资专用账户管理、施工总承包单位代发工资、工资保证金存储、维权信息公示等情况的监督检查，预防和减少拖欠农民工工资行为的发生。

第四十条 人力资源社会保障行政部门在查处拖欠农民工工资案件时，需要依法查询相关单位金融账户和相关当事人拥有房产、车辆等情况的，应当经设区的市级以上地方人民政府人力资源社会保障行政部门负责人批准，有关金融机构和登记部门应当予以配合。

第四十一条 人力资源社会保障行政部门在查处拖欠农民工工资案件时，发生用人单位拒不配合调查、清偿责任主体及相关当事人无法联系等情形的，可以请求公安机关和其他有关部门协助处理。

人力资源社会保障行政部门发现拖欠农民工工资的违法行为涉嫌构成拒不支付劳动报酬罪的，应当按照有关规定及时移送公安机关审查并作出决定。

第四十二条 人力资源社会保障行政部门作出责令支付被拖欠的农民工工资的决定，相关单位不支付的，可以依法申请人民法院强制执行。

第四十三条 相关行业工程建设主管部门应当依法规范本领域建设市场秩序，对违法发包、转包、违法分包、挂靠等行为进行查处，并对导致拖欠农民工工资的违法行为及时予以制止、纠正。

第四十四条 财政部门、审计机关和相关行业工程建设主管部门按照职责，依法对政府投资项目建设单位按照工程施工合同约定向农民工工资专用账户拨付资金情况进行监督。

第四十五条 司法行政部门和法律援助机构应当将农民工列为法律援助的重点对象，并依法为请求支付工资的农民工提供便捷的法律援助。

公共法律服务相关机构应当积极参与相关诉讼、咨询、调解等活动，帮助解决拖欠农民工工资问题。

第四十六条　人力资源社会保障行政部门、相关行业工程建设主管部门和其他有关部门应当按照"谁执法谁普法"普法责任制的要求，通过以案释法等多种形式，加大对保障农民工工资支付相关法律法规的普及宣传。

第四十七条　人力资源社会保障行政部门应当建立用人单位及相关责任人劳动保障守法诚信档案，对用人单位开展守法诚信等级评价。

用人单位有严重拖欠农民工工资违法行为的，由人力资源社会保障行政部门向社会公布，必要时可以通过召开新闻发布会等形式向媒体公开曝光。

第四十八条　用人单位拖欠农民工工资，情节严重或者造成严重不良社会影响的，有关部门应当将该用人单位及其法定代表人或者主要负责人、直接负责的主管人员和其他直接责任人员列入拖欠农民工工资失信联合惩戒对象名单，在政府资金支持、政府采购、招投标、融资贷款、市场准入、税收优惠、评优评先、交通出行等方面依法依规予以限制。

拖欠农民工工资需要列入失信联合惩戒名单的具体情形，由国务院人力资源社会保障行政部门规定。

第四十九条　建设单位未依法提供工程款支付担保或者政府投资项目拖欠工程款，导致拖欠农民工工资的，县级以上地方人民政府应当限制其新建项目，并记入信用记录，纳入国家信用信息系统进行公示。

第五十条　农民工与用人单位就拖欠工资存在争议，用人单位应当提供依法由其保存的劳动合同、职工名册、工资支付台账和清单等材料；不提供的，依法承担不利后果。

第五十一条　工会依法维护农民工工资权益，对用人单位工资支付情况进行监督；发现拖欠农民工工资的，可以要求用人单位改正，拒不改正的，可以请求人力资源社会保障行政部门和其他有关部门依法处理。

第五十二条 单位或者个人编造虚假事实或者采取非法手段讨要农民工工资，或者以拖欠农民工工资为名讨要工程款的，依法予以处理。

第六章 法律责任

第五十三条 违反本条例规定拖欠农民工工资的，依照有关法律规定执行。

第五十四条 有下列情形之一的，由人力资源社会保障行政部门责令限期改正；逾期不改正的，对单位处 2 万元以上 5 万元以下的罚款，对法定代表人或者主要负责人、直接负责的主管人员和其他直接责任人员处 1 万元以上 3 万元以下的罚款：

（一）以实物、有价证券等形式代替货币支付农民工工资；

（二）未编制工资支付台账并依法保存，或者未向农民工提供工资清单；

（三）扣押或者变相扣押用于支付农民工工资的银行账户所绑定的农民工本人社会保障卡或者银行卡。

第五十五条 有下列情形之一的，由人力资源社会保障行政部门、相关行业工程建设主管部门按照职责责令限期改正；逾期不改正的，责令项目停工，并处 5 万元以上 10 万元以下的罚款；情节严重的，给予施工单位限制承接新工程、降低资质等级、吊销资质证书等处罚：

（一）施工总承包单位未按规定开设或者使用农民工工资专用账户；

（二）施工总承包单位未按规定存储工资保证金或者未提供金融

机构保函；

（三）施工总承包单位、分包单位未实行劳动用工实名制管理。

第五十六条　有下列情形之一的，由人力资源社会保障行政部门、相关行业工程建设主管部门按照职责责令限期改正；逾期不改正的，处5万元以上10万元以下的罚款：

（一）分包单位未按月考核农民工工作量、编制工资支付表并经农民工本人签字确认；

（二）施工总承包单位未对分包单位劳动用工实施监督管理；

（三）分包单位未配合施工总承包单位对其劳动用工进行监督管理；

（四）施工总承包单位未实行施工现场维权信息公示制度。

第五十七条　有下列情形之一的，由人力资源社会保障行政部门、相关行业工程建设主管部门按照职责责令限期改正；逾期不改正的，责令项目停工，并处5万元以上10万元以下的罚款：

（一）建设单位未依法提供工程款支付担保；

（二）建设单位未按约定及时足额向农民工工资专用账户拨付工程款中的人工费用；

（三）建设单位或者施工总承包单位拒不提供或者无法提供工程施工合同、农民工工资专用账户有关资料。

第五十八条　不依法配合人力资源社会保障行政部门查询相关单位金融账户的，由金融监管部门责令改正；拒不改正的，处2万元以上5万元以下的罚款。

第五十九条　政府投资项目政府投资资金不到位拖欠农民工工资的，由人力资源社会保障行政部门报本级人民政府批准，责令限期足额拨付所拖欠的资金；逾期不拨付的，由上一级人民政府人力资源社会保障行政部门约谈直接责任部门和相关监管部门负责人，必要时进行通报，约谈地方人民政府负责人。情节严重的，对地方人民政府及其有关部门负责人、直接负责的主管人员和其他直接责任人员依法依规给予处分。

第六十条 政府投资项目建设单位未经批准立项建设、擅自扩大建设规模、擅自增加投资概算、未及时拨付工程款等导致拖欠农民工工资的，除依法承担责任外，由人力资源社会保障行政部门、其他有关部门按照职责约谈建设单位负责人，并作为其业绩考核、薪酬分配、评优评先、职务晋升等的重要依据。

第六十一条 对于建设资金不到位、违法违规开工建设的社会投资工程建设项目拖欠农民工工资的，由人力资源社会保障行政部门、其他有关部门按照职责依法对建设单位进行处罚；对建设单位负责人依法依规给予处分。相关部门工作人员未依法履行职责的，由有关机关依法依规给予处分。

第六十二条 县级以上地方人民政府人力资源社会保障、发展改革、财政、公安等部门和相关行业工程建设主管部门工作人员，在履行农民工工资支付监督管理职责过程中滥用职权、玩忽职守、徇私舞弊的，依法依规给予处分；构成犯罪的，依法追究刑事责任。

第七章　附　　则

第六十三条 用人单位一时难以支付拖欠的农民工工资或者拖欠农民工工资逃匿的，县级以上地方人民政府可以动用应急周转金，先行垫付用人单位拖欠的农民工部分工资或者基本生活费。对已经垫付的应急周转金，应当依法向拖欠农民工工资的用人单位进行追偿。

第六十四条 本条例自 2020 年 5 月 1 日起施行。

中华人民共和国劳动合同法

(2007年6月29日第十届全国人民代表大会常务委员会第二十八次会议通过 根据2012年12月28日第十一届全国人民代表大会常务委员会第三十次会议《关于修改〈中华人民共和国劳动合同法〉的决定》修正)

第一章 总 则

第一条 为了完善劳动合同制度,明确劳动合同双方当事人的权利和义务,保护劳动者的合法权益,构建和发展和谐稳定的劳动关系,制定本法。

第二条 中华人民共和国境内的企业、个体经济组织、民办非企业单位等组织(以下称用人单位)与劳动者建立劳动关系,订立、履行、变更、解除或者终止劳动合同,适用本法。

国家机关、事业单位、社会团体和与其建立劳动关系的劳动者,订立、履行、变更、解除或者终止劳动合同,依照本法执行。

第三条 订立劳动合同,应当遵循合法、公平、平等自愿、协商一致、诚实信用的原则。

依法订立的劳动合同具有约束力,用人单位与劳动者应当履行劳动合同约定的义务。

第四条 用人单位应当依法建立和完善劳动规章制度,保障劳动者享有劳动权利、履行劳动义务。

用人单位在制定、修改或者决定有关劳动报酬、工作时间、休息休假、劳动安全卫生、保险福利、职工培训、劳动纪律以及劳动定额管理等直接涉及劳动者切身利益的规章制度或者重大事项时,应当经职工代表大会或者全体职工讨论,提出方案和意见,与工会或者职工代表平等协商确定。

在规章制度和重大事项决定实施过程中,工会或者职工认为不适当的,有权向用人单位提出,通过协商予以修改完善。

用人单位应当将直接涉及劳动者切身利益的规章制度和重大事项决定公示,或者告知劳动者。

第五条 县级以上人民政府劳动行政部门会同工会和企业方面代表,建立健全协调劳动关系三方机制,共同研究解决有关劳动关系的重大问题。

第六条 工会应当帮助、指导劳动者与用人单位依法订立和履行劳动合同,并与用人单位建立集体协商机制,维护劳动者的合法权益。

第二章 劳动合同的订立

第七条 用人单位自用工之日起即与劳动者建立劳动关系。用人单位应当建立职工名册备查。

第八条 用人单位招用劳动者时,应当如实告知劳动者工作内容、工作条件、工作地点、职业危害、安全生产状况、劳动报酬,以及劳动者要求了解的其他情况;用人单位有权了解劳动者与劳动合同直接相关的基本情况,劳动者应当如实说明。

第九条 用人单位招用劳动者,不得扣押劳动者的居民身份证和其他证件,不得要求劳动者提供担保或者以其他名义向劳动者收取财物。

第十条 建立劳动关系,应当订立书面劳动合同。

已建立劳动关系,未同时订立书面劳动合同的,应当自用工之日起一个月内订立书面劳动合同。

用人单位与劳动者在用工前订立劳动合同的,劳动关系自用工之日起建立。

第十一条 用人单位未在用工的同时订立书面劳动合同,与劳动者约定的劳动报酬不明确的,新招用的劳动者的劳动报酬按照集体合同规定的标准执行;没有集体合同或者集体合同未规定的,实行同工同酬。

第十二条 劳动合同分为固定期限劳动合同、无固定期限劳动合同和以完成一定工作任务为期限的劳动合同。

第十三条 固定期限劳动合同,是指用人单位与劳动者约定合同终止时间的劳动合同。

用人单位与劳动者协商一致,可以订立固定期限劳动合同。

第十四条 无固定期限劳动合同,是指用人单位与劳动者约定无确定终止时间的劳动合同。

用人单位与劳动者协商一致,可以订立无固定期限劳动合同。有下列情形之一,劳动者提出或者同意续订、订立劳动合同的,除劳动者提出订立固定期限劳动合同外,应当订立无固定期限劳动合同:

(一)劳动者在该用人单位连续工作满十年的;

(二)用人单位初次实行劳动合同制度或者国有企业改制重新订立劳动合同时,劳动者在该用人单位连续工作满十年且距法定退休年龄不足十年的;

(三)连续订立二次固定期限劳动合同,且劳动者没有本法第三十九条和第四十条第一项、第二项规定的情形,续订劳动合同的。

用人单位自用工之日起满一年不与劳动者订立书面劳动合同的,视为用人单位与劳动者已订立无固定期限劳动合同。

第十五条 以完成一定工作任务为期限的劳动合同,是指用人单位与劳动者约定以某项工作的完成为合同期限的劳动合同。

用人单位与劳动者协商一致,可以订立以完成一定工作任务为期限的劳动合同。

第十六条 劳动合同由用人单位与劳动者协商一致,并经用人单位与劳动者在劳动合同文本上签字或者盖章生效。

劳动合同文本由用人单位和劳动者各执一份。

第十七条 劳动合同应当具备以下条款：

（一）用人单位的名称、住所和法定代表人或者主要负责人；

（二）劳动者的姓名、住址和居民身份证或者其他有效身份证件号码；

（三）劳动合同期限；

（四）工作内容和工作地点；

（五）工作时间和休息休假；

（六）劳动报酬；

（七）社会保险；

（八）劳动保护、劳动条件和职业危害防护；

（九）法律、法规规定应当纳入劳动合同的其他事项。

劳动合同除前款规定的必备条款外，用人单位与劳动者可以约定试用期、培训、保守秘密、补充保险和福利待遇等其他事项。

第十八条 劳动合同对劳动报酬和劳动条件等标准约定不明确，引发争议的，用人单位与劳动者可以重新协商；协商不成的，适用集体合同规定；没有集体合同或者集体合同未规定劳动报酬的，实行同工同酬；没有集体合同或者集体合同未规定劳动条件等标准的，适用国家有关规定。

第十九条 劳动合同期限三个月以上不满一年的，试用期不得超过一个月；劳动合同期限一年以上不满三年的，试用期不得超过二个月；三年以上固定期限和无固定期限的劳动合同，试用期不得超过六个月。

同一用人单位与同一劳动者只能约定一次试用期。

以完成一定工作任务为期限的劳动合同或者劳动合同期限不满三个月的，不得约定试用期。

试用期包含在劳动合同期限内。劳动合同仅约定试用期的，试用期不成立，该期限为劳动合同期限。

第二十条 劳动者在试用期的工资不得低于本单位相同岗位最

低档工资或者劳动合同约定工资的百分之八十,并不得低于用人单位所在地的最低工资标准。

第二十一条 在试用期中,除劳动者有本法第三十九条和第四十条第一项、第二项规定的情形外,用人单位不得解除劳动合同。用人单位在试用期解除劳动合同的,应当向劳动者说明理由。

第二十二条 用人单位为劳动者提供专项培训费用,对其进行专业技术培训的,可以与该劳动者订立协议,约定服务期。

劳动者违反服务期约定的,应当按照约定向用人单位支付违约金。违约金的数额不得超过用人单位提供的培训费用。用人单位要求劳动者支付的违约金不得超过服务期尚未履行部分所应分摊的培训费用。

用人单位与劳动者约定服务期的,不影响按照正常的工资调整机制提高劳动者在服务期期间的劳动报酬。

第二十三条 用人单位与劳动者可以在劳动合同中约定保守用人单位的商业秘密和与知识产权相关的保密事项。

对负有保密义务的劳动者,用人单位可以在劳动合同或者保密协议中与劳动者约定竞业限制条款,并约定在解除或者终止劳动合同后,在竞业限制期限内按月给予劳动者经济补偿。劳动者违反竞业限制约定的,应当按照约定向用人单位支付违约金。

第二十四条 竞业限制的人员限于用人单位的高级管理人员、高级技术人员和其他负有保密义务的人员。竞业限制的范围、地域、期限由用人单位与劳动者约定,竞业限制的约定不得违反法律、法规的规定。

在解除或者终止劳动合同后,前款规定的人员到与本单位生产或者经营同类产品、从事同类业务的有竞争关系的其他用人单位,或者自己开业生产或者经营同类产品、从事同类业务的竞业限制期限,不得超过二年。

第二十五条 除本法第二十二条和第二十三条规定的情形外,用人单位不得与劳动者约定由劳动者承担违约金。

第二十六条 下列劳动合同无效或者部分无效：

（一）以欺诈、胁迫的手段或者乘人之危，使对方在违背真实意思的情况下订立或者变更劳动合同的；

（二）用人单位免除自己的法定责任、排除劳动者权利的；

（三）违反法律、行政法规强制性规定的。

对劳动合同的无效或者部分无效有争议的，由劳动争议仲裁机构或者人民法院确认。

第二十七条 劳动合同部分无效，不影响其他部分效力的，其他部分仍然有效。

第二十八条 劳动合同被确认无效，劳动者已付出劳动的，用人单位应当向劳动者支付劳动报酬。劳动报酬的数额，参照本单位相同或者相近岗位劳动者的劳动报酬确定。

第三章 劳动合同的履行和变更

第二十九条 用人单位与劳动者应当按照劳动合同的约定，全面履行各自的义务。

第三十条 用人单位应当按照劳动合同约定和国家规定，向劳动者及时足额支付劳动报酬。

用人单位拖欠或者未足额支付劳动报酬的，劳动者可以依法向当地人民法院申请支付令，人民法院应当依法发出支付令。

第三十一条 用人单位应当严格执行劳动定额标准，不得强迫或者变相强迫劳动者加班。用人单位安排加班的，应当按照国家有关规定向劳动者支付加班费。

第三十二条 劳动者拒绝用人单位管理人员违章指挥、强令冒险作业的，不视为违反劳动合同。

劳动者对危害生命安全和身体健康的劳动条件，有权对用人单位提出批评、检举和控告。

第三十三条　用人单位变更名称、法定代表人、主要负责人或者投资人等事项，不影响劳动合同的履行。

第三十四条　用人单位发生合并或者分立等情况，原劳动合同继续有效，劳动合同由承继其权利和义务的用人单位继续履行。

第三十五条　用人单位与劳动者协商一致，可以变更劳动合同约定的内容。变更劳动合同，应当采用书面形式。

变更后的劳动合同文本由用人单位和劳动者各执一份。

第四章　劳动合同的解除和终止

第三十六条　用人单位与劳动者协商一致，可以解除劳动合同。

第三十七条　劳动者提前三十日以书面形式通知用人单位，可以解除劳动合同。劳动者在试用期内提前三日通知用人单位，可以解除劳动合同。

第三十八条　用人单位有下列情形之一的，劳动者可以解除劳动合同：

（一）未按照劳动合同约定提供劳动保护或者劳动条件的；

（二）未及时足额支付劳动报酬的；

（三）未依法为劳动者缴纳社会保险费的；

（四）用人单位的规章制度违反法律、法规的规定，损害劳动者权益的；

（五）因本法第二十六条第一款规定的情形致使劳动合同无效的；

（六）法律、行政法规规定劳动者可以解除劳动合同的其他情形。

用人单位以暴力、威胁或者非法限制人身自由的手段强迫劳动者劳动的，或者用人单位违章指挥、强令冒险作业危及劳动者人身安全的，劳动者可以立即解除劳动合同，不需事先告知用人单位。

第三十九条 劳动者有下列情形之一的，用人单位可以解除劳动合同：

（一）在试用期间被证明不符合录用条件的；

（二）严重违反用人单位的规章制度的；

（三）严重失职，营私舞弊，给用人单位造成重大损害的；

（四）劳动者同时与其他用人单位建立劳动关系，对完成本单位的工作任务造成严重影响，或者经用人单位提出，拒不改正的；

（五）因本法第二十六条第一款第一项规定的情形致使劳动合同无效的；

（六）被依法追究刑事责任的。

第四十条 有下列情形之一的，用人单位提前三十日以书面形式通知劳动者本人或者额外支付劳动者一个月工资后，可以解除劳动合同：

（一）劳动者患病或者非因工负伤，在规定的医疗期满后不能从事原工作，也不能从事由用人单位另行安排的工作的；

（二）劳动者不能胜任工作，经过培训或者调整工作岗位，仍不能胜任工作的；

（三）劳动合同订立时所依据的客观情况发生重大变化，致使劳动合同无法履行，经用人单位与劳动者协商，未能就变更劳动合同内容达成协议的。

第四十一条 有下列情形之一，需要裁减人员二十人以上或者裁减不足二十人但占企业职工总数百分之十以上的，用人单位提前三十日向工会或者全体职工说明情况，听取工会或者职工的意见后，裁减人员方案经向劳动行政部门报告，可以裁减人员：

（一）依照企业破产法规定进行重整的；

（二）生产经营发生严重困难的；

（三）企业转产、重大技术革新或者经营方式调整，经变更劳动合同后，仍需裁减人员的；

（四）其他因劳动合同订立时所依据的客观经济情况发生重大变

化，致使劳动合同无法履行的。

裁减人员时，应当优先留用下列人员：

（一）与本单位订立较长期限的固定期限劳动合同的；

（二）与本单位订立无固定期限劳动合同的；

（三）家庭无其他就业人员，有需要扶养的老人或者未成年人的。

用人单位依照本条第一款规定裁减人员，在六个月内重新招用人员的，应当通知被裁减的人员，并在同等条件下优先招用被裁减的人员。

第四十二条 劳动者有下列情形之一的，用人单位不得依照本法第四十条、第四十一条的规定解除劳动合同：

（一）从事接触职业病危害作业的劳动者未进行离岗前职业健康检查，或者疑似职业病病人在诊断或者医学观察期间的；

（二）在本单位患职业病或者因工负伤并被确认丧失或者部分丧失劳动能力的；

（三）患病或者非因工负伤，在规定的医疗期内的；

（四）女职工在孕期、产期、哺乳期的；

（五）在本单位连续工作满十五年，且距法定退休年龄不足五年的；

（六）法律、行政法规规定的其他情形。

第四十三条 用人单位单方解除劳动合同，应当事先将理由通知工会。用人单位违反法律、行政法规规定或者劳动合同约定的，工会有权要求用人单位纠正。用人单位应当研究工会的意见，并将处理结果书面通知工会。

第四十四条 有下列情形之一的，劳动合同终止：

（一）劳动合同期满的；

（二）劳动者开始依法享受基本养老保险待遇的；

（三）劳动者死亡，或者被人民法院宣告死亡或者宣告失踪的；

（四）用人单位被依法宣告破产的；

（五）用人单位被吊销营业执照、责令关闭、撤销或者用人单位决定提前解散的；

（六）法律、行政法规规定的其他情形。

第四十五条 劳动合同期满，有本法第四十二条规定情形之一的，劳动合同应当续延至相应的情形消失时终止。但是，本法第四十二条第二项规定丧失或者部分丧失劳动能力劳动者的劳动合同的终止，按照国家有关工伤保险的规定执行。

第四十六条 有下列情形之一的，用人单位应当向劳动者支付经济补偿：

（一）劳动者依照本法第三十八条规定解除劳动合同的；

（二）用人单位依照本法第三十六条规定向劳动者提出解除劳动合同并与劳动者协商一致解除劳动合同的；

（三）用人单位依照本法第四十条规定解除劳动合同的；

（四）用人单位依照本法第四十一条第一款规定解除劳动合同的；

（五）除用人单位维持或者提高劳动合同约定条件续订劳动合同，劳动者不同意续订的情形外，依照本法第四十四条第一项规定终止固定期限劳动合同的；

（六）依照本法第四十四条第四项、第五项规定终止劳动合同的；

（七）法律、行政法规规定的其他情形。

第四十七条 经济补偿按劳动者在本单位工作的年限，每满一年支付一个月工资的标准向劳动者支付。六个月以上不满一年的，按一年计算；不满六个月的，向劳动者支付半个月工资的经济补偿。

劳动者月工资高于用人单位所在直辖市、设区的市级人民政府公布的本地区上年度职工月平均工资三倍的，向其支付经济补偿的标准按职工月平均工资三倍的数额支付，向其支付经济补偿的年限最高不超过十二年。

本条所称月工资是指劳动者在劳动合同解除或者终止前十二个

月的平均工资。

第四十八条 用人单位违反本法规定解除或者终止劳动合同,劳动者要求继续履行劳动合同的,用人单位应当继续履行;劳动者不要求继续履行劳动合同或者劳动合同已经不能继续履行的,用人单位应当依照本法第八十七条规定支付赔偿金。

第四十九条 国家采取措施,建立健全劳动者社会保险关系跨地区转移接续制度。

第五十条 用人单位应当在解除或者终止劳动合同时出具解除或者终止劳动合同的证明,并在十五日内为劳动者办理档案和社会保险关系转移手续。

劳动者应当按照双方约定,办理工作交接。用人单位依照本法有关规定应当向劳动者支付经济补偿的,在办结工作交接时支付。

用人单位对已经解除或者终止的劳动合同的文本,至少保存二年备查。

第五章 特别规定

第一节 集体合同

第五十一条 企业职工一方与用人单位通过平等协商,可以就劳动报酬、工作时间、休息休假、劳动安全卫生、保险福利等事项订立集体合同。集体合同草案应当提交职工代表大会或者全体职工讨论通过。

集体合同由工会代表企业职工一方与用人单位订立;尚未建立工会的用人单位,由上级工会指导劳动者推举的代表与用人单位订立。

第五十二条 企业职工一方与用人单位可以订立劳动安全卫生、女职工权益保护、工资调整机制等专项集体合同。

第五十三条 在县级以下区域内,建筑业、采矿业、餐饮服务业等行业可以由工会与企业方面代表订立行业性集体合同，或者订立区域性集体合同。

第五十四条 集体合同订立后，应当报送劳动行政部门；劳动行政部门自收到集体合同文本之日起十五日内未提出异议的，集体合同即行生效。

依法订立的集体合同对用人单位和劳动者具有约束力。行业性、区域性集体合同对当地本行业、本区域的用人单位和劳动者具有约束力。

第五十五条 集体合同中劳动报酬和劳动条件等标准不得低于当地人民政府规定的最低标准；用人单位与劳动者订立的劳动合同中劳动报酬和劳动条件等标准不得低于集体合同规定的标准。

第五十六条 用人单位违反集体合同，侵犯职工劳动权益的，工会可以依法要求用人单位承担责任；因履行集体合同发生争议，经协商解决不成的，工会可以依法申请仲裁、提起诉讼。

第二节 劳务派遣

第五十七条 经营劳务派遣业务应当具备下列条件：

（一）注册资本不得少于人民币二百万元；
（二）有与开展业务相适应的固定的经营场所和设施；
（三）有符合法律、行政法规规定的劳务派遣管理制度；
（四）法律、行政法规规定的其他条件。

经营劳务派遣业务，应当向劳动行政部门依法申请行政许可；经许可的，依法办理相应的公司登记。未经许可，任何单位和个人不得经营劳务派遣业务。

第五十八条 劳务派遣单位是本法所称用人单位，应当履行用人单位对劳动者的义务。劳务派遣单位与被派遣劳动者订立的劳动合同，除应当载明本法第十七条规定的事项外，还应当载明被派遣劳动者的用工单位以及派遣期限、工作岗位等情况。

劳务派遣单位应当与被派遣劳动者订立二年以上的固定期限劳动合同，按月支付劳动报酬；被派遣劳动者在无工作期间，劳务派遣单位应当按照所在地人民政府规定的最低工资标准，向其按月支付报酬。

第五十九条 劳务派遣单位派遣劳动者应当与接受以劳务派遣形式用工的单位（以下称用工单位）订立劳务派遣协议。劳务派遣协议应当约定派遣岗位和人员数量、派遣期限、劳动报酬和社会保险费的数额与支付方式以及违反协议的责任。

用工单位应当根据工作岗位的实际需要与劳务派遣单位确定派遣期限，不得将连续用工期限分割订立数个短期劳务派遣协议。

第六十条 劳务派遣单位应当将劳务派遣协议的内容告知被派遣劳动者。

劳务派遣单位不得克扣用工单位按照劳务派遣协议支付给被派遣劳动者的劳动报酬。

劳务派遣单位和用工单位不得向被派遣劳动者收取费用。

第六十一条 劳务派遣单位跨地区派遣劳动者的，被派遣劳动者享有的劳动报酬和劳动条件，按照用工单位所在地的标准执行。

第六十二条 用工单位应当履行下列义务：

（一）执行国家劳动标准，提供相应的劳动条件和劳动保护；

（二）告知被派遣劳动者的工作要求和劳动报酬；

（三）支付加班费、绩效奖金，提供与工作岗位相关的福利待遇；

（四）对在岗被派遣劳动者进行工作岗位所必需的培训；

（五）连续用工的，实行正常的工资调整机制。

用工单位不得将被派遣劳动者再派遣到其他用人单位。

第六十三条 被派遣劳动者享有与用工单位的劳动者同工同酬的权利。用工单位应当按照同工同酬原则，对被派遣劳动者与本单位同类岗位的劳动者实行相同的劳动报酬分配办法。用工单位无同类岗位劳动者的，参照用工单位所在地相同或者相近岗位劳动者的劳动报酬确定。

劳务派遣单位与被派遣劳动者订立的劳动合同和与用工单位订立的劳务派遣协议，载明或者约定的向被派遣劳动者支付的劳动报酬应当符合前款规定。

第六十四条 被派遣劳动者有权在劳务派遣单位或者用工单位依法参加或者组织工会，维护自身的合法权益。

第六十五条 被派遣劳动者可以依照本法第三十六条、第三十八条的规定与劳务派遣单位解除劳动合同。

被派遣劳动者有本法第三十九条和第四十条第一项、第二项规定情形的，用工单位可以将劳动者退回劳务派遣单位，劳务派遣单位依照本法有关规定，可以与劳动者解除劳动合同。

第六十六条 劳动合同用工是我国的企业基本用工形式。劳务派遣用工是补充形式，只能在临时性、辅助性或者替代性的工作岗位上实施。

前款规定的临时性工作岗位是指存续时间不超过六个月的岗位；辅助性工作岗位是指为主营业务岗位提供服务的非主营业务岗位；替代性工作岗位是指用工单位的劳动者因脱产学习、休假等原因无法工作的一定期间内，可以由其他劳动者替代工作的岗位。

用工单位应当严格控制劳务派遣用工数量，不得超过其用工总量的一定比例，具体比例由国务院劳动行政部门规定。

第六十七条 用人单位不得设立劳务派遣单位向本单位或者所属单位派遣劳动者。

第三节 非全日制用工

第六十八条 非全日制用工，是指以小时计酬为主，劳动者在同一用人单位一般平均每日工作时间不超过四小时，每周工作时间累计不超过二十四小时的用工形式。

第六十九条 非全日制用工双方当事人可以订立口头协议。

从事非全日制用工的劳动者可以与一个或者一个以上用人单位订立劳动合同；但是，后订立的劳动合同不得影响先订立的劳动合同的履行。

第七十条 非全日制用工双方当事人不得约定试用期。

第七十一条 非全日制用工双方当事人任何一方都可以随时通知对方终止用工。终止用工，用人单位不向劳动者支付经济补偿。

第七十二条 非全日制用工小时计酬标准不得低于用人单位所在地人民政府规定的最低小时工资标准。

非全日制用工劳动报酬结算支付周期最长不得超过十五日。

第六章 监督检查

第七十三条 国务院劳动行政部门负责全国劳动合同制度实施的监督管理。

县级以上地方人民政府劳动行政部门负责本行政区域内劳动合同制度实施的监督管理。

县级以上各级人民政府劳动行政部门在劳动合同制度实施的监督管理工作中，应当听取工会、企业方面代表以及有关行业主管部门的意见。

第七十四条 县级以上地方人民政府劳动行政部门依法对下列实施劳动合同制度的情况进行监督检查：

（一）用人单位制定直接涉及劳动者切身利益的规章制度及其执行的情况；

（二）用人单位与劳动者订立和解除劳动合同的情况；

（三）劳务派遣单位和用工单位遵守劳务派遣有关规定的情况；

（四）用人单位遵守国家关于劳动者工作时间和休息休假规定的情况；

（五）用人单位支付劳动合同约定的劳动报酬和执行最低工资标

准的情况；

（六）用人单位参加各项社会保险和缴纳社会保险费的情况；

（七）法律、法规规定的其他劳动监察事项。

第七十五条 县级以上地方人民政府劳动行政部门实施监督检查时，有权查阅与劳动合同、集体合同有关的材料，有权对劳动场所进行实地检查，用人单位和劳动者都应当如实提供有关情况和材料。

劳动行政部门的工作人员进行监督检查，应当出示证件，依法行使职权，文明执法。

第七十六条 县级以上人民政府建设、卫生、安全生产监督管理等有关主管部门在各自职责范围内，对用人单位执行劳动合同制度的情况进行监督管理。

第七十七条 劳动者合法权益受到侵害的，有权要求有关部门依法处理，或者依法申请仲裁、提起诉讼。

第七十八条 工会依法维护劳动者的合法权益，对用人单位履行劳动合同、集体合同的情况进行监督。用人单位违反劳动法律、法规和劳动合同、集体合同的，工会有权提出意见或者要求纠正；劳动者申请仲裁、提起诉讼的，工会依法给予支持和帮助。

第七十九条 任何组织或者个人对违反本法的行为都有权举报，县级以上人民政府劳动行政部门应当及时核实、处理，并对举报有功人员给予奖励。

第七章　法律责任

第八十条 用人单位直接涉及劳动者切身利益的规章制度违反法律、法规规定的，由劳动行政部门责令改正，给予警告；给劳动者造成损害的，应当承担赔偿责任。

第八十一条 用人单位提供的劳动合同文本未载明本法规定的

劳动合同必备条款或者用人单位未将劳动合同文本交付劳动者的，由劳动行政部门责令改正；给劳动者造成损害的，应当承担赔偿责任。

第八十二条 用人单位自用工之日起超过一个月不满一年未与劳动者订立书面劳动合同的，应当向劳动者每月支付二倍的工资。

用人单位违反本法规定不与劳动者订立无固定期限劳动合同的，自应当订立无固定期限劳动合同之日起向劳动者每月支付二倍的工资。

第八十三条 用人单位违反本法规定与劳动者约定试用期的，由劳动行政部门责令改正；违法约定的试用期已经履行的，由用人单位以劳动者试用期满月工资为标准，按已经履行的超过法定试用期的期间向劳动者支付赔偿金。

第八十四条 用人单位违反本法规定，扣押劳动者居民身份证等证件的，由劳动行政部门责令限期退还劳动者本人，并依照有关法律规定给予处罚。

用人单位违反本法规定，以担保或者其他名义向劳动者收取财物的，由劳动行政部门责令限期退还劳动者本人，并以每人五百元以上二千元以下的标准处以罚款；给劳动者造成损害的，应当承担赔偿责任。

劳动者依法解除或者终止劳动合同，用人单位扣押劳动者档案或者其他物品的，依照前款规定处罚。

第八十五条 用人单位有下列情形之一的，由劳动行政部门责令限期支付劳动报酬、加班费或者经济补偿；劳动报酬低于当地最低工资标准的，应当支付其差额部分；逾期不支付的，责令用人单位按应付金额百分之五十以上百分之一百以下的标准向劳动者加付赔偿金：

（一）未按照劳动合同的约定或者国家规定及时足额支付劳动者劳动报酬的；

（二）低于当地最低工资标准支付劳动者工资的；

（三）安排加班不支付加班费的；

（四）解除或者终止劳动合同，未依照本法规定向劳动者支付经济补偿的。

第八十六条　劳动合同依照本法第二十六条规定被确认无效，给对方造成损害的，有过错的一方应当承担赔偿责任。

第八十七条　用人单位违反本法规定解除或者终止劳动合同的，应当依照本法第四十七条规定的经济补偿标准的二倍向劳动者支付赔偿金。

第八十八条　用人单位有下列情形之一的，依法给予行政处罚；构成犯罪的，依法追究刑事责任；给劳动者造成损害的，应当承担赔偿责任：

（一）以暴力、威胁或者非法限制人身自由的手段强迫劳动的；

（二）违章指挥或者强令冒险作业危及劳动者人身安全的；

（三）侮辱、体罚、殴打、非法搜查或者拘禁劳动者的；

（四）劳动条件恶劣、环境污染严重，给劳动者身心健康造成严重损害的。

第八十九条　用人单位违反本法规定未向劳动者出具解除或者终止劳动合同的书面证明，由劳动行政部门责令改正；给劳动者造成损害的，应当承担赔偿责任。

第九十条　劳动者违反本法规定解除劳动合同，或者违反劳动合同中约定的保密义务或者竞业限制，给用人单位造成损失的，应当承担赔偿责任。

第九十一条　用人单位招用与其他用人单位尚未解除或者终止劳动合同的劳动者，给其他用人单位造成损失的，应当承担连带赔偿责任。

第九十二条　违反本法规定，未经许可，擅自经营劳务派遣业务的，由劳动行政部门责令停止违法行为，没收违法所得，并处违法所得一倍以上五倍以下的罚款；没有违法所得的，可以处五万元以下的罚款。

劳务派遣单位、用工单位违反本法有关劳务派遣规定的，由劳动行政部门责令限期改正；逾期不改正的，以每人五千元以上一万元以下的标准处以罚款，对劳务派遣单位，吊销其劳务派遣业务经营许可证。用工单位给被派遣劳动者造成损害的，劳务派遣单位与用工单位承担连带赔偿责任。

第九十三条 对不具备合法经营资格的用人单位的违法犯罪行为，依法追究法律责任；劳动者已经付出劳动的，该单位或者其出资人应当依照本法有关规定向劳动者支付劳动报酬、经济补偿、赔偿金；给劳动者造成损害的，应当承担赔偿责任。

第九十四条 个人承包经营违反本法规定招用劳动者，给劳动者造成损害的，发包的组织与个人承包经营者承担连带赔偿责任。

第九十五条 劳动行政部门和其他有关主管部门及其工作人员玩忽职守、不履行法定职责，或者违法行使职权，给劳动者或者用人单位造成损害的，应当承担赔偿责任；对直接负责的主管人员和其他直接责任人员，依法给予行政处分；构成犯罪的，依法追究刑事责任。

第八章　附　　则

第九十六条 事业单位与实行聘用制的工作人员订立、履行、变更、解除或者终止劳动合同，法律、行政法规或者国务院另有规定的，依照其规定；未作规定的，依照本法有关规定执行。

第九十七条 本法施行前已依法订立且在本法施行之日存续的劳动合同，继续履行；本法第十四条第二款第三项规定连续订立固定期限劳动合同的次数，自本法施行后续订固定期限劳动合同时开始计算。

本法施行前已建立劳动关系，尚未订立书面劳动合同的，应当自本法施行之日起一个月内订立。

本法施行之日存续的劳动合同在本法施行后解除或者终止，依照本法第四十六条规定应当支付经济补偿的，经济补偿年限自本法施行之日起计算；本法施行前按照当时有关规定，用人单位应当向劳动者支付经济补偿的，按照当时有关规定执行。

第九十八条 本法自2008年1月1日起施行。

中华人民共和国劳动合同法实施条例

（2008年9月3日国务院第25次常务会议通过 2008年9月18日中华人民共和国国务院令第535号公布 自公布之日起施行）

第一章 总　　则

第一条 为了贯彻实施《中华人民共和国劳动合同法》（以下简称劳动合同法），制定本条例。

第二条 各级人民政府和县级以上人民政府劳动行政等有关部门以及工会等组织，应当采取措施，推动劳动合同法的贯彻实施，促进劳动关系的和谐。

第三条 依法成立的会计师事务所、律师事务所等合伙组织和基金会，属于劳动合同法规定的用人单位。

第二章 劳动合同的订立

第四条 劳动合同法规定的用人单位设立的分支机构，依法取得营业执照或者登记证书的，可以作为用人单位与劳动者订立劳动合同；未依法取得营业执照或者登记证书的，受用人单位委托可以与劳动者订立劳动合同。

第五条 自用工之日起一个月内，经用人单位书面通知后，劳动者不与用人单位订立书面劳动合同的，用人单位应当书面通知劳动者终止劳动关系，无需向劳动者支付经济补偿，但是应当依法向劳动者支付其实际工作时间的劳动报酬。

第六条 用人单位自用工之日起超过一个月不满一年未与劳动者订立书面劳动合同的，应当依照劳动合同法第八十二条的规定向劳动者每月支付两倍的工资，并与劳动者补订书面劳动合同；劳动者不与用人单位订立书面劳动合同的，用人单位应当书面通知劳动者终止劳动关系，并依照劳动合同法第四十七条的规定支付经济补偿。

前款规定的用人单位向劳动者每月支付两倍工资的起算时间为用工之日起满一个月的次日，截止时间为补订书面劳动合同的前一日。

第七条 用人单位自用工之日起满一年未与劳动者订立书面劳动合同的，自用工之日起满一个月的次日至满一年的前一日应当依照劳动合同法第八十二条的规定向劳动者每月支付两倍的工资，并视为自用工之日起满一年的当日已经与劳动者订立无固定期限劳动合同，应当立即与劳动者补订书面劳动合同。

第八条 劳动合同法第七条规定的职工名册，应当包括劳动者姓名、性别、公民身份号码、户籍地址及现住址、联系方式、用工形式、用工起始时间、劳动合同期限等内容。

第九条 劳动合同法第十四条第二款规定的连续工作满10年的起始时间，应当自用人单位用工之日起计算，包括劳动合同法施行前的工作年限。

第十条 劳动者非因本人原因从原用人单位被安排到新用人单位工作的，劳动者在原用人单位的工作年限合并计算为新用人单位的工作年限。原用人单位已经向劳动者支付经济补偿的，新用人单位在依法解除、终止劳动合同计算支付经济补偿的工作年限时，不再计算劳动者在原用人单位的工作年限。

第十一条 除劳动者与用人单位协商一致的情形外，劳动者依照劳动合同法第十四条第二款的规定，提出订立无固定期限劳动合同的，用人单位应当与其订立无固定期限劳动合同。对劳动合同的内容，双方应当按照合法、公平、平等自愿、协商一致、诚实信用的原则协商确定；对协商不一致的内容，依照劳动合同法第十八条的规定执行。

第十二条 地方各级人民政府及县级以上地方人民政府有关部门为安置就业困难人员提供的给予岗位补贴和社会保险补贴的公益性岗位，其劳动合同不适用劳动合同法有关无固定期限劳动合同的规定以及支付经济补偿的规定。

第十三条 用人单位与劳动者不得在劳动合同法第四十四条规定的劳动合同终止情形之外约定其他的劳动合同终止条件。

第十四条 劳动合同履行地与用人单位注册地不一致的，有关劳动者的最低工资标准、劳动保护、劳动条件、职业危害防护和本地区上年度职工月平均工资标准等事项，按照劳动合同履行地的有关规定执行；用人单位注册地的有关标准高于劳动合同履行地的有关标准，且用人单位与劳动者约定按照用人单位注册地的有关规定执行的，从其约定。

第十五条 劳动者在试用期的工资不得低于本单位相同岗位最低档工资的80%或者不得低于劳动合同约定工资的80%，并不得低于用人单位所在地的最低工资标准。

第十六条 劳动合同法第二十二条第二款规定的培训费用，包括用人单位为了对劳动者进行专业技术培训而支付的有凭证的培训费用、培训期间的差旅费用以及因培训产生的用于该劳动者的其他直接费用。

第十七条 劳动合同期满，但是用人单位与劳动者依照劳动合同法第二十二条的规定约定的服务期尚未到期的，劳动合同应当续延至服务期满；双方另有约定的，从其约定。

第三章 劳动合同的解除和终止

第十八条 有下列情形之一的，依照劳动合同法规定的条件、程序，劳动者可以与用人单位解除固定期限劳动合同、无固定期限劳动合同或者以完成一定工作任务为期限的劳动合同：

（一）劳动者与用人单位协商一致的；

（二）劳动者提前30日以书面形式通知用人单位的；

（三）劳动者在试用期内提前3日通知用人单位的；

（四）用人单位未按照劳动合同约定提供劳动保护或者劳动条件的；

（五）用人单位未及时足额支付劳动报酬的；

（六）用人单位未依法为劳动者缴纳社会保险费的；

（七）用人单位的规章制度违反法律、法规的规定，损害劳动者权益的；

（八）用人单位以欺诈、胁迫的手段或者乘人之危，使劳动者在违背真实意思的情况下订立或者变更劳动合同的；

（九）用人单位在劳动合同中免除自己的法定责任、排除劳动者权利的；

（十）用人单位违反法律、行政法规强制性规定的；

（十一）用人单位以暴力、威胁或者非法限制人身自由的手段强迫劳动者劳动的；

（十二）用人单位违章指挥、强令冒险作业危及劳动者人身安全的；

（十三）法律、行政法规规定劳动者可以解除劳动合同的其他情形。

第十九条 有下列情形之一的，依照劳动合同法规定的条件、程序，用人单位可以与劳动者解除固定期限劳动合同、无固定期限劳动合同或者以完成一定工作任务为期限的劳动合同：

（一）用人单位与劳动者协商一致的；

（二）劳动者在试用期间被证明不符合录用条件的；

（三）劳动者严重违反用人单位的规章制度的；

（四）劳动者严重失职，营私舞弊，给用人单位造成重大损害的；

（五）劳动者同时与其他用人单位建立劳动关系，对完成本单位的工作任务造成严重影响，或者经用人单位提出，拒不改正的；

（六）劳动者以欺诈、胁迫的手段或者乘人之危，使用人单位在违背真实意思的情况下订立或者变更劳动合同的；

（七）劳动者被依法追究刑事责任的；

（八）劳动者患病或者非因工负伤，在规定的医疗期满后不能从事原工作，也不能从事由用人单位另行安排的工作的；

（九）劳动者不能胜任工作，经过培训或者调整工作岗位，仍不能胜任工作的；

（十）劳动合同订立时所依据的客观情况发生重大变化，致使劳动合同无法履行，经用人单位与劳动者协商，未能就变更劳动合同内容达成协议的；

（十一）用人单位依照企业破产法规定进行重整的；

（十二）用人单位生产经营发生严重困难的；

（十三）企业转产、重大技术革新或者经营方式调整，经变更劳动合同后，仍需裁减人员的；

（十四）其他因劳动合同订立时所依据的客观经济情况发生重大变化，致使劳动合同无法履行的。

第二十条　用人单位依照劳动合同法第四十条的规定，选择额外支付劳动者一个月工资解除劳动合同的，其额外支付的工资应当按照该劳动者上一个月的工资标准确定。

第二十一条　劳动者达到法定退休年龄的，劳动合同终止。

第二十二条　以完成一定工作任务为期限的劳动合同因任务完成而终止的，用人单位应当依照劳动合同法第四十七条的规定向劳动者支付经济补偿。

第二十三条 用人单位依法终止工伤职工的劳动合同的，除依照劳动合同法第四十七条的规定支付经济补偿外，还应当依照国家有关工伤保险的规定支付一次性工伤医疗补助金和伤残就业补助金。

第二十四条 用人单位出具的解除、终止劳动合同的证明，应当写明劳动合同期限、解除或者终止劳动合同的日期、工作岗位、在本单位的工作年限。

第二十五条 用人单位违反劳动合同法的规定解除或者终止劳动合同，依照劳动合同法第八十七条的规定支付了赔偿金的，不再支付经济补偿。赔偿金的计算年限自用工之日起计算。

第二十六条 用人单位与劳动者约定了服务期，劳动者依照劳动合同法第三十八条的规定解除劳动合同的，不属于违反服务期的约定，用人单位不得要求劳动者支付违约金。

有下列情形之一，用人单位与劳动者解除约定服务期的劳动合同的，劳动者应当按照劳动合同的约定向用人单位支付违约金：

（一）劳动者严重违反用人单位的规章制度的；

（二）劳动者严重失职，营私舞弊，给用人单位造成重大损害的；

（三）劳动者同时与其他用人单位建立劳动关系，对完成本单位的工作任务造成严重影响，或者经用人单位提出，拒不改正的；

（四）劳动者以欺诈、胁迫的手段或者乘人之危，使用人单位在违背真实意思的情况下订立或者变更劳动合同的；

（五）劳动者被依法追究刑事责任的。

第二十七条 劳动合同法第四十七条规定的经济补偿的月工资按照劳动者应得工资计算，包括计时工资或者计件工资以及奖金、津贴和补贴等货币性收入。劳动者在劳动合同解除或者终止前 12 个月的平均工资低于当地最低工资标准的，按照当地最低工资标准计算。劳动者工作不满 12 个月的，按照实际工作的月数计算平均工资。

第四章 劳务派遣特别规定

第二十八条 用人单位或者其所属单位出资或者合伙设立的劳务派遣单位，向本单位或者所属单位派遣劳动者的，属于劳动合同法第六十七条规定的不得设立的劳务派遣单位。

第二十九条 用工单位应当履行劳动合同法第六十二条规定的义务，维护被派遣劳动者的合法权益。

第三十条 劳务派遣单位不得以非全日制用工形式招用被派遣劳动者。

第三十一条 劳务派遣单位或者被派遣劳动者依法解除、终止劳动合同的经济补偿，依照劳动合同法第四十六条、第四十七条的规定执行。

第三十二条 劳务派遣单位违法解除或者终止被派遣劳动者的劳动合同的，依照劳动合同法第四十八条的规定执行。

第五章 法律责任

第三十三条 用人单位违反劳动合同法有关建立职工名册规定的，由劳动行政部门责令限期改正；逾期不改正的，由劳动行政部门处2000元以上2万元以下的罚款。

第三十四条 用人单位依照劳动合同法的规定应当向劳动者每月支付两倍的工资或者应当向劳动者支付赔偿金而未支付的，劳动行政部门应当责令用人单位支付。

第三十五条 用工单位违反劳动合同法和本条例有关劳务派遣规定的，由劳动行政部门和其他有关主管部门责令改正；情节严重的，以每位被派遣劳动者1000元以上5000元以下的标准处以罚款；给被派遣劳动者造成损害的，劳务派遣单位和用工单位承担连带赔偿责任。

第六章 附　　则

第三十六条 对违反劳动合同法和本条例的行为的投诉、举报，县级以上地方人民政府劳动行政部门依照《劳动保障监察条例》的规定处理。

第三十七条 劳动者与用人单位因订立、履行、变更、解除或者终止劳动合同发生争议的，依照《中华人民共和国劳动争议调解仲裁法》的规定处理。

第三十八条 本条例自公布之日起施行。

中华人民共和国劳动法

（1994年7月5日第八届全国人民代表大会常务委员会第八次会议通过　根据2009年8月27日第十一届全国人民代表大会常务委员会第十次会议《关于修改部分法律的决定》第一次修正　根据2018年12月29日第十三届全国人民代表大会常务委员会第七次会议《关于修改〈中华人民共和国劳动法〉等七部法律的决定》第二次修正）

第一章 总　　则

第一条 为了保护劳动者的合法权益，调整劳动关系，建立和维护适应社会主义市场经济的劳动制度，促进经济发展和社会进步，根据宪法，制定本法。

第二条 在中华人民共和国境内的企业、个体经济组织（以下统称用人单位）和与之形成劳动关系的劳动者，适用本法。

国家机关、事业组织、社会团体和与之建立劳动合同关系的劳动者，依照本法执行。

第三条 劳动者享有平等就业和选择职业的权利、取得劳动报酬的权利、休息休假的权利、获得劳动安全卫生保护的权利、接受职业技能培训的权利、享受社会保险和福利的权利、提请劳动争议处理的权利以及法律规定的其他劳动权利。

劳动者应当完成劳动任务，提高职业技能，执行劳动安全卫生规程，遵守劳动纪律和职业道德。

第四条 用人单位应当依法建立和完善规章制度，保障劳动者享有劳动权利和履行劳动义务。

第五条 国家采取各种措施，促进劳动就业，发展职业教育，制定劳动标准，调节社会收入，完善社会保险，协调劳动关系，逐步提高劳动者的生活水平。

第六条 国家提倡劳动者参加社会义务劳动，开展劳动竞赛和合理化建议活动，鼓励和保护劳动者进行科学研究、技术革新和发明创造，表彰和奖励劳动模范和先进工作者。

第七条 劳动者有权依法参加和组织工会。

工会代表和维护劳动者的合法权益，依法独立自主地开展活动。

第八条 劳动者依照法律规定，通过职工大会、职工代表大会或者其他形式，参与民主管理或者就保护劳动者合法权益与用人单位进行平等协商。

第九条 国务院劳动行政部门主管全国劳动工作。

县级以上地方人民政府劳动行政部门主管本行政区域内的劳动工作。

第二章 促进就业

第十条 国家通过促进经济和社会发展，创造就业条件，扩大就业机会。

国家鼓励企业、事业组织、社会团体在法律、行政法规规定的范围内兴办产业或者拓展经营,增加就业。

国家支持劳动者自愿组织起来就业和从事个体经营实现就业。

第十一条 地方各级人民政府应当采取措施,发展多种类型的职业介绍机构,提供就业服务。

第十二条 劳动者就业,不因民族、种族、性别、宗教信仰不同而受歧视。

第十三条 妇女享有与男子平等的就业权利。在录用职工时,除国家规定的不适合妇女的工种或者岗位外,不得以性别为由拒绝录用妇女或者提高对妇女的录用标准。

第十四条 残疾人、少数民族人员、退出现役的军人的就业,法律、法规有特别规定的,从其规定。

第十五条 禁止用人单位招用未满16周岁的未成年人。

文艺、体育和特种工艺单位招用未满16周岁的未成年人,必须遵守国家有关规定,并保障其接受义务教育的权利。

第三章 劳动合同和集体合同

第十六条 劳动合同是劳动者与用人单位确立劳动关系、明确双方权利和义务的协议。

建立劳动关系应当订立劳动合同。

第十七条 订立和变更劳动合同,应当遵循平等自愿、协商一致的原则,不得违反法律、行政法规的规定。

劳动合同依法订立即具有法律约束力,当事人必须履行劳动合同规定的义务。

第十八条 下列劳动合同无效:

(一)违反法律、行政法规的劳动合同;

(二)采取欺诈、威胁等手段订立的劳动合同。

无效的劳动合同，从订立的时候起，就没有法律约束力。确认劳动合同部分无效的，如果不影响其余部分的效力，其余部分仍然有效。

劳动合同的无效，由劳动争议仲裁委员会或者人民法院确认。

第十九条 劳动合同应当以书面形式订立，并具备以下条款：

（一）劳动合同期限；

（二）工作内容；

（三）劳动保护和劳动条件；

（四）劳动报酬；

（五）劳动纪律；

（六）劳动合同终止的条件；

（七）违反劳动合同的责任。

劳动合同除前款规定的必备条款外，当事人可以协商约定其他内容。

第二十条 劳动合同的期限分为有固定期限、无固定期限和以完成一定的工作为期限。

劳动者在同一用人单位连续工作满10年以上，当事人双方同意续延劳动合同的，如果劳动者提出订立无固定期限的劳动合同，应当订立无固定期限的劳动合同。

第二十一条 劳动合同可以约定试用期。试用期最长不得超过6个月。

第二十二条 劳动合同当事人可以在劳动合同中约定保守用人单位商业秘密的有关事项。

第二十三条 劳动合同期满或者当事人约定的劳动合同终止条件出现，劳动合同即行终止。

第二十四条 经劳动合同当事人协商一致，劳动合同可以解除。

第二十五条 劳动者有下列情形之一的，用人单位可以解除劳动合同：

（一）在试用期间被证明不符合录用条件的；

（二）严重违反劳动纪律或者用人单位规章制度的；

（三）严重失职，营私舞弊，对用人单位利益造成重大损害的；

（四）被依法追究刑事责任的。

第二十六条 有下列情形之一的，用人单位可以解除劳动合同，但是应当提前30日以书面形式通知劳动者本人：

（一）劳动者患病或者非因工负伤，医疗期满后，不能从事原工作也不能从事由用人单位另行安排的工作的；

（二）劳动者不能胜任工作，经过培训或者调整工作岗位，仍不能胜任工作的；

（三）劳动合同订立时所依据的客观情况发生重大变化，致使原劳动合同无法履行，经当事人协商不能就变更劳动合同达成协议的。

第二十七条 用人单位濒临破产进行法定整顿期间或者生产经营状况发生严重困难，确需裁减人员的，应当提前30日向工会或者全体职工说明情况，听取工会或者职工的意见，经向劳动行政部门报告后，可以裁减人员。

用人单位依据本条规定裁减人员，在6个月内录用人员的，应当优先录用被裁减的人员。

第二十八条 用人单位依据本法第二十四条、第二十六条、第二十七条的规定解除劳动合同的，应当依照国家有关规定给予经济补偿。

第二十九条 劳动者有下列情形之一的，用人单位不得依据本法第二十六条、第二十七条的规定解除劳动合同：

（一）患职业病或者因工负伤并被确认丧失或者部分丧失劳动能力的；

（二）患病或者负伤，在规定的医疗期内的；

（三）女职工在孕期、产期、哺乳期内的；

（四）法律、行政法规规定的其他情形。

第三十条 用人单位解除劳动合同，工会认为不适当的，有权提出意见。如果用人单位违反法律、法规或者劳动合同，工会有权要求重新处理；劳动者申请仲裁或者提起诉讼的，工会应当依法给予支持和帮助。

第三十一条 劳动者解除劳动合同，应当提前30日以书面形式通知用人单位。

第三十二条 有下列情形之一的，劳动者可以随时通知用人单位解除劳动合同：

（一）在试用期内的；

（二）用人单位以暴力、威胁或者非法限制人身自由的手段强迫劳动的；

（三）用人单位未按照劳动合同约定支付劳动报酬或者提供劳动条件的。

第三十三条 企业职工一方与企业可以就劳动报酬、工作时间、休息休假、劳动安全卫生、保险福利等事项，签订集体合同。集体合同草案应当提交职工代表大会或者全体职工讨论通过。

集体合同由工会代表职工与企业签订；没有建立工会的企业，由职工推举的代表与企业签订。

第三十四条 集体合同签订后应当报送劳动行政部门；劳动行政部门自收到集体合同文本之日起15日内未提出异议的，集体合同即行生效。

第三十五条 依法签订的集体合同对企业和企业全体职工具有约束力。职工个人与企业订立的劳动合同中劳动条件和劳动报酬等标准不得低于集体合同的规定。

第四章 工作时间和休息休假

第三十六条 国家实行劳动者每日工作时间不得超过8小时、平均每周工作时间不超过44小时的工时制度。

第三十七条 对实行计件工作的劳动者，用人单位应当根据本法第三十六条规定的工时制度合理确定其劳动定额和计件报酬标准。

第三十八条 用人单位应当保证劳动者每周至少休息 1 日。

第三十九条 企业因生产特点不能实行本法第三十六条、第三十八条规定的，经劳动行政部门批准，可以实行其他工作和休息办法。

第四十条 用人单位在下列节日期间应当依法安排劳动者休假：

（一）元旦；

（二）春节；

（三）国际劳动节；

（四）国庆节；

（五）法律、法规规定的其他休假节日。

第四十一条 用人单位由于生产经营需要，经与工会和劳动者协商后可以延长工作时间，一般每日不得超过 1 小时；因特殊原因需要延长工作时间的，在保障劳动者身体健康的条件下延长工作时间每日不得超过 3 小时，但是每月不得超过 36 小时。

第四十二条 有下列情形之一的，延长工作时间不受本法第四十一条规定的限制：

（一）发生自然灾害、事故或者因其他原因，威胁劳动者生命健康和财产安全，需要紧急处理的；

（二）生产设备、交通运输线路、公共设施发生故障，影响生产和公众利益，必须及时抢修的；

（三）法律、行政法规规定的其他情形。

第四十三条 用人单位不得违反本法规定延长劳动者的工作时间。

第四十四条 有下列情形之一的，用人单位应当按照下列标准支付高于劳动者正常工作时间工资的工资报酬：

（一）安排劳动者延长工作时间的，支付不低于工资的150%的工资报酬；

（二）休息日安排劳动者工作又不能安排补休的，支付不低于工资的200%的工资报酬；

（三）法定休假日安排劳动者工作的，支付不低于工资的300%的工资报酬。

第四十五条 国家实行带薪年休假制度。

劳动者连续工作1年以上的，享受带薪年休假。具体办法由国务院规定。

第五章 工 资

第四十六条 工资分配应当遵循按劳分配原则，实行同工同酬。

工资水平在经济发展的基础上逐步提高。国家对工资总量实行宏观调控。

第四十七条 用人单位根据本单位的生产经营特点和经济效益，依法自主确定本单位的工资分配方式和工资水平。

第四十八条 国家实行最低工资保障制度。最低工资的具体标准由省、自治区、直辖市人民政府规定，报国务院备案。

用人单位支付劳动者的工资不得低于当地最低工资标准。

第四十九条 确定和调整最低工资标准应当综合参考下列因素：

（一）劳动者本人及平均赡养人口的最低生活费用；

（二）社会平均工资水平；

（三）劳动生产率；

（四）就业状况；

（五）地区之间经济发展水平的差异。

第五十条 工资应当以货币形式按月支付给劳动者本人。不得克扣或者无故拖欠劳动者的工资。

第五十一条 劳动者在法定休假日和婚丧假期间以及依法参加社会活动期间，用人单位应当依法支付工资。

第六章 劳动安全卫生

第五十二条 用人单位必须建立、健全劳动安全卫生制度,严格执行国家劳动安全卫生规程和标准,对劳动者进行劳动安全卫生教育,防止劳动过程中的事故,减少职业危害。

第五十三条 劳动安全卫生设施必须符合国家规定的标准。

新建、改建、扩建工程的劳动安全卫生设施必须与主体工程同时设计、同时施工、同时投入生产和使用。

第五十四条 用人单位必须为劳动者提供符合国家规定的劳动安全卫生条件和必要的劳动防护用品,对从事有职业危害作业的劳动者应当定期进行健康检查。

第五十五条 从事特种作业的劳动者必须经过专门培训并取得特种作业资格。

第五十六条 劳动者在劳动过程中必须严格遵守安全操作规程。

劳动者对用人单位管理人员违章指挥、强令冒险作业,有权拒绝执行;对危害生命安全和身体健康的行为,有权提出批评、检举和控告。

第五十七条 国家建立伤亡事故和职业病统计报告和处理制度。县级以上各级人民政府劳动行政部门、有关部门和用人单位应当依法对劳动者在劳动过程中发生的伤亡事故和劳动者的职业病状况,进行统计、报告和处理。

第七章 女职工和未成年工特殊保护

第五十八条 国家对女职工和未成年工实行特殊劳动保护。

未成年工是指年满 16 周岁未满 18 周岁的劳动者。

第五十九条 禁止安排女职工从事矿山井下、国家规定的第四级体力劳动强度的劳动和其他禁忌从事的劳动。

第六十条 不得安排女职工在经期从事高处、低温、冷水作业和国家规定的第三级体力劳动强度的劳动。

第六十一条 不得安排女职工在怀孕期间从事国家规定的第三级体力劳动强度的劳动和孕期禁忌从事的劳动。对怀孕7个月以上的女职工，不得安排其延长工作时间和夜班劳动。

第六十二条 女职工生育享受不少于90天的产假。

第六十三条 不得安排女职工在哺乳未满1周岁的婴儿期间从事国家规定的第三级体力劳动强度的劳动和哺乳期禁忌从事的其他劳动，不得安排其延长工作时间和夜班劳动。

第六十四条 不得安排未成年工从事矿山井下、有毒有害、国家规定的第四级体力劳动强度的劳动和其他禁忌从事的劳动。

第六十五条 用人单位应当对未成年工定期进行健康检查。

第八章 职业培训

第六十六条 国家通过各种途径，采取各种措施，发展职业培训事业，开发劳动者的职业技能，提高劳动者素质，增强劳动者的就业能力和工作能力。

第六十七条 各级人民政府应当把发展职业培训纳入社会经济发展的规划，鼓励和支持有条件的企业、事业组织、社会团体和个人进行各种形式的职业培训。

第六十八条 用人单位应当建立职业培训制度，按照国家规定提取和使用职业培训经费，根据本单位实际，有计划地对劳动者进行职业培训。

从事技术工种的劳动者，上岗前必须经过培训。

第六十九条 国家确定职业分类，对规定的职业制定职业技能标准，实行职业资格证书制度，由经备案的考核鉴定机构负责对劳动者实施职业技能考核鉴定。

第九章　社会保险和福利

第七十条　国家发展社会保险事业，建立社会保险制度，设立社会保险基金，使劳动者在年老、患病、工伤、失业、生育等情况下获得帮助和补偿。

第七十一条　社会保险水平应当与社会经济发展水平和社会承受能力相适应。

第七十二条　社会保险基金按照保险类型确定资金来源，逐步实行社会统筹。用人单位和劳动者必须依法参加社会保险，缴纳社会保险费。

第七十三条　劳动者在下列情形下，依法享受社会保险待遇：

（一）退休；

（二）患病、负伤；

（三）因工伤残或者患职业病；

（四）失业；

（五）生育。

劳动者死亡后，其遗属依法享受遗属津贴。

劳动者享受社会保险待遇的条件和标准由法律、法规规定。

劳动者享受的社会保险金必须按时足额支付。

第七十四条　社会保险基金经办机构依照法律规定收支、管理和运营社会保险基金，并负有使社会保险基金保值增值的责任。

社会保险基金监督机构依照法律规定，对社会保险基金的收支、管理和运营实施监督。

社会保险基金经办机构和社会保险基金监督机构的设立和职能由法律规定。

任何组织和个人不得挪用社会保险基金。

第七十五条　国家鼓励用人单位根据本单位实际情况为劳动者

建立补充保险。

国家提倡劳动者个人进行储蓄性保险。

第七十六条 国家发展社会福利事业，兴建公共福利设施，为劳动者休息、休养和疗养提供条件。

用人单位应当创造条件，改善集体福利，提高劳动者的福利待遇。

第十章 劳动争议

第七十七条 用人单位与劳动者发生劳动争议，当事人可以依法申请调解、仲裁、提起诉讼，也可以协商解决。

调解原则适用于仲裁和诉讼程序。

第七十八条 解决劳动争议，应当根据合法、公正、及时处理的原则，依法维护劳动争议当事人的合法权益。

第七十九条 劳动争议发生后，当事人可以向本单位劳动争议调解委员会申请调解；调解不成，当事人一方要求仲裁的，可以向劳动争议仲裁委员会申请仲裁。当事人一方也可以直接向劳动争议仲裁委员会申请仲裁。对仲裁裁决不服的，可以向人民法院提起诉讼。

第八十条 在用人单位内，可以设立劳动争议调解委员会。劳动争议调解委员会由职工代表、用人单位代表和工会代表组成。劳动争议调解委员会主任由工会代表担任。

劳动争议经调解达成协议的，当事人应当履行。

第八十一条 劳动争议仲裁委员会由劳动行政部门代表、同级工会代表、用人单位方面的代表组成。劳动争议仲裁委员会主任由劳动行政部门代表担任。

第八十二条 提出仲裁要求的一方应当自劳动争议发生之日起60日内向劳动争议仲裁委员会提出书面申请。仲裁裁决一般应在收到仲裁申请的 60 日内作出。对仲裁裁决无异议的，当事人必须履行。

第八十三条 劳动争议当事人对仲裁裁决不服的，可以自收到仲裁裁决书之日起 15 日内向人民法院提起诉讼。一方当事人在法定期限内不起诉又不履行仲裁裁决的，另一方当事人可以申请人民法院强制执行。

第八十四条 因签订集体合同发生争议，当事人协商解决不成的，当地人民政府劳动行政部门可以组织有关各方协调处理。

因履行集体合同发生争议，当事人协商解决不成的，可以向劳动争议仲裁委员会申请仲裁；对仲裁裁决不服的，可以自收到仲裁裁决书之日起 15 日内向人民法院提起诉讼。

第十一章 监督检查

第八十五条 县级以上各级人民政府劳动行政部门依法对用人单位遵守劳动法律、法规的情况进行监督检查，对违反劳动法律、法规的行为有权制止，并责令改正。

第八十六条 县级以上各级人民政府劳动行政部门监督检查人员执行公务，有权进入用人单位了解执行劳动法律、法规的情况，查阅必要的资料，并对劳动场所进行检查。

县级以上各级人民政府劳动行政部门监督检查人员执行公务，必须出示证件，秉公执法并遵守有关规定。

第八十七条 县级以上各级人民政府有关部门在各自职责范围内，对用人单位遵守劳动法律、法规的情况进行监督。

第八十八条 各级工会依法维护劳动者的合法权益，对用人单位遵守劳动法律、法规的情况进行监督。

任何组织和个人对于违反劳动法律、法规的行为有权检举和控告。

第十二章 法律责任

第八十九条 用人单位制定的劳动规章制度违反法律、法规规定的，由劳动行政部门给予警告，责令改正；对劳动者造成损害的，应当承担赔偿责任。

第九十条 用人单位违反本法规定，延长劳动者工作时间的，由劳动行政部门给予警告，责令改正，并可以处以罚款。

第九十一条 用人单位有下列侵害劳动者合法权益情形之一的，由劳动行政部门责令支付劳动者的工资报酬、经济补偿，并可以责令支付赔偿金：

（一）克扣或者无故拖欠劳动者工资的；

（二）拒不支付劳动者延长工作时间工资报酬的；

（三）低于当地最低工资标准支付劳动者工资的；

（四）解除劳动合同后，未依照本法规定给予劳动者经济补偿的。

第九十二条 用人单位的劳动安全设施和劳动卫生条件不符合国家规定或者未向劳动者提供必要的劳动防护用品和劳动保护设施的，由劳动行政部门或者有关部门责令改正，可以处以罚款；情节严重的，提请县级以上人民政府决定责令停产整顿；对事故隐患不采取措施，致使发生重大事故，造成劳动者生命和财产损失的，对责任人员比照刑法第一百八十七条的规定追究刑事责任。

第九十三条 用人单位强令劳动者违章冒险作业，发生重大伤亡事故，造成严重后果的，对责任人员依法追究刑事责任。

第九十四条 用人单位非法招用未满16周岁的未成年人的，由劳动行政部门责令改正，处以罚款；情节严重的，由市场监督管理部门吊销营业执照。

第九十五条 用人单位违反本法对女职工和未成年工的保护规

定,侵害其合法权益的,由劳动行政部门责令改正,处以罚款;对女职工或者未成年工造成损害的,应当承担赔偿责任。

第九十六条 用人单位有下列行为之一,由公安机关对责任人员处以15日以下拘留、罚款或者警告;构成犯罪的,对责任人员依法追究刑事责任:

(一)以暴力、威胁或者非法限制人身自由的手段强迫劳动的;

(二)侮辱、体罚、殴打、非法搜查和拘禁劳动者的。

第九十七条 由于用人单位的原因订立的无效合同,对劳动者造成损害的,应当承担赔偿责任。

第九十八条 用人单位违反本法规定的条件解除劳动合同或者故意拖延不订立劳动合同的,由劳动行政部门责令改正;对劳动者造成损害的,应当承担赔偿责任。

第九十九条 用人单位招用尚未解除劳动合同的劳动者,对原用人单位造成经济损失的,该用人单位应当依法承担连带赔偿责任。

第一百条 用人单位无故不缴纳社会保险费的,由劳动行政部门责令其限期缴纳;逾期不缴的,可以加收滞纳金。

第一百零一条 用人单位无理阻挠劳动行政部门、有关部门及其工作人员行使监督检查权,打击报复举报人员的,由劳动行政部门或者有关部门处以罚款;构成犯罪的,对责任人员依法追究刑事责任。

第一百零二条 劳动者违反本法规定的条件解除劳动合同或者违反劳动合同中约定的保密事项,对用人单位造成经济损失的,应当依法承担赔偿责任。

第一百零三条 劳动行政部门或者有关部门的工作人员滥用职权、玩忽职守、徇私舞弊,构成犯罪的,依法追究刑事责任;不构成犯罪的,给予行政处分。

第一百零四条 国家工作人员和社会保险基金经办机构的工作人员挪用社会保险基金,构成犯罪的,依法追究刑事责任。

第一百零五条 违反本法规定侵害劳动者合法权益，其他法律、行政法规已规定处罚的，依照该法律、行政法规的规定处罚。

第十三章 附　　则

第一百零六条 省、自治区、直辖市人民政府根据本法和本地区的实际情况，规定劳动合同制度的实施步骤，报国务院备案。

第一百零七条 本法自 1995 年 1 月 1 日起施行。

中华人民共和国人民调解法

（2010 年 8 月 28 日第十一届全国人民代表大会常务委员会第十六次会议通过　2010 年 8 月 28 日中华人民共和国主席令第 34 号公布　自 2011 年 1 月 1 日起施行）

第一章 总　　则

第一条　【立法目的和立法根据】为了完善人民调解制度，规范人民调解活动，及时解决民间纠纷，维护社会和谐稳定，根据宪法，制定本法。

第二条　【人民调解定义】本法所称人民调解，是指人民调解委员会通过说服、疏导等方法，促使当事人在平等协商基础上自愿达成调解协议，解决民间纠纷的活动。

第三条　【人民调解工作基本原则】人民调解委员会调解民间纠纷，应当遵循下列原则：

（一）在当事人自愿、平等的基础上进行调解；

（二）不违背法律、法规和国家政策；

（三）尊重当事人的权利，不得因调解而阻止当事人依法通过仲裁、行政、司法等途径维护自己的权利。

第四条 【人民调解不收费】人民调解委员会调解民间纠纷，不收取任何费用。

第五条 【对人民调解工作的指导】国务院司法行政部门负责指导全国的人民调解工作，县级以上地方人民政府司法行政部门负责指导本行政区域的人民调解工作。

基层人民法院对人民调解委员会调解民间纠纷进行业务指导。

第六条 【鼓励和支持人民调解工作】国家鼓励和支持人民调解工作。县级以上地方人民政府对人民调解工作所需经费应当给予必要的支持和保障，对有突出贡献的人民调解委员会和人民调解员按照国家规定给予表彰奖励。

第二章 人民调解委员会

第七条 【人民调解委员会的性质】人民调解委员会是依法设立的调解民间纠纷的群众性组织。

第八条 【人民调解委员会的组织形式与人员构成】村民委员会、居民委员会设立人民调解委员会。企业事业单位根据需要设立人民调解委员会。

人民调解委员会由委员三至九人组成，设主任一人，必要时，可以设副主任若干人。

人民调解委员会应当有妇女成员，多民族居住的地区应当有人数较少民族的成员。

第九条 【人民调解委员会委员产生方式及任期】村民委员会、居民委员会的人民调解委员会委员由村民会议或者村民代表会议、居民会议推选产生；企业事业单位设立的人民调解委员会委员由职工大会、职工代表大会或者工会组织推选产生。

人民调解委员会委员每届任期三年，可以连选连任。

第十条　【人民调解委员会有关情况的统计与通报】县级人民政府司法行政部门应当对本行政区域内人民调解委员会的设立情况进行统计，并且将人民调解委员会以及人员组成和调整情况及时通报所在地基层人民法院。

第十一条　【健全工作制度与密切群众关系】人民调解委员会应当建立健全各项调解工作制度，听取群众意见，接受群众监督。

第十二条　【为人民调解委员会开展工作提供保障】村民委员会、居民委员会和企业事业单位应当为人民调解委员会开展工作提供办公条件和必要的工作经费。

第三章　人民调解员

第十三条　【人民调解员的构成】人民调解员由人民调解委员会委员和人民调解委员会聘任的人员担任。

第十四条　【人民调解员的任职条件与业务培训】人民调解员应当由公道正派、热心人民调解工作，并具有一定文化水平、政策水平和法律知识的成年公民担任。

县级人民政府司法行政部门应当定期对人民调解员进行业务培训。

第十五条　【罢免或者解聘人民调解员的情形】人民调解员在调解工作中有下列行为之一的，由其所在的人民调解委员会给予批评教育、责令改正，情节严重的，由推选或者聘任单位予以罢免或者解聘：

（一）偏袒一方当事人的；
（二）侮辱当事人的；
（三）索取、收受财物或者牟取其他不正当利益的；
（四）泄露当事人的个人隐私、商业秘密的。

第十六条　【人民调解员待遇】人民调解员从事调解工作，应当给予适当的误工补贴；因从事调解工作致伤致残，生活发生困难的，当地人民政府应当提供必要的医疗、生活救助；在人民调解工作岗位上牺牲的人民调解员，其配偶、子女按照国家规定享受抚恤和优待。

第四章 调解程序

第十七条 【人民调解的启动方式】当事人可以向人民调解委员会申请调解；人民调解委员会也可以主动调解。当事人一方明确拒绝调解的，不得调解。

第十八条 【告知当事人申请人民调解】基层人民法院、公安机关对适宜通过人民调解方式解决的纠纷，可以在受理前告知当事人向人民调解委员会申请调解。

第十九条 【人民调解员的确定】人民调解委员会根据调解纠纷的需要，可以指定一名或者数名人民调解员进行调解，也可以由当事人选择一名或者数名人民调解员进行调解。

第二十条 【邀请、支持有关人员参与调解】人民调解员根据调解纠纷的需要，在征得当事人的同意后，可以邀请当事人的亲属、邻里、同事等参与调解，也可以邀请具有专门知识、特定经验的人员或者有关社会组织的人员参与调解。

人民调解委员会支持当地公道正派、热心调解、群众认可的社会人士参与调解。

第二十一条 【人民调解员调解工作要求】人民调解员调解民间纠纷，应当坚持原则，明法析理，主持公道。

调解民间纠纷，应当及时、就地进行，防止矛盾激化。

第二十二条 【调解程序与调解方式】人民调解员根据纠纷的不同情况，可以采取多种方式调解民间纠纷，充分听取当事人的陈述，讲解有关法律、法规和国家政策，耐心疏导，在当事人平等协商、互谅互让的基础上提出纠纷解决方案，帮助当事人自愿达成调解协议。

第二十三条 【人民调解活动中的当事人权利】当事人在人民调解活动中享有下列权利：

（一）选择或者接受人民调解员；

（二）接受调解、拒绝调解或者要求终止调解；

（三）要求调解公开进行或者不公开进行；

（四）自主表达意愿、自愿达成调解协议。

第二十四条 【人民调解活动中的当事人义务】当事人在人民调解活动中履行下列义务：

（一）如实陈述纠纷事实；

（二）遵守调解现场秩序，尊重人民调解员；

（三）尊重对方当事人行使权利。

第二十五条 【调解过程中预防纠纷激化工作的措施】人民调解员在调解纠纷过程中，发现纠纷有可能激化的，应当采取有针对性的预防措施；对有可能引起治安案件、刑事案件的纠纷，应当及时向当地公安机关或者其他有关部门报告。

第二十六条 【调解终止】人民调解员调解纠纷，调解不成的，应当终止调解，并依据有关法律、法规的规定，告知当事人可以依法通过仲裁、行政、司法等途径维护自己的权利。

第二十七条 【人民调解材料立卷归档】人民调解员应当记录调解情况。人民调解委员会应当建立调解工作档案，将调解登记、调解工作记录、调解协议书等材料立卷归档。

第五章 调解协议

第二十八条 【达成调解协议的方式】经人民调解委员会调解达成调解协议的，可以制作调解协议书。当事人认为无需制作调解协议书的，可以采取口头协议方式，人民调解员应当记录协议内容。

第二十九条 【调解协议书的制作、生效及留存】调解协议书可以载明下列事项：

（一）当事人的基本情况；

（二）纠纷的主要事实、争议事项以及各方当事人的责任；

（三）当事人达成调解协议的内容，履行的方式、期限。

调解协议书自各方当事人签名、盖章或者按指印，人民调解员签名并加盖人民调解委员会印章之日起生效。调解协议书由当事人各执一份，人民调解委员会留存一份。

第三十条 【口头调解协议的生效】口头调解协议自各方当事人达成协议之日起生效。

第三十一条 【调解协议效力】经人民调解委员会调解达成的调解协议，具有法律约束力，当事人应当按照约定履行。

人民调解委员会应当对调解协议的履行情况进行监督，督促当事人履行约定的义务。

第三十二条 【当事人对调解协议的内容或履行发生争议的救济】经人民调解委员会调解达成调解协议后，当事人之间就调解协议的履行或者调解协议的内容发生争议的，一方当事人可以向人民法院提起诉讼。

第三十三条 【对调解协议的司法确认】经人民调解委员会调解达成调解协议后，双方当事人认为有必要的，可以自调解协议生效之日起三十日内共同向人民法院申请司法确认，人民法院应当及时对调解协议进行审查，依法确认调解协议的效力。

人民法院依法确认调解协议有效，一方当事人拒绝履行或者未全部履行的，对方当事人可以向人民法院申请强制执行。

人民法院依法确认调解协议无效的，当事人可以通过人民调解方式变更原调解协议或者达成新的调解协议，也可以向人民法院提起诉讼。

第六章 附 则

第三十四条 【参照设立人民调解委员会】乡镇、街道以及社会团体或者其他组织根据需要可以参照本法有关规定设立人民调解委员会,调解民间纠纷。

第三十五条 【施行日期】本法自 2011 年 1 月 1 日起施行。

劳动人事争议仲裁组织规则

(2017 年 5 月 8 日人力资源和社会保障部令第 34 号公布 自 2017 年 7 月 1 日起施行)

第一章 总 则

第一条 为公正及时处理劳动人事争议(以下简称争议),根据《中华人民共和国劳动争议调解仲裁法》(以下简称调解仲裁法)和《中华人民共和国公务员法》、《事业单位人事管理条例》、《中国人民解放军文职人员条例》等有关法律、法规,制定本规则。

第二条 劳动人事争议仲裁委员会(以下简称仲裁委员会)由人民政府依法设立,专门处理争议案件。

第三条 人力资源社会保障行政部门负责指导本行政区域的争议调解仲裁工作,组织协调处理跨地区、有影响的重大争议,负责仲裁员的管理、培训等工作。

第二章 仲裁委员会及其办事机构

第四条 仲裁委员会按照统筹规划、合理布局和适应实际需要的原则设立，由省、自治区、直辖市人民政府依法决定。

第五条 仲裁委员会由干部主管部门代表、人力资源社会保障等相关行政部门代表、军队文职人员工作管理部门代表、工会代表和用人单位方面代表等组成。

仲裁委员会组成人员应当是单数。

第六条 仲裁委员会设主任一名，副主任和委员若干名。

仲裁委员会主任由政府负责人或者人力资源社会保障行政部门主要负责人担任。

第七条 仲裁委员会依法履行下列职责：

（一）聘任、解聘专职或者兼职仲裁员；

（二）受理争议案件；

（三）讨论重大或者疑难的争议案件；

（四）监督本仲裁委员会的仲裁活动；

（五）制定本仲裁委员会的工作规则；

（六）其他依法应当履行的职责。

第八条 仲裁委员会应当每年至少召开两次全体会议，研究本仲裁委员会职责履行情况和重要工作事项。

仲裁委员会主任或者三分之一以上的仲裁委员会组成人员提议召开仲裁委员会会议的，应当召开。

仲裁委员会的决定实行少数服从多数原则。

第九条 仲裁委员会下设实体化的办事机构，具体承担争议调解仲裁等日常工作。办事机构称为劳动人事争议仲裁院（以下简称仲裁院），设在人力资源社会保障行政部门。

仲裁院对仲裁委员会负责并报告工作。

第十条 仲裁委员会的经费依法由财政予以保障。仲裁经费包括人员经费、公用经费、仲裁专项经费等。

仲裁院可以通过政府购买服务等方式聘用记录人员、安保人员等办案辅助人员。

第十一条 仲裁委员会组成单位可以派兼职仲裁员常驻仲裁院，

参与争议调解仲裁活动。

第三章　仲　裁　庭

第十二条　仲裁委员会处理争议案件实行仲裁庭制度，实行一案一庭制。

仲裁委员会可以根据案件处理实际需要设立派驻仲裁庭、巡回仲裁庭、流动仲裁庭，就近就地处理争议案件。

第十三条　处理下列争议案件应当由三名仲裁员组成仲裁庭，设首席仲裁员：

（一）十人以上并有共同请求的争议案件；

（二）履行集体合同发生的争议案件；

（三）有重大影响或者疑难复杂的争议案件；

（四）仲裁委员会认为应当由三名仲裁员组庭处理的其他争议案件。

简单争议案件可以由一名仲裁员独任仲裁。

第十四条　记录人员负责案件庭审记录等相关工作。

记录人员不得由本庭仲裁员兼任。

第十五条　仲裁庭组成不符合规定的，仲裁委员会应当予以撤销并重新组庭。

第十六条　仲裁委员会应当有专门的仲裁场所。仲裁场所应当悬挂仲裁徽章，张贴仲裁庭纪律及注意事项等，并配备仲裁庭专业设备、档案储存设备、安全监控设备和安检设施等。

第十七条　仲裁工作人员在仲裁活动中应当统一着装，佩戴仲裁徽章。

第四章　仲　裁　员

第十八条　仲裁员是由仲裁委员会聘任、依法调解和仲裁争议案件的专业工作人员。

仲裁员分为专职仲裁员和兼职仲裁员。专职仲裁员和兼职仲裁员在调解仲裁活动中享有同等权利，履行同等义务。

兼职仲裁员进行仲裁活动，所在单位应当予以支持。

第十九条 仲裁委员会应当依法聘任一定数量的专职仲裁员，也可以根据办案工作需要，依法从干部主管部门、人力资源社会保障行政部门、军队文职人员工作管理部门、工会、企业组织等相关机构的人员以及专家学者、律师中聘任兼职仲裁员。

第二十条 仲裁员享有以下权利：

（一）履行职责应当具有的职权和工作条件；

（二）处理争议案件不受干涉；

（三）人身、财产安全受到保护；

（四）参加聘前培训和在职培训；

（五）法律、法规规定的其他权利。

第二十一条 仲裁员应当履行以下义务：

（一）依法处理争议案件；

（二）维护国家利益和公共利益，保护当事人合法权益；

（三）严格执行廉政规定，恪守职业道德；

（四）自觉接受监督；

（五）法律、法规规定的其他义务。

第二十二条 仲裁委员会聘任仲裁员时，应当从符合调解仲裁法第二十条规定的仲裁员条件的人员中选聘。

仲裁委员会应当根据工作需要，合理配备专职仲裁员和办案辅助人员。专职仲裁员数量不得少于三名，办案辅助人员不得少于一名。

第二十三条 仲裁委员会应当设仲裁员名册，并予以公告。

省、自治区、直辖市人力资源社会保障行政部门应当将本行政区域内仲裁委员会聘任的仲裁员名单报送人力资源社会保障部备案。

第二十四条 仲裁员聘期一般为五年。仲裁委员会负责仲裁员考核，考核结果作为解聘和续聘仲裁员的依据。

第二十五条 仲裁委员会应当制定仲裁员工作绩效考核标准，重点考核办案质量和效率、工作作风、遵纪守法情况等。考核结果分为优秀、合格、不合格。

第二十六条 仲裁员有下列情形之一的，仲裁委员会应当予以解聘：

（一）聘期届满不再续聘的；

（二）在聘期内因工作岗位变动或者其他原因不再履行仲裁员职责的；

（三）年度考核不合格的；

（四）因违纪、违法犯罪不能继续履行仲裁员职责的；

（五）其他应当解聘的情形。

第二十七条 人力资源社会保障行政部门负责对拟聘任的仲裁员进行聘前培训。

拟聘为省、自治区、直辖市仲裁委员会仲裁员及副省级市仲裁委员会仲裁员的，参加人力资源社会保障部组织的聘前培训；拟聘为地（市）、县（区）仲裁委员会仲裁员的，参加省、自治区、直辖市人力资源社会保障行政部门组织的仲裁员聘前培训。

第二十八条 人力资源社会保障行政部门负责每年对本行政区域内的仲裁员进行政治思想、职业道德、业务能力和作风建设培训。

仲裁员每年脱产培训的时间累计不少于四十学时。

第二十九条 仲裁委员会应当加强仲裁员作风建设，培育和弘扬具有行业特色的仲裁文化。

第三十条 人力资源社会保障部负责组织制定仲裁员培训大纲，开发培训教材，建立师资库和考试题库。

第三十一条 建立仲裁员职业保障机制，拓展仲裁员职业发展空间。

第五章 仲裁监督

第三十二条 仲裁委员会应当建立仲裁监督制度,对申请受理、办案程序、处理结果、仲裁工作人员行为等进行监督。

第三十三条 仲裁员不得有下列行为:

(一)徇私枉法,偏袒一方当事人;

(二)滥用职权,侵犯当事人合法权益;

(三)利用职权为自己或者他人谋取私利;

(四)隐瞒证据或者伪造证据;

(五)私自会见当事人及其代理人,接受当事人及其代理人的请客送礼;

(六)故意拖延办案、玩忽职守;

(七)泄露案件涉及的国家秘密、商业秘密和个人隐私或者擅自透露案件处理情况;

(八)在受聘期间担任所在仲裁委员会受理案件的代理人;

(九)其他违法违纪的行为。

第三十四条 仲裁员有本规则第三十三条规定情形的,仲裁委员会视情节轻重,给予批评教育、解聘等处理;被解聘的,五年内不得再次被聘为仲裁员。仲裁员所在单位根据国家有关规定对其给予处分;构成犯罪的,依法追究刑事责任。

第三十五条 记录人员等办案辅助人员应当认真履行职责,严守工作纪律,不得有玩忽职守、偏袒一方当事人、泄露案件涉及的国家秘密、商业秘密和个人隐私或者擅自透露案件处理情况等行为。

办案辅助人员违反前款规定的,应当按照有关法律法规和本规则第三十四条的规定处理。

第六章 附 则

第三十六条 被聘任为仲裁员的,由人力资源社会保障部统一免费发放仲裁员证和仲裁徽章。

第三十七条 仲裁委员会对被解聘、辞职以及其他原因不再聘任的仲裁员,应当及时收回仲裁员证和仲裁徽章,并予以公告。

第三十八条 本规则自 2017 年 7 月 1 日起施行。2010 年 1 月 20 日人力资源社会保障部公布的《劳动人事争议仲裁组织规则》(人力资源和社会保障部令第 5 号)同时废止。

劳动人事争议仲裁办案规则

(2017 年 5 月 8 日人力资源和社会保障部令第 33 号公布 自 2017 年 7 月 1 日起施行)

第一章 总 则

第一条 为公正及时处理劳动人事争议(以下简称争议),规范仲裁办案程序,根据《中华人民共和国劳动争议调解仲裁法》(以下简称调解仲裁法)以及《中华人民共和国公务员法》(以下简称公务员法)、《事业单位人事管理条例》、《中国人民解放军文职人员条例》和有关法律、法规、国务院有关规定,制定本规则。

第二条 本规则适用下列争议的仲裁:

(一)企业、个体经济组织、民办非企业单位等组织与劳动者之间,以及机关、事业单位、社会团体与其建立劳动关系的劳动者之间,因确认劳动关系,订立、履行、变更、解除和终止劳动合同,工作时间、休息休假、社会保险、福利、培训以及劳动保护,劳动报酬、工伤医疗费、经济补偿或者赔偿金等发生的争议；

（二）实施公务员法的机关与聘任制公务员之间、参照公务员法管理的机关（单位）与聘任工作人员之间因履行聘任合同发生的争议；

（三）事业单位与其建立人事关系的工作人员之间因终止人事关系以及履行聘用合同发生的争议；

（四）社会团体与其建立人事关系的工作人员之间因终止人事关系以及履行聘用合同发生的争议；

（五）军队文职人员用人单位与聘用制文职人员之间因履行聘用合同发生的争议；

（六）法律、法规规定由劳动人事争议仲裁委员会（以下简称仲裁委员会）处理的其他争议。

第三条 仲裁委员会处理争议案件，应当遵循合法、公正的原则，先行调解，及时裁决。

第四条 仲裁委员会下设实体化的办事机构，称为劳动人事争议仲裁院（以下简称仲裁院）。

第五条 劳动者一方在十人以上并有共同请求的争议，或者因履行集体合同发生的劳动争议，仲裁委员会应当优先立案，优先审理。

第二章 一般规定

第六条 发生争议的用人单位未办理营业执照、被吊销营业执照、营业执照到期继续经营、被责令关闭、被撤销以及用人单位解散、歇业，不能承担相关责任的，应当将用人单位和其出资人、开办单位或者主管部门作为共同当事人。

第七条 劳动者与个人承包经营者发生争议，依法向仲裁委员会申请仲裁的，应当将发包的组织和个人承包经营者作为共同当事人。

第八条 劳动合同履行地为劳动者实际工作场所地，用人单位所在地为用人单位注册、登记地或者主要办事机构所在地。用人单位未经注册、登记的，其出资人、开办单位或者主管部门所在地为用人单位所在地。

双方当事人分别向劳动合同履行地和用人单位所在地的仲裁委员会申请仲裁的，由劳动合同履行地的仲裁委员会管辖。有多个劳动合同履行地的，由最先受理的仲裁委员会管辖。劳动合同履行地不明确的，由用人单位所在地的仲裁委员会管辖。

案件受理后，劳动合同履行地或者用人单位所在地发生变化的，不改变争议仲裁的管辖。

第九条 仲裁委员会发现已受理案件不属于其管辖范围的，应当移送至有管辖权的仲裁委员会，并书面通知当事人。

对上述移送案件，受移送的仲裁委员会应当依法受理。受移送的仲裁委员会认为移送的案件按照规定不属于其管辖，或者仲裁委员会之间因管辖争议协商不成的，应当报请共同的上一级仲裁委员会主管部门指定管辖。

第十条 当事人提出管辖异议的，应当在答辩期满前书面提出。仲裁委员会应当审查当事人提出的管辖异议，异议成立的，将案件移送至有管辖权的仲裁委员会并书面通知当事人；异议不成立的，应当书面决定驳回。

当事人逾期提出的，不影响仲裁程序的进行。

第十一条 当事人申请回避，应当在案件开庭审理前提出，并说明理由。回避事由在案件开庭审理后知晓的，也可以在庭审辩论终结前提出。

当事人在庭审辩论终结后提出回避申请的，不影响仲裁程序的进行。

仲裁委员会应当在回避申请提出的三日内，以口头或者书面形式作出决定。以口头形式作出的，应当记入笔录。

第十二条 仲裁员、记录人员是否回避，由仲裁委员会主任或者其委托的仲裁院负责人决定。仲裁委员会主任担任案件仲裁员是否回避，由仲裁委员会决定。

在回避决定作出前，被申请回避的人员应当暂停参与该案处理，但因案件需要采取紧急措施的除外。

第十三条 当事人对自己提出的主张有责任提供证据。与争议事项有关的证据属于用人单位掌握管理的，用人单位应当提供；用人单位不提供的，应当承担不利后果。

第十四条 法律没有具体规定、按照本规则第十三条规定无法确定举证责任承担的，仲裁庭可以根据公平原则和诚实信用原则，综合当事人举证能力等因素确定举证责任的承担。

第十五条 承担举证责任的当事人应当在仲裁委员会指定的期限内提供有关证据。当事人在该期限内提供证据确有困难的，可以向仲裁委员会申请延长期限，仲裁委员会根据当事人的申请适当延长。当事人逾期提供证据的，仲裁委员会应当责令其说明理由；拒不说明理由或者理由不成立的，仲裁委员会可以根据不同情形不予采纳该证据，或者采纳该证据但予以训诫。

第十六条 当事人因客观原因不能自行收集的证据，仲裁委员会可以根据当事人的申请，参照民事诉讼有关规定予以收集；仲裁委员会认为有必要的，也可以决定参照民事诉讼有关规定予以收集。

第十七条 仲裁委员会依法调查取证时，有关单位和个人应当协助配合。

仲裁委员会调查取证时，不得少于两人，并应当向被调查对象出示工作证件和仲裁委员会出具的介绍信。

第十八条 争议处理中涉及证据形式、证据提交、证据交换、证据质证、证据认定等事项，本规则未规定的，可以参照民事诉讼证据规则的有关规定执行。

第十九条 仲裁期间包括法定期间和仲裁委员会指定期间。

仲裁期间的计算，本规则未规定的，仲裁委员会可以参照民事诉讼关于期间计算的有关规定执行。

第二十条　仲裁委员会送达仲裁文书必须有送达回证，由受送达人在送达回证上记明收到日期，并签名或者盖章。受送达人在送达回证上的签收日期为送达日期。

因企业停业等原因导致无法送达且劳动者一方在十人以上的，或者受送达人拒绝签收仲裁文书的，通过在受送达人住所留置、张贴仲裁文书，并采用拍照、录像等方式记录的，自留置、张贴之日起经过三日即视为送达，不受本条第一款的限制。

仲裁文书的送达方式，本规则未规定的，仲裁委员会可以参照民事诉讼关于送达方式的有关规定执行。

第二十一条　案件处理终结后，仲裁委员会应当将处理过程中形成的全部材料立卷归档。

第二十二条　仲裁案卷分正卷和副卷装订。

正卷包括：仲裁申请书、受理（不予受理）通知书、答辩书、当事人及其他仲裁参加人的身份证明材料、授权委托书、调查证据、勘验笔录、当事人提供的证据材料、委托鉴定材料、开庭通知、庭审笔录、延期通知书、撤回仲裁申请书、调解书、裁决书、决定书、案件移送函、送达回证等。

副卷包括：立案审批表、延期审理审批表、中止审理审批表、调查提纲、阅卷笔录、会议笔录、评议记录、结案审批表等。

第二十三条　仲裁委员会应当建立案卷查阅制度。对案卷正卷材料，应当允许当事人及其代理人依法查阅、复制。

第二十四条　仲裁裁决结案的案卷，保存期不少于十年；仲裁调解和其他方式结案的案卷，保存期不少于五年；国家另有规定的，从其规定。

保存期满后的案卷，应当按照国家有关档案管理的规定处理。

第二十五条　在仲裁活动中涉及国家秘密或者军事秘密的，按照国家或者军队有关保密规定执行。

当事人协议不公开或者涉及商业秘密和个人隐私的，经相关当事人书面申请，仲裁委员会应当不公开审理。

第三章 仲裁程序

第一节 申请和受理

第二十六条 本规则第二条第（一）、（三）、（四）、（五）项规定的争议，申请仲裁的时效期间为一年。仲裁时效期间从当事人知道或者应当知道其权利被侵害之日起计算。

本规则第二条第（二）项规定的争议，申请仲裁的时效期间适用公务员法有关规定。

劳动人事关系存续期间因拖欠劳动报酬发生争议的，劳动者申请仲裁不受本条第一款规定的仲裁时效期间的限制；但是，劳动人事关系终止的，应当自劳动人事关系终止之日起一年内提出。

第二十七条 在申请仲裁的时效期间内，有下列情形之一的，仲裁时效中断：

（一）一方当事人通过协商、申请调解等方式向对方当事人主张权利的；

（二）一方当事人通过向有关部门投诉，向仲裁委员会申请仲裁，向人民法院起诉或者申请支付令等方式请求权利救济的；

（三）对方当事人同意履行义务的。

从中断时起，仲裁时效期间重新计算。

第二十八条 因不可抗力，或者有无民事行为能力或者限制民事行为能力劳动者的法定代理人未确定等其他正当理由，当事人不能在规定的仲裁时效期间申请仲裁的，仲裁时效中止。从中止时效的原因消除之日起，仲裁时效期间继续计算。

第二十九条 申请人申请仲裁应当提交书面仲裁申请，并按照被申请人人数提交副本。

仲裁申请书应当载明下列事项：

（一）劳动者的姓名、性别、出生日期、身份证件号码、住所、通讯地址和联系电话，用人单位的名称、住所、通讯地址、联系电话和法定代表人或者主要负责人的姓名、职务；

（二）仲裁请求和所根据的事实、理由；

（三）证据和证据来源，证人姓名和住所。

书写仲裁申请确有困难的，可以口头申请，由仲裁委员会记入笔录，经申请人签名、盖章或者捺印确认。

对于仲裁申请书不规范或者材料不齐备的，仲裁委员会应当当场或者在五日内一次性告知申请人需要补正的全部材料。

仲裁委员会收取当事人提交的材料应当出具收件回执。

第三十条 仲裁委员会对符合下列条件的仲裁申请应当予以受理，并在收到仲裁申请之日起五日内向申请人出具受理通知书：

（一）属于本规则第二条规定的争议范围；

（二）有明确的仲裁请求和事实理由；

（三）申请人是与本案有直接利害关系的自然人、法人或者其他组织，有明确的被申请人；

（四）属于本仲裁委员会管辖范围。

第三十一条 对不符合本规则第三十条第（一）、（二）、（三）项规定之一的仲裁申请，仲裁委员会不予受理，并在收到仲裁申请之日起五日内向申请人出具不予受理通知书；对不符合本规则第三十条第（四）项规定的仲裁申请，仲裁委员会应当在收到仲裁申请之日起五日内，向申请人作出书面说明并告知申请人向有管辖权的仲裁委员会申请仲裁。

对仲裁委员会逾期未作出决定或者决定不予受理的，申请人可以就该争议事项向人民法院提起诉讼。

第三十二条 仲裁委员会受理案件后，发现不应当受理的，除本规则第九条规定外，应当撤销案件，并自决定撤销案件后五日内，以决定书的形式通知当事人。

第三十三条 仲裁委员会受理仲裁申请后，应当在五日内将仲裁申请书副本送达被申请人。

被申请人收到仲裁申请书副本后，应当在十日内向仲裁委员会提交答辩书。仲裁委员会收到答辩书后，应当在五日内将答辩书副本送达申请人。被申请人逾期未提交答辩书的，不影响仲裁程序的进行。

第三十四条 符合下列情形之一，申请人基于同一事实、理由和仲裁请求又申请仲裁的，仲裁委员会不予受理：

（一）仲裁委员会已经依法出具不予受理通知书的；

（二）案件已在仲裁、诉讼过程中或者调解书、裁决书、判决书已经发生法律效力的。

第三十五条 仲裁处理结果作出前，申请人可以自行撤回仲裁申请。申请人再次申请仲裁的，仲裁委员会应当受理。

第三十六条 被申请人可以在答辩期间提出反申请，仲裁委员会应当自收到被申请人反申请之日起五日内决定是否受理并通知被申请人。

决定受理的，仲裁委员会可以将反申请和申请合并处理。

反申请应当另行申请仲裁的，仲裁委员会应当书面告知被申请人另行申请仲裁；反申请不属于本规则规定应当受理的，仲裁委员会应当向被申请人出具不予受理通知书。

被申请人答辩期满后对申请人提出反申请的，应当另行申请仲裁。

第二节 开庭和裁决

第三十七条 仲裁委员会应当在受理仲裁申请之日起五日内组成仲裁庭并将仲裁庭的组成情况书面通知当事人。

第三十八条 仲裁庭应当在开庭五日前，将开庭日期、地点书面通知双方当事人。当事人有正当理由的，可以在开庭三日前请求延期开庭。是否延期，由仲裁委员会根据实际情况决定。

第三十九条　申请人收到书面开庭通知，无正当理由拒不到庭或者未经仲裁庭同意中途退庭的，可以按撤回仲裁申请处理；申请人重新申请仲裁的，仲裁委员会不予受理。被申请人收到书面开庭通知，无正当理由拒不到庭或者未经仲裁庭同意中途退庭的，仲裁庭可以继续开庭审理，并缺席裁决。

第四十条　当事人申请鉴定的，鉴定费由申请鉴定方先行垫付，案件处理终结后，由鉴定结果对其不利方负担。鉴定结果不明确的，由申请鉴定方负担。

第四十一条　开庭审理前，记录人员应当查明当事人和其他仲裁参与人是否到庭，宣布仲裁庭纪律。

开庭审理时，由仲裁员宣布开庭、案由和仲裁员、记录人员名单，核对当事人，告知当事人有关的权利义务，询问当事人是否提出回避申请。

开庭审理中，仲裁员应当听取申请人的陈述和被申请人的答辩，主持庭审调查、质证和辩论、征询当事人最后意见，并进行调解。

第四十二条　仲裁庭应当将开庭情况记入笔录。当事人或者其他仲裁参与人认为对自己陈述的记录有遗漏或者差错的，有权当庭申请补正。仲裁庭认为申请无理由或者无必要的，可以不予补正，但是应当记录该申请。

仲裁员、记录人员、当事人和其他仲裁参与人应当在庭审笔录上签名或者盖章。当事人或者其他仲裁参与人拒绝在庭审笔录上签名或者盖章的，仲裁庭应当记明情况附卷。

第四十三条　仲裁参与人和其他人应当遵守仲裁庭纪律，不得有下列行为：

（一）未经准许进行录音、录像、摄影；

（二）未经准许以移动通信等方式现场传播庭审活动；

（三）其他扰乱仲裁庭秩序、妨害审理活动进行的行为。

仲裁参与人或者其他人有前款规定的情形之一的，仲裁庭可以训诫、责令退出仲裁庭，也可以暂扣进行录音、录像、摄影、传播庭审活动的器材，并责令其删除有关内容。拒不删除的，可以采取必要手段强制删除，并将上述事实记入庭审笔录。

第四十四条 申请人在举证期限届满前可以提出增加或者变更仲裁请求；仲裁庭对申请人增加或者变更的仲裁请求审查后认为应当受理的，应当通知被申请人并给予答辩期，被申请人明确表示放弃答辩期的除外。

申请人在举证期限届满后提出增加或者变更仲裁请求的，应当另行申请仲裁。

第四十五条 仲裁庭裁决案件，应当自仲裁委员会受理仲裁申请之日起四十五日内结束。案情复杂需要延期的，经仲裁委员会主任或者其委托的仲裁院负责人书面批准，可以延期并书面通知当事人，但延长期限不得超过十五日。

第四十六条 有下列情形的，仲裁期限按照下列规定计算：

（一）仲裁庭追加当事人或者第三人的，仲裁期限从决定追加之日起重新计算；

（二）申请人需要补正材料的，仲裁委员会收到仲裁申请的时间从材料补正之日起重新计算；

（三）增加、变更仲裁请求的，仲裁期限从受理增加、变更仲裁请求之日起重新计算；

（四）仲裁申请和反申请合并处理的，仲裁期限从受理反申请之日起重新计算；

（五）案件移送管辖的，仲裁期限从接受移送之日起重新计算；

（六）中止审理期间、公告送达期间不计入仲裁期限内；

（七）法律、法规规定应当另行计算的其他情形。

第四十七条 有下列情形之一的，经仲裁委员会主任或者其委托的仲裁院负责人批准，可以中止案件审理，并书面通知当事人：

（一）劳动者一方当事人死亡，需要等待继承人表明是否参加仲裁的；

（二）劳动者一方当事人丧失民事行为能力，尚未确定法定代理人参加仲裁的；

（三）用人单位终止，尚未确定权利义务承继者的；

（四）一方当事人因不可抗拒的事由，不能参加仲裁的；

（五）案件审理需要以其他案件的审理结果为依据，且其他案件尚未审结的；

（六）案件处理需要等待工伤认定、伤残等级鉴定以及其他鉴定结论的；

（七）其他应当中止仲裁审理的情形。

中止审理的情形消除后，仲裁庭应当恢复审理。

第四十八条 当事人因仲裁庭逾期未作出仲裁裁决而向人民法院提起诉讼并立案受理的，仲裁委员会应当决定该案件终止审理；当事人未就该争议事项向人民法院提起诉讼的，仲裁委员会应当继续处理。

第四十九条 仲裁庭裁决案件时，其中一部分事实已经清楚的，可以就该部分先行裁决。当事人对先行裁决不服的，可以按照调解仲裁法有关规定处理。

第五十条 仲裁庭裁决案件时，申请人根据调解仲裁法第四十七条第（一）项规定，追索劳动报酬、工伤医疗费、经济补偿或者赔偿金，如果仲裁裁决涉及数项，对单项裁决数额不超过当地月最低工资标准十二个月金额的事项，应当适用终局裁决。

前款经济补偿包括《中华人民共和国劳动合同法》（以下简称劳动合同法）规定的竞业限制期限内给予的经济补偿、解除或者终止劳动合同的经济补偿等；赔偿金包括劳动合同法规定的未签订书面劳动合同第二倍工资、违法约定试用期的赔偿金、违法解除或者终止劳动合同的赔偿金等。

根据调解仲裁法第四十七条第（二）项的规定，因执行国家的劳动标准在工作时间、休息休假、社会保险等方面发生的争议，应当适用终局裁决。

仲裁庭裁决案件时，裁决内容同时涉及终局裁决和非终局裁决的，应当分别制作裁决书，并告知当事人相应的救济权利。

第五十一条　仲裁庭对追索劳动报酬、工伤医疗费、经济补偿或者赔偿金的案件，根据当事人的申请，可以裁决先予执行，移送人民法院执行。

仲裁庭裁决先予执行的，应当符合下列条件：

（一）当事人之间权利义务关系明确；

（二）不先予执行将严重影响申请人的生活。

劳动者申请先予执行的，可以不提供担保。

第五十二条　裁决应当按照多数仲裁员的意见作出，少数仲裁员的不同意见应当记入笔录。仲裁庭不能形成多数意见时，裁决应当按照首席仲裁员的意见作出。

第五十三条　裁决书应当载明仲裁请求、争议事实、裁决理由、裁决结果、当事人权利和裁决日期。裁决书由仲裁员签名，加盖仲裁委员会印章。对裁决持不同意见的仲裁员，可以签名，也可以不签名。

第五十四条　对裁决书中的文字、计算错误或者仲裁庭已经裁决但在裁决书中遗漏的事项，仲裁庭应当及时制作决定书予以补正并送达当事人。

第五十五条　当事人对裁决不服向人民法院提起诉讼的，按照调解仲裁法有关规定处理。

第三节　简易处理

第五十六条　争议案件符合下列情形之一的，可以简易处理：

（一）事实清楚、权利义务关系明确、争议不大的；

（二）标的额不超过本省、自治区、直辖市上年度职工年平均工资的；

（三）双方当事人同意简易处理的。

仲裁委员会决定简易处理的，可以指定一名仲裁员独任仲裁，并应当告知当事人。

第五十七条 争议案件有下列情形之一的，不得简易处理：

（一）涉及国家利益、社会公共利益的；

（二）有重大社会影响的；

（三）被申请人下落不明的；

（四）仲裁委员会认为不宜简易处理的。

第五十八条 简易处理的案件，经与被申请人协商同意，仲裁庭可以缩短或者取消答辩期。

第五十九条 简易处理的案件，仲裁庭可以用电话、短信、传真、电子邮件等简便方式送达仲裁文书，但送达调解书、裁决书除外。

以简便方式送达的开庭通知，未经当事人确认或者没有其他证据证明当事人已经收到的，仲裁庭不得按撤回仲裁申请处理或者缺席裁决。

第六十条 简易处理的案件，仲裁庭可以根据案件情况确定举证期限、开庭日期、审理程序、文书制作等事项，但应当保障当事人陈述意见的权利。

第六十一条 仲裁庭在审理过程中，发现案件不宜简易处理的，应当在仲裁期限届满前决定转为按照一般程序处理，并告知当事人。

案件转为按照一般程序处理的，仲裁期限自仲裁委员会受理仲裁申请之日起计算，双方当事人已经确认的事实，可以不再进行举证、质证。

第四节 集体劳动人事争议处理

第六十二条 处理劳动者一方在十人以上并有共同请求的争议案件，或者因履行集体合同发生的劳动争议案件，适用本节规定。

符合本规则第五十六条第一款规定情形之一的集体劳动人事争

议案件，可以简易处理，不受本节规定的限制。

第六十三条　发生劳动者一方在十人以上并有共同请求的争议的，劳动者可以推举三至五名代表参加仲裁活动。代表人参加仲裁的行为对其所代表的当事人发生效力，但代表人变更、放弃仲裁请求或者承认对方当事人的仲裁请求，进行和解，必须经被代表的当事人同意。

因履行集体合同发生的劳动争议，经协商解决不成的，工会可以依法申请仲裁；尚未建立工会的，由上级工会指导劳动者推举产生的代表依法申请仲裁。

第六十四条　仲裁委员会应当自收到当事人集体劳动人事争议仲裁申请之日起五日内作出受理或者不予受理的决定。决定受理的，应当自受理之日起五日内将仲裁庭组成人员、答辩期限、举证期限、开庭日期和地点等事项一次性通知当事人。

第六十五条　仲裁委员会处理集体劳动人事争议案件，应当由三名仲裁员组成仲裁庭，设首席仲裁员。

仲裁委员会处理因履行集体合同发生的劳动争议，应当按照三方原则组成仲裁庭处理。

第六十六条　仲裁庭处理集体劳动人事争议，开庭前应当引导当事人自行协商，或者先行调解。

仲裁庭处理集体劳动人事争议案件，可以邀请法律工作者、律师、专家学者等第三方共同参与调解。

协商或者调解未能达成协议的，仲裁庭应当及时裁决。

第六十七条　仲裁庭开庭场所可以设在发生争议的用人单位或者其他便于及时处理争议的地点。

第四章　调解程序

第一节　仲裁调解

第六十八条　仲裁委员会处理争议案件，应当坚持调解优先，引导当事人通过协商、调解方式解决争议,给予必要的法律释明以及风险提示。

第六十九条　对未经调解、当事人直接申请仲裁的争议,仲裁委员会可以向当事人发出调解建议书,引导其到调解组织进行调解。当事人同意先行调解的,应当暂缓受理;当事人不同意先行调解的,应当依法受理。

第七十条　开庭之前,经双方当事人同意,仲裁庭可以委托调解组织或者其他具有调解能力的组织、个人进行调解。

自当事人同意之日起十日内未达成调解协议的,应当开庭审理。

第七十一条　仲裁庭审理争议案件时,应当进行调解。必要时可以邀请有关单位、组织或者个人参与调解。

第七十二条　仲裁调解达成协议的,仲裁庭应当制作调解书。

调解书应当写明仲裁请求和当事人协议的结果。调解书由仲裁员签名,加盖仲裁委员会印章,送达双方当事人。调解书经双方当事人签收后,发生法律效力。

调解不成或者调解书送达前,一方当事人反悔的,仲裁庭应当及时作出裁决。

第七十三条　当事人就部分仲裁请求达成调解协议的,仲裁庭可以就该部分先行出具调解书。

第二节　调解协议的仲裁审查

第七十四条　经调解组织调解达成调解协议的,双方当事人可以自调解协议生效之日起十五日内,共同向有管辖权的仲裁委员会提出仲裁审查申请。

当事人申请审查调解协议,应当向仲裁委员会提交仲裁审查申请书、调解协议和身份证明、资格证明以及其他与调解协议相关的证明材料,并提供双方当事人的送达地址、电话号码等联系方式。

第七十五条　仲裁委员会收到当事人仲裁审查申请,应当及时决定是否受理。决定受理的，应当出具受理通知书。

有下列情形之一的，仲裁委员会不予受理：

（一）不属于仲裁委员会受理争议范围的；

（二）不属于本仲裁委员会管辖的；

（三）超出规定的仲裁审查申请期间的；

（四）确认劳动关系的；

（五）调解协议已经人民法院司法确认的。

第七十六条 仲裁委员会审查调解协议，应当自受理仲裁审查申请之日起五日内结束。因特殊情况需要延期的，经仲裁委员会主任或者其委托的仲裁院负责人批准，可以延长五日。

调解书送达前，一方或者双方当事人撤回仲裁审查申请的，仲裁委员会应当准许。

第七十七条 仲裁委员会受理仲裁审查申请后，应当指定仲裁员对调解协议进行审查。

仲裁委员会经审查认为调解协议的形式和内容合法有效的，应当制作调解书。调解书的内容应当与调解协议的内容相一致。调解书经双方当事人签收后，发生法律效力。

第七十八条 调解协议具有下列情形之一的，仲裁委员会不予制作调解书：

（一）违反法律、行政法规强制性规定的；

（二）损害国家利益、社会公共利益或者公民、法人、其他组织合法权益的；

（三）当事人提供证据材料有弄虚作假嫌疑的；

（四）违反自愿原则的；

（五）内容不明确的；

（六）其他不能制作调解书的情形。

仲裁委员会决定不予制作调解书的，应当书面通知当事人。

第七十九条 当事人撤回仲裁审查申请或者仲裁委员会决定不予制作调解书的，应当终止仲裁审查。

第五章 附　　则

第八十条　本规则规定的"三日"、"五日"、"十日"指工作日，"十五日"、"四十五日"指自然日。

第八十一条　本规则自 2017 年 7 月 1 日起施行。2009 年 1 月 1 日人力资源社会保障部公布的《劳动人事争议仲裁办案规则》（人力资源和社会保障部令第 2 号）同时废止。

企业劳动争议协商调解规定

（2011 年 11 月 30 日人力资源和社会保障部令第 17 号公布　自 2012 年 1 月 1 日起施行）

第一章 总　　则

第一条　为规范企业劳动争议协商、调解行为，促进劳动关系和谐稳定，根据《中华人民共和国劳动争议调解仲裁法》，制定本规定。

第二条　企业劳动争议协商、调解，适用本规定。

第三条　企业应当依法执行职工大会、职工代表大会、厂务公开等民主管理制度，建立集体协商、集体合同制度，维护劳动关系和谐稳定。

第四条　企业应当建立劳资双方沟通对话机制，畅通劳动者利益诉求表达渠道。

劳动者认为企业在履行劳动合同、集体合同，执行劳动保障法律、法规和企业劳动规章制度等方面存在问题的，可以向企业劳动争议调解委员会（以下简称调解委员会）提出。调解委员会应当及时核实情况,协调企业进行整改或者向劳动者做出说明。

劳动者也可以通过调解委员向企业提出其他合理诉求。调解委员会应当及时向企业转达,并向劳动者反馈情况。

第五条 企业应当加强对劳动者的人文关怀,关心劳动者的诉求,关注劳动者的心理健康,引导劳动者理性维权,预防劳动争议发生。

第六条 协商、调解劳动争议,应当根据事实和有关法律法规的规定,遵循平等、自愿、合法、公正、及时的原则。

第七条 人力资源和社会保障行政部门应当指导企业开展劳动争议预防调解工作,具体履行下列职责:

(一)指导企业遵守劳动保障法律、法规和政策;

(二)督促企业建立劳动争议预防预警机制;

(三)协调工会、企业代表组织建立企业重大集体性劳动争议应急调解协调机制,共同推动企业劳动争议预防调解工作;

(四)检查辖区内调解委员会的组织建设、制度建设和队伍建设情况。

第二章 协 商

第八条 发生劳动争议,一方当事人可以通过与另一方当事人约见、面谈等方式协商解决。

第九条 劳动者可以要求所在企业工会参与或者协助其与企业进行协商。工会也可以主动参与劳动争议的协商处理,维护劳动者合法权益。

劳动者可以委托其他组织或者个人作为其代表进行协商。

第十条 一方当事人提出协商要求后,另一方当事人应当积极做出口头或者书面回应。5日内不做出回应的,视为不愿协商。

协商的期限由当事人书面约定,在约定的期限内没有达成一致的，视为协商不成。当事人可以书面约定延长期限。

第十一条 协商达成一致，应当签订书面和解协议。和解协议对双方当事人具有约束力，当事人应当履行。

经仲裁庭审查，和解协议程序和内容合法有效的，仲裁庭可以将其作为证据使用。但是，当事人为达成和解的目的作出妥协所涉及的对争议事实的认可，不得在其后的仲裁中作为对其不利的证据。

第十二条 发生劳动争议，当事人不愿协商、协商不成或者达成和解协议后，一方当事人在约定的期限内不履行和解协议的，可以依法向调解委员会或者乡镇、街道劳动就业社会保障服务所（中心）等其他依法设立的调解组织申请调解，也可以依法向劳动人事争议仲裁委员会（以下简称仲裁委员会）申请仲裁。

第三章 调 解

第十三条 大中型企业应当依法设立调解委员会，并配备专职或者兼职工作人员。

有分公司、分店、分厂的企业，可以根据需要在分支机构设立调解委员会。总部调解委员会指导分支机构调解委员会开展劳动争议预防调解工作。

调解委员会可以根据需要在车间、工段、班组设立调解小组。

第十四条 小微型企业可以设立调解委员会，也可以由劳动者和企业共同推举人员，开展调解工作。

第十五条 调解委员会由劳动者代表和企业代表组成，人数由双方协商确定，双方人数应当对等。劳动者代表由工会委员会成员担任或者由全体劳动者推举产生，企业代表由企业负责人指定。调解委员会主任由工会委员会成员或者双方推举的人员担任。

第十六条 调解委员会履行下列职责：

（一）宣传劳动保障法律、法规和政策；

（二）对本企业发生的劳动争议进行调解；

（三）监督和解协议、调解协议的履行；

（四）聘任、解聘和管理调解员；

（五）参与协调履行劳动合同、集体合同、执行企业劳动规章制度等方面出现的问题；

（六）参与研究涉及劳动者切身利益的重大方案；

（七）协助企业建立劳动争议预防预警机制。

第十七条 调解员履行下列职责：

（一）关注本企业劳动关系状况，及时向调解委员会报告；

（二）接受调解委员会指派，调解劳动争议案件；

（三）监督和解协议、调解协议的履行；

（四）完成调解委员会交办的其他工作。

第十八条 调解员应当公道正派、联系群众、热心调解工作，具有一定劳动保障法律政策知识和沟通协调能力。调解员由调解委员会聘任的本企业工作人员担任，调解委员会成员均为调解员。

第十九条 调解员的聘期至少为1年，可以续聘。调解员不能履行调解职责时，调解委员会应当及时调整。

第二十条 调解员依法履行调解职责，需要占用生产或者工作时间的，企业应当予以支持，并按照正常出勤对待。

第二十一条 发生劳动争议，当事人可以口头或者书面形式向调解委员会提出调解申请。

申请内容应当包括申请人基本情况、调解请求、事实与理由。

口头申请的，调解委员会应当当场记录。

第二十二条 调解委员会接到调解申请后，对属于劳动争议受理范围且双方当事人同意调解的，应当在3个工作日内受理。对不属于劳动争议受理范围或者一方当事人不同意调解的，应当做好记录，并书面通知申请人。

第二十三条 发生劳动争议，当事人没有提出调解申请，调解委员会可以在征得双方当事人同意后主动调解。

第二十四条 调解委员会调解劳动争议一般不公开进行。但是，双方当事人要求公开调解的除外。

第二十五条 调解委员会根据案件情况指定调解员或者调解小组进行调解，在征得当事人同意后，也可以邀请有关单位和个人协助调解。

调解员应当全面听取双方当事人的陈述，采取灵活多样的方式方法，开展耐心、细致的说服疏导工作，帮助当事人自愿达成调解协议。

第二十六条 经调解达成调解协议的，由调解委员会制作调解协议书。调解协议书应当写明双方当事人基本情况、调解请求事项、调解的结果和协议履行期限、履行方式等。

调解协议书由双方当事人签名或者盖章，经调解员签名并加盖调解委员会印章后生效。

调解协议书一式三份，双方当事人和调解委员会各执一份。

第二十七条 生效的调解协议对双方当事人具有约束力，当事人应当履行。

双方当事人可以自调解协议生效之日起15日内共同向仲裁委员会提出仲裁审查申请。仲裁委员会受理后，应当对调解协议进行审查，并根据《劳动人事争议仲裁办案规则》第五十四条规定，对程序和内容合法有效的调解协议，出具调解书。

第二十八条 双方当事人未按前条规定提出仲裁审查申请，一方当事人在约定的期限内不履行调解协议的，另一方当事人可以依法申请仲裁。

仲裁委员会受理仲裁申请后，应当对调解协议进行审查，调解协议合法有效且不损害公共利益或者第三人合法利益的，在没有新证据出现的情况下，仲裁委员会可以依据调解协议作出仲裁裁决。

第二十九条 调解委员会调解劳动争议，应当自受理调解申请之日起15日内结束。但是，双方当事人同意延期的可以延长。

在前款规定期限内未达成调解协议的，视为调解不成。

第三十条　当事人不愿调解、调解不成或者达成调解协议后，一方当事人在约定的期限内不履行调解协议的，调解委员会应当做好记录，由双方当事人签名或者盖章，并书面告知当事人可以向仲裁委员会申请仲裁。

第三十一条　有下列情形之一的，按照《劳动人事争议仲裁办案规则》第十条的规定属于仲裁时效中断，从中断时起，仲裁时效期间重新计算：

（一）一方当事人提出协商要求后，另一方当事人不同意协商或者在5日内不做出回应的；

（二）在约定的协商期限内，一方或者双方当事人不同意继续协商的；

（三）在约定的协商期限内未达成一致的；

（四）达成和解协议后，一方或者双方当事人在约定的期限内不履行和解协议的；

（五）一方当事人提出调解申请后，另一方当事人不同意调解的；

（六）调解委员会受理调解申请后，在第二十九条规定的期限内一方或者双方当事人不同意调解的；

（七）在第二十九条规定的期限内未达成调解协议的；

（八）达成调解协议后，一方当事人在约定期限内不履行调解协议的。

第三十二条　调解委员会应当建立健全调解登记、调解记录、督促履行、档案管理、业务培训、统计报告、工作考评等制度。

第三十三条　企业应当支持调解委员会开展调解工作，提供办公场所，保障工作经费。

第三十四条　企业未按照本规定成立调解委员会，劳动争议或者群体性事件频发，影响劳动关系和谐，造成重大社会影响的，由县级以上人力资源和社会保障行政部门予以通报；违反法律法规规定的，依法予以处理。

第三十五条 调解员在调解过程中存在严重失职或者违法违纪行为，侵害当事人合法权益的，调解委员会应当予以解聘。

第四章 附 则

第三十六条 民办非企业单位、社会团体开展劳动争议协商、调解工作参照本规定执行。

第三十七条 本规定自2012年1月1日起施行。

关于确立劳动关系有关事项的通知

（2005年5月25日 劳社部发〔2005〕12号）

各省、自治区、直辖市劳动和社会保障厅（局）：

近一个时期，一些地方反映部分用人单位招用劳动者不签订劳动合同，发生劳动争议时因双方劳动关系难以确定，致使劳动者合法权益难以维护，对劳动关系的和谐稳定带来不利影响。为规范用人单位用工行为，保护劳动者合法权益，促进社会稳定，现就用人单位与劳动者确立劳动关系的有关事项通知如下：

一、用人单位招用劳动者未订立书面劳动合同，但同时具备下列情形的，劳动关系成立。

（一）用人单位和劳动者符合法律、法规规定的主体资格；

（二）用人单位依法制定的各项劳动规章制度适用于劳动者，劳动者受用人单位的劳动管理，从事用人单位安排的有报酬的劳动；

（三）劳动者提供的劳动是用人单位业务的组成部分。

二、用人单位未与劳动者签订劳动合同，认定双方存在劳动关系时可参照下列凭证：

（一）工资支付凭证或记录（职工工资发放花名册）、缴纳各项社会保险费的记录；

（二）用人单位向劳动者发放的"工作证"、"服务证"等能够证明身份的证件；

（三）劳动者填写的用人单位招工招聘"登记表"、"报名表"等招用记录；

（四）考勤记录；

（五）其他劳动者的证言等。

其中，（一）、（三）、（四）项的有关凭证由用人单位负举证责任。

三、用人单位招用劳动者符合第一条规定的情形的，用人单位应当与劳动者补签劳动合同，劳动合同期限由双方协商确定。协商不一致的，任何一方均可提出终止劳动关系，但对符合签订无固定期限劳动合同条件的劳动者，如果劳动者提出订立无固定期限劳动合同，用人单位应当订立。

用人单位提出终止劳动关系的，应当按照劳动者在本单位工作年限每满一年支付一个月工资的经济补偿金。

四、建筑施工、矿山企业等用人单位将工程（业务）或经营权发包给不具备用工主体资格的组织或自然人，对该组织或自然人招用的劳动者，由具备用工主体资格的发包方承担用工主体责任。

五、劳动者与用人单位就是否存在劳动关系引发争议的，可以向有管辖权的劳动争议仲裁委员会申请仲裁。

劳动和社会保障部关于职工全年月平均工作时间和工资折算问题的通知

(2008年1月13日 劳社部发〔2008〕3号)

各省、自治区、直辖市劳动和社会保障厅（局）：

根据《全国年节及纪念日放假办法》（国务院令第513号）的规定，全体公民的节日假期由原来的10天增设为11天。据此，职工全年月平均制度工作天数和工资折算办法分别调整如下：

一、制度工作时间的计算

年工作日：365天－104天（休息日）－11天（法定节假日）＝250天

季工作日：250天÷4季＝62.5天/季

月工作日：250天÷12月＝20.83天/月

工作小时数的计算：以月、季、年的工作日乘以每日的8小时。

二、日工资、小时工资的折算

按照《劳动法》第五十一条的规定，法定节假日用人单位应当依法支付工资，即折算日工资、小时工资时不剔除国家规定的11天法定节假日。据此，日工资、小时工资的折算为：

日工资：月工资收入÷月计薪天数

小时工资：月工资收入÷（月计薪天数×8小时）。

月计薪天数＝（365天－104天）÷12月＝21.75天

三、2000年3月17日劳动保障部发布的《关于职工全年月平均工作时间和工资折算问题的通知》（劳社部发〔2000〕8号）同时废止。

最高人民法院关于审理劳动争议案件适用法律问题的解释（一）

(2020年12月25日最高人民法院审判委员会第1825次会议通过 2020年12月29日最高人民法院公告公布 自2021年1月1日起施行 法释〔2020〕26号)

为正确审理劳动争议案件，根据《中华人民共和国民法典》《中华人民共和国劳动法》《中华人民共和国劳动合同法》《中华人民共和国劳动争议调解仲裁法》《中华人民共和国民事诉讼法》等相关法律规定，结合审判实践，制定本解释。

第一条 劳动者与用人单位之间发生的下列纠纷，属于劳动争议，当事人不服劳动争议仲裁机构作出的裁决，依法提起诉讼的，人民法院应予受理：

（一）劳动者与用人单位在履行劳动合同过程中发生的纠纷；

（二）劳动者与用人单位之间没有订立书面劳动合同，但已形成劳动关系后发生的纠纷；

（三）劳动者与用人单位因劳动关系是否已经解除或者终止，以及应否支付解除或者终止劳动关系经济补偿金发生的纠纷；

（四）劳动者与用人单位解除或者终止劳动关系后，请求用人单位返还其收取的劳动合同定金、保证金、抵押金、抵押物发生的纠纷，或者办理劳动者的人事档案、社会保险关系等移转手续发生的纠纷；

（五）劳动者以用人单位未为其办理社会保险手续，且社会保险经办机构不能补办导致其无法享受社会保险待遇为由，要求用人单位赔偿损失发生的纠纷；

（六）劳动者退休后，与尚未参加社会保险统筹的原用人单位因追索养老金、医疗费、工伤保险待遇和其他社会保险待遇而发生的纠纷；

（七）劳动者因为工伤、职业病，请求用人单位依法给予工伤保险待遇发生的纠纷；

（八）劳动者依据劳动合同法第八十五条规定，要求用人单位支付加付赔偿金发生的纠纷；

（九）因企业自主进行改制发生的纠纷。

第二条 下列纠纷不属于劳动争议：

（一）劳动者请求社会保险经办机构发放社会保险金的纠纷；

（二）劳动者与用人单位因住房制度改革产生的公有住房转让纠纷；

（三）劳动者对劳动能力鉴定委员会的伤残等级鉴定结论或者对职业病诊断鉴定委员会的职业病诊断鉴定结论的异议纠纷；

（四）家庭或者个人与家政服务人员之间的纠纷；

（五）个体工匠与帮工、学徒之间的纠纷；

（六）农村承包经营户与受雇人之间的纠纷。

第三条 劳动争议案件由用人单位所在地或者劳动合同履行地的基层人民法院管辖。

劳动合同履行地不明确的，由用人单位所在地的基层人民法院管辖。

法律另有规定的，依照其规定。

第四条 劳动者与用人单位均不服劳动争议仲裁机构的同一裁决，向同一人民法院起诉的，人民法院应当并案审理，双方当事人互为原告和被告，对双方的诉讼请求，人民法院应当一并作出裁决。在诉讼过程中，一方当事人撤诉的，人民法院应当根据另一方当事人的诉讼请求继续审理。双方当事人就同一仲裁裁决分别向有管辖权的人民法院起诉的，后受理的人民法院应当将案件移送给先受理的人民法院。

第五条 劳动争议仲裁机构以无管辖权为由对劳动争议案件不

予受理，当事人提起诉讼的，人民法院按照以下情形分别处理：

（一）经审查认为该劳动争议仲裁机构对案件确无管辖权的，应当告知当事人向有管辖权的劳动争议仲裁机构申请仲裁；

（二）经审查认为该劳动争议仲裁机构有管辖权的，应当告知当事人申请仲裁，并将审查意见书面通知该劳动争议仲裁机构；劳动争议仲裁机构仍不受理，当事人就该劳动争议事项提起诉讼的，人民法院应予受理。

第六条　劳动争议仲裁机构以当事人申请仲裁的事项不属于劳动争议为由，作出不予受理的书面裁决、决定或者通知，当事人不服依法提起诉讼的，人民法院应当分别情况予以处理：

（一）属于劳动争议案件的，应当受理；

（二）虽不属于劳动争议案件，但属于人民法院主管的其他案件，应当依法受理。

第七条　劳动争议仲裁机构以申请仲裁的主体不适格为由，作出不予受理的书面裁决、决定或者通知，当事人不服依法提起诉讼，经审查确属主体不适格的，人民法院不予受理；已经受理的，裁定驳回起诉。

第八条　劳动争议仲裁机构为纠正原仲裁裁决错误重新作出裁决，当事人不服依法提起诉讼的，人民法院应当受理。

第九条　劳动争议仲裁机构仲裁的事项不属于人民法院受理的案件范围，当事人不服依法提起诉讼的，人民法院不予受理；已经受理的，裁定驳回起诉。

第十条　当事人不服劳动争议仲裁机构作出的预先支付劳动者劳动报酬、工伤医疗费、经济补偿或者赔偿金的裁决，依法提起诉讼的，人民法院不予受理。

用人单位不履行上述裁决中的给付义务，劳动者依法申请强制执行的，人民法院应予受理。

第十一条　劳动争议仲裁机构作出的调解书已经发生法律效力，一方当事人反悔提起诉讼的，人民法院不予受理；已经受理的，裁定驳回起诉。

第十二条 劳动争议仲裁机构逾期未作出受理决定或仲裁裁决，当事人直接提起诉讼的，人民法院应予受理，但申请仲裁的案件存在下列事由的除外：

（一）移送管辖的；

（二）正在送达或者送达延误的；

（三）等待另案诉讼结果、评残结论的；

（四）正在等待劳动争议仲裁机构开庭的；

（五）启动鉴定程序或者委托其他部门调查取证的；

（六）其他正当事由。

当事人以劳动争议仲裁机构逾期未作出仲裁裁决为由提起诉讼的，应当提交该仲裁机构出具的受理通知书或者其他已接受仲裁申请的凭证、证明。

第十三条 劳动者依据劳动合同法第三十条第二款和调解仲裁法第十六条规定向人民法院申请支付令，符合民事诉讼法第十七章督促程序规定的，人民法院应予受理。

依据劳动合同法第三十条第二款规定申请支付令被人民法院裁定终结督促程序后，劳动者就劳动争议事项直接提起诉讼的，人民法院应当告知其先向劳动争议仲裁机构申请仲裁。

依据调解仲裁法第十六条规定申请支付令被人民法院裁定终结督促程序后，劳动者依据调解协议直接提起诉讼的，人民法院应予受理。

第十四条 人民法院受理劳动争议案件后，当事人增加诉讼请求的，如该诉讼请求与讼争的劳动争议具有不可分性，应当合并审理；如属独立的劳动争议，应当告知当事人向劳动争议仲裁机构申请仲裁。

第十五条 劳动者以用人单位的工资欠条为证据直接提起诉讼，诉讼请求不涉及劳动关系其他争议的，视为拖欠劳动报酬争议，人民法院按照普通民事纠纷受理。

第十六条　劳动争议仲裁机构作出仲裁裁决后，当事人对裁决中的部分事项不服，依法提起诉讼的，劳动争议仲裁裁决不发生法律效力。

第十七条　劳动争议仲裁机构对多个劳动者的劳动争议作出仲裁裁决后，部分劳动者对仲裁裁决不服，依法提起诉讼的，仲裁裁决对提起诉讼的劳动者不发生法律效力；对未提起诉讼的部分劳动者，发生法律效力，如其申请执行的，人民法院应当受理。

第十八条　仲裁裁决的类型以仲裁裁决书确定为准。仲裁裁决书未载明该裁决为终局裁决或者非终局裁决，用人单位不服该仲裁裁决向基层人民法院提起诉讼的，应当按照以下情形分别处理：

（一）经审查认为该仲裁裁决为非终局裁决的，基层人民法院应予受理；

（二）经审查认为该仲裁裁决为终局裁决的，基层人民法院不予受理，但应告知用人单位可以自收到不予受理裁定书之日起三十日内向劳动争议仲裁机构所在地的中级人民法院申请撤销该仲裁裁决；已经受理的，裁定驳回起诉。

第十九条　仲裁裁决书未载明该裁决为终局裁决或者非终局裁决，劳动者依据调解仲裁法第四十七条第一项规定，追索劳动报酬、工伤医疗费、经济补偿或者赔偿金，如果仲裁裁决涉及数项，每项确定的数额均不超过当地月最低工资标准十二个月金额的，应当按照终局裁决处理。

第二十条　劳动争议仲裁机构作出的同一仲裁裁决同时包含终局裁决事项和非终局裁决事项，当事人不服该仲裁裁决向人民法院提起诉讼的，应当按照非终局裁决处理。

第二十一条　劳动者依据调解仲裁法第四十八条规定向基层人民法院提起诉讼，用人单位依据调解仲裁法第四十九条规定向劳动争议仲裁机构所在地的中级人民法院申请撤销仲裁裁决的，中级人民法院应当不予受理；已经受理的，应当裁定驳回申请。

被人民法院驳回起诉或者劳动者撤诉的，用人单位可以自收到裁定书之日起三十日内，向劳动争议仲裁机构所在地的中级人民法院申请撤销仲裁裁决。

第二十二条 用人单位依据调解仲裁法第四十九条规定向中级人民法院申请撤销仲裁裁决，中级人民法院作出的驳回申请或者撤销仲裁裁决的裁定为终审裁定。

第二十三条 中级人民法院审理用人单位申请撤销终局裁决的案件，应当组成合议庭开庭审理。经过阅卷、调查和询问当事人，对没有新的事实、证据或者理由，合议庭认为不需要开庭审理的，可以不开庭审理。

中级人民法院可以组织双方当事人调解。达成调解协议的，可以制作调解书。一方当事人逾期不履行调解协议的，另一方可以申请人民法院强制执行。

第二十四条 当事人申请人民法院执行劳动争议仲裁机构作出的发生法律效力的裁决书、调解书，被申请人提出证据证明劳动争议仲裁裁决书、调解书有下列情形之一，并经审查核实的，人民法院可以根据民事诉讼法第二百三十七条规定，裁定不予执行：

（一）裁决的事项不属于劳动争议仲裁范围，或者劳动争议仲裁机构无权仲裁的；

（二）适用法律、法规确有错误的；

（三）违反法定程序的；

（四）裁决所根据的证据是伪造的；

（五）对方当事人隐瞒了足以影响公正裁决的证据的；

（六）仲裁员在仲裁该案时有索贿受贿、徇私舞弊、枉法裁决行为的；

（七）人民法院认定执行该劳动争议仲裁裁决违背社会公共利益的。

人民法院在不予执行的裁定书中，应当告知当事人在收到裁定书之次日起三十日内，可以就该劳动争议事项向人民法院提起诉讼。

第二十五条 劳动争议仲裁机构作出终局裁决，劳动者向人民法院申请执行，用人单位向劳动争议仲裁机构所在地的中级人民法院申请撤销的，人民法院应当裁定中止执行。

用人单位撤回撤销终局裁决申请或者其申请被驳回的，人民法院应当裁定恢复执行。仲裁裁决被撤销的，人民法院应当裁定终结执行。

用人单位向人民法院申请撤销仲裁裁决被驳回后，又在执行程序中以相同理由提出不予执行抗辩的，人民法院不予支持。

第二十六条 用人单位与其它单位合并的，合并前发生的劳动争议，由合并后的单位为当事人；用人单位分立为若干单位的，其分立前发生的劳动争议，由分立后的实际用人单位为当事人。

用人单位分立为若干单位后，具体承受劳动权利义务的单位不明确的，分立后的单位均为当事人。

第二十七条 用人单位招用尚未解除劳动合同的劳动者，原用人单位与劳动者发生的劳动争议，可以列新的用人单位为第三人。

原用人单位以新的用人单位侵权为由提起诉讼的，可以列劳动者为第三人。

原用人单位以新的用人单位和劳动者共同侵权为由提起诉讼的，新的用人单位和劳动者列为共同被告。

第二十八条 劳动者在用人单位与其他平等主体之间的承包经营期间，与发包方和承包方双方或者一方发生劳动争议，依法提起诉讼的，应当将承包方和发包方作为当事人。

第二十九条 劳动者与未办理营业执照、营业执照被吊销或者营业期限届满仍继续经营的用人单位发生争议的，应当将用人单位或者其出资人列为当事人。

第三十条 未办理营业执照、营业执照被吊销或者营业期限届满仍继续经营的用人单位，以挂靠等方式借用他人营业执照经营的，应当将用人单位和营业执照出借方列为当事人。

第三十一条 当事人不服劳动争议仲裁机构作出的仲裁裁决，

依法提起诉讼，人民法院审查认为仲裁裁决遗漏了必须共同参加仲裁的当事人的，应当依法追加遗漏的人为诉讼当事人。

被追加的当事人应当承担责任的，人民法院应当一并处理。

第三十二条 用人单位与其招用的已经依法享受养老保险待遇或者领取退休金的人员发生用工争议而提起诉讼的，人民法院应当按劳务关系处理。

企业停薪留职人员、未达到法定退休年龄的内退人员、下岗待岗人员以及企业经营性停产放长假人员，因与新的用人单位发生用工争议而提起诉讼的，人民法院应当按劳动关系处理。

第三十三条 外国人、无国籍人未依法取得就业证件即与中华人民共和国境内的用人单位签订劳动合同，当事人请求确认与用人单位存在劳动关系的，人民法院不予支持。

持有《外国专家证》并取得《外国人来华工作许可证》的外国人，与中华人民共和国境内的用人单位建立用工关系的，可以认定为劳动关系。

第三十四条 劳动合同期满后，劳动者仍在原用人单位工作，原用人单位未表示异议的，视为双方同意以原条件继续履行劳动合同。一方提出终止劳动关系的，人民法院应予支持。

根据劳动合同法第十四条规定，用人单位应当与劳动者签订无固定期限劳动合同而未签订的，人民法院可以视为双方之间存在无固定期限劳动合同关系，并以原劳动合同确定双方的权利义务关系。

第三十五条 劳动者与用人单位就解除或者终止劳动合同办理相关手续、支付工资报酬、加班费、经济补偿或者赔偿金等达成的协议，不违反法律、行政法规的强制性规定，且不存在欺诈、胁迫或者乘人之危情形的，应当认定有效。

前款协议存在重大误解或者显失公平情形，当事人请求撤销的，人民法院应予支持。

第三十六条 当事人在劳动合同或者保密协议中约定了竞业限

制，但未约定解除或者终止劳动合同后给予劳动者经济补偿，劳动者履行了竞业限制义务，要求用人单位按照劳动者在劳动合同解除或者终止前十二个月平均工资的30%按月支付经济补偿的，人民法院应予支持。

前款规定的月平均工资的30%低于劳动合同履行地最低工资标准的，按照劳动合同履行地最低工资标准支付。

第三十七条 当事人在劳动合同或者保密协议中约定了竞业限制和经济补偿，当事人解除劳动合同时，除另有约定外，用人单位要求劳动者履行竞业限制义务，或者劳动者履行了竞业限制义务后要求用人单位支付经济补偿的，人民法院应予支持。

第三十八条 当事人在劳动合同或者保密协议中约定了竞业限制和经济补偿，劳动合同解除或者终止后，因用人单位的原因导致三个月未支付经济补偿，劳动者请求解除竞业限制约定的，人民法院应予支持。

第三十九条 在竞业限制期限内，用人单位请求解除竞业限制协议的，人民法院应予支持。

在解除竞业限制协议时，劳动者请求用人单位额外支付劳动者三个月的竞业限制经济补偿的，人民法院应予支持。

第四十条 劳动者违反竞业限制约定，向用人单位支付违约金后，用人单位要求劳动者按照约定继续履行竞业限制义务的，人民法院应予支持。

第四十一条 劳动合同被确认为无效，劳动者已付出劳动的，用人单位应当按照劳动合同法第二十八条、第四十六条、第四十七条的规定向劳动者支付劳动报酬和经济补偿。

由于用人单位原因订立无效劳动合同，给劳动者造成损害的，用人单位应当赔偿劳动者因合同无效所造成的经济损失。

第四十二条 劳动者主张加班费的，应当就加班事实的存在承担举证责任。但劳动者有证据证明用人单位掌握加班事实存在的证据，用人单位不提供的，由用人单位承担不利后果。

第四十三条 用人单位与劳动者协商一致变更劳动合同，虽未采用书面形式，但已经实际履行了口头变更的劳动合同超过一个月，变更后的劳动合同内容不违反法律、行政法规且不违背公序良俗，当事人以未采用书面形式为由主张劳动合同变更无效的，人民法院不予支持。

第四十四条 因用人单位作出的开除、除名、辞退、解除劳动合同、减少劳动报酬、计算劳动者工作年限等决定而发生的劳动争议，用人单位负举证责任。

第四十五条 用人单位有下列情形之一，迫使劳动者提出解除劳动合同的，用人单位应当支付劳动者的劳动报酬和经济补偿，并可支付赔偿金：

（一）以暴力、威胁或者非法限制人身自由的手段强迫劳动的；
（二）未按照劳动合同约定支付劳动报酬或者提供劳动条件的；
（三）克扣或者无故拖欠劳动者工资的；
（四）拒不支付劳动者延长工作时间工资报酬的；
（五）低于当地最低工资标准支付劳动者工资的。

第四十六条 劳动者非因本人原因从原用人单位被安排到新用人单位工作，原用人单位未支付经济补偿，劳动者依据劳动合同法第三十八条规定与新用人单位解除劳动合同，或者新用人单位向劳动者提出解除、终止劳动合同，在计算支付经济补偿或赔偿金的工作年限时，劳动者请求把在原用人单位的工作年限合并计算为新用人单位工作年限的，人民法院应予支持。

用人单位符合下列情形之一的，应当认定属于"劳动者非因本人原因从原用人单位被安排到新用人单位工作"：

（一）劳动者仍在原工作场所、工作岗位工作，劳动合同主体由原用人单位变更为新用人单位；
（二）用人单位以组织委派或任命形式对劳动者进行工作调动；
（三）因用人单位合并、分立等原因导致劳动者工作调动；
（四）用人单位及其关联企业与劳动者轮流订立劳动合同；

（五）其他合理情形。

第四十七条 建立了工会组织的用人单位解除劳动合同符合劳动合同法第三十九条、第四十条规定，但未按照劳动合同法第四十三条规定事先通知工会，劳动者以用人单位违法解除劳动合同为由请求用人单位支付赔偿金的，人民法院应予支持，但起诉前用人单位已经补正有关程序的除外。

第四十八条 劳动合同法施行后，因用人单位经营期限届满不再继续经营导致劳动合同不能继续履行，劳动者请求用人单位支付经济补偿的，人民法院应予支持。

第四十九条 在诉讼过程中，劳动者向人民法院申请采取财产保全措施，人民法院经审查认为申请人经济确有困难，或者有证据证明用人单位存在欠薪逃匿可能的，应当减轻或者免除劳动者提供担保的义务，及时采取保全措施。

人民法院作出的财产保全裁定中，应当告知当事人在劳动争议仲裁机构的裁决书或者在人民法院的裁判文书生效后三个月内申请强制执行。逾期不申请的，人民法院应当裁定解除保全措施。

第五十条 用人单位根据劳动合同法第四条规定，通过民主程序制定的规章制度，不违反国家法律、行政法规及政策规定，并已向劳动者公示的，可以作为确定双方权利义务的依据。

用人单位制定的内部规章制度与集体合同或者劳动合同约定的内容不一致，劳动者请求优先适用合同约定的，人民法院应予支持。

第五十一条 当事人在调解仲裁法第十条规定的调解组织主持下达成的具有劳动权利义务内容的调解协议，具有劳动合同的约束力，可以作为人民法院裁判的根据。

当事人在调解仲裁法第十条规定的调解组织主持下仅就劳动报酬争议达成调解协议，用人单位不履行调解协议确定的给付义务，劳动者直接提起诉讼的，人民法院可以按照普通民事纠纷受理。

第五十二条 当事人在人民调解委员会主持下仅就给付义务达

成的调解协议，双方认为有必要的，可以共同向人民调解委员会所在地的基层人民法院申请司法确认。

第五十三条　用人单位对劳动者作出的开除、除名、辞退等处理，或者因其他原因解除劳动合同确有错误的，人民法院可以依法判决予以撤销。

对于追索劳动报酬、养老金、医疗费以及工伤保险待遇、经济补偿金、培训费及其他相关费用等案件，给付数额不当的，人民法院可以予以变更。

第五十四条　本解释自2021年1月1日起施行。

关于进一步加强劳动人事争议调解仲裁法律援助工作的意见

(2020年6月22日　人社部发〔2020〕52号)

各省、自治区、直辖市及新疆生产建设兵团人力资源社会保障厅（局）、司法厅（局）、财政厅（局）：

加强劳动人事争议调解仲裁法律援助工作（以下简称调解仲裁法律援助工作），保障符合条件的劳动者特别是贫困农民工及时获得法律援助服务，对于维护劳动者合法权益、确保法律正确实施、促进社会公平正义具有重要意义。近年来，一些地方主动采取措施加强调解仲裁法律援助工作，取得了良好效果。但与人民群众日益增长的法律援助需求相比，调解仲裁法律援助工作还存在协作机制有待健全、保障机制不够完善等问题。为认真落实中央关于全面推进依法治国的重大战略部署，统筹推进疫情防控与经济社会发展，加快处理各类涉疫情劳动人事争议，进一步满足人民群众特别是贫困劳动者对调解仲裁法律援助工作的需要，根据中央关于完善法律援助制度的有关精神和《法律援助条例》相关规定，现就进一步加强调解仲裁法律援助工作提出如下意见。

一、建立健全调解仲裁法律援助协作机制。人力资源社会保障行政部门、劳动人事争议仲裁院（以下简称仲裁院）和司法行政机关、法律援助机构要建立完善调解仲裁法律援助协作工作机制，切实加强调解仲裁法律援助工作。人力资源社会保障行政部门和仲裁院要充分发挥处理劳动人事争议的专业优势，司法行政机关和法律援助机构要加强法律援助业务指导，提升规范化服务水平。仲裁院可以引导当事人通过拨打"12348"公共法律服务热线或登录法律服务网等方式进行法律咨询，帮助符合法律援助条件的农民工和困难职工申请法律援助；法律援助机构要在仲裁院公示法律援助机构办公地址、法律援助申请材料和工作流程等信息。有条件的地方，司法行政机关可以根据工作需要在当地仲裁院设立法律援助工作站，或在当地公共法律服务中心设立调解仲裁法律援助窗口。人力资源社会保障部门要为设立在当地仲裁院的法律援助工作站提供工作场所，配备办公设备、服务设施等。财政部门要完善调解仲裁法律援助经费保障机制，省级财政要提供经费支持，市、县级财政要将法律援助经费纳入同级财政预算，根据地方财力和办案量合理安排经费，适当提高法律援助补贴标准并及时支付。

二、扩大调解仲裁法律援助范围。在法律援助对象上，司法行政机关要综合考虑当地法律援助资源供给状况、困难群众法律援助需求等因素，推动法律援助逐步覆盖低收入劳动者，重点做好农民工、工伤职工和孕期、产期、哺乳期（以下简称"三期"）女职工的调解仲裁法律援助工作。在法律援助事项上，司法行政机关要在《法律援助条例》规定的请求支付劳动报酬、给予社会保险待遇等事项基础上，推动有条件的地方将经济补偿、赔偿金等涉及劳动保障事项纳入法律援助补充事项范围。在仲裁院设立法律援助工作站的，工作站可以配合仲裁院开展法律知识宣讲、以案释法等活动，引导劳动者依法维权。

三、规范调解仲裁法律援助程序。加强调解仲裁法律援助工作标准化规范化建设，建立健全调解仲裁法律援助工作机制。在仲裁院设立法律援助工作站的，对来访咨询，工作站接待人员应当登记受援人基本信息和联系方式，全面了解案件事实和受援人法律诉求，对咨询事项符合法律援助条件的，应当告知其申请法律援助的条件和程序，指导其申请法律援助；对咨询事项不属于法律援助的，应当为受援人提出法律建议；对咨询事项不属于法律问题或者与法律援助无关的，告知受援人应咨询的部门或渠道。

四、健全便民服务机制。简化审查程序，对建档立卡贫困劳动者和申请支付劳动报酬、工伤赔偿的农民工，免予经济困难审查。开辟法律援助"绿色通道"，对农民工、工伤职工、"三期"女职工等重点服务对象申请法律援助的，加快办理进度，有条件的当日受理、当日转交。对情况紧急的集体劳动争议案件，可以先行提供法律援助，事后补交申请材料、补办相关手续。

五、加强组织领导。各地要将开展调解仲裁法律援助工作作为完善劳动人事争议多元处理机制的重要工作来抓，将其纳入当地为民办实事清单。人力资源社会保障部门与司法行政部门要加强沟通协调和工作对接，形成工作合力。要建立健全联席会议、工作信息通报机制，定期交流工作情况，总结推广经验做法，共同研究解决工作中遇到的问题。要加强监督管理，对调解仲裁法律援助工作站履行职责、服务质量、工作绩效、规范化建设等加强指导监管。鼓励和支持社会力量通过多种方式依法有序参与调解仲裁法律援助工作。

最高人民法院关于审理拒不支付劳动报酬刑事案件适用法律若干问题的解释

(2013年1月14日最高人民法院审判委员会第1567次会议通过 2013年1月16日最高人民法院公告公布 自2013年1月23日起施行 法释〔2013〕3号)

为依法惩治拒不支付劳动报酬犯罪,维护劳动者的合法权益,根据《中华人民共和国刑法》有关规定,现就办理此类刑事案件适用法律的若干问题解释如下:

第一条 劳动者依照《中华人民共和国劳动法》和《中华人民共和国劳动合同法》等法律的规定应得的劳动报酬,包括工资、奖金、津贴、补贴、延长工作时间的工资报酬及特殊情况下支付的工资等,应当认定为刑法第二百七十六条之一第一款规定的"劳动者的劳动报酬"。

第二条 以逃避支付劳动者的劳动报酬为目的,具有下列情形之一的,应当认定为刑法第二百七十六条之一第一款规定的"以转移财产、逃匿等方法逃避支付劳动者的劳动报酬":

(一)隐匿财产、恶意清偿、虚构债务、虚假破产、虚假倒闭或者以其他方法转移、处分财产的;

(二)逃跑、藏匿的;

(三)隐匿、销毁或者篡改账目、职工名册、工资支付记录、考勤记录等与劳动报酬相关的材料的;

(四)以其他方法逃避支付劳动报酬的。

第三条 具有下列情形之一的,应当认定为刑法第二百七十六条之一第一款规定的"数额较大":

(一)拒不支付一名劳动者三个月以上的劳动报酬且数额在五千

元至二万元以上的；

（二）拒不支付十名以上劳动者的劳动报酬且数额累计在三万元至十万元以上的。

各省、自治区、直辖市高级人民法院可以根据本地区经济社会发展状况，在前款规定的数额幅度内，研究确定本地区执行的具体数额标准，报最高人民法院备案。

第四条 经人力资源社会保障部门或者政府其他有关部门依法以限期整改指令书、行政处理决定书等文书责令支付劳动者的劳动报酬后，在指定的期限内仍不支付的，应当认定为刑法第二百七十六条之一第一款规定的"经政府有关部门责令支付仍不支付"，但有证据证明行为人有正当理由未知悉责令支付或者未及时支付劳动报酬的除外。

行为人逃匿，无法将责令支付文书送交其本人、同住成年家属或者所在单位负责收件的人的，如果有关部门已通过在行为人的住所地、生产经营场所等地张贴责令支付文书等方式责令支付，并采用拍照、录像等方式记录的，应当视为"经政府有关部门责令支付"。

第五条 拒不支付劳动者的劳动报酬，符合本解释第三条的规定，并具有下列情形之一的，应当认定为刑法第二百七十六条之一第一款规定的"造成严重后果"：

（一）造成劳动者或者其被赡养人、被扶养人、被抚养人的基本生活受到严重影响、重大疾病无法及时医治或者失学的；

（二）对要求支付劳动报酬的劳动者使用暴力或者进行暴力威胁的；

（三）造成其他严重后果的。

第六条 拒不支付劳动者的劳动报酬，尚未造成严重后果，在刑事立案前支付劳动者的劳动报酬，并依法承担相应赔偿责任的，可以认定为情节显著轻微危害不大，不认为是犯罪；在提起公诉前支付劳动者的劳动报酬，并依法承担相应赔偿责任的，可以减轻或者免除刑事处罚；在一审宣判前支付劳动者的劳动报酬，并依法承担相应赔偿责任的，可以从轻处罚。

对于免除刑事处罚的，可以根据案件的不同情况，予以训诫、责令具结悔过或者赔礼道歉。

拒不支付劳动者的劳动报酬，造成严重后果，但在宣判前支付劳动者的劳动报酬，并依法承担相应赔偿责任的，可以酌情从宽处罚。

第七条 不具备用工主体资格的单位或者个人，违法用工且拒不支付劳动者的劳动报酬，数额较大，经政府有关部门责令支付仍不支付的，应当依照刑法第二百七十六条之一的规定，以拒不支付劳动报酬罪追究刑事责任。

第八条 用人单位的实际控制人实施拒不支付劳动报酬行为，构成犯罪的，应当依照刑法第二百七十六条之一的规定追究刑事责任。

第九条 单位拒不支付劳动报酬，构成犯罪的，依照本解释规定的相应个人犯罪的定罪量刑标准，对直接负责的主管人员和其他直接责任人员定罪处罚，并对单位判处罚金。

中华人民共和国社会保险法

（2010年10月28日第十一届全国人民代表大会常务委员会第十七次会议通过 根据2018年12月29日第十三届全国人民代表大会常务委员会第七次会议《关于修改〈中华人民共和国社会保险法〉的决定》修正）

第一章 总 则

第一条 为了规范社会保险关系，维护公民参加社会保险和享受社会保险待遇的合法权益，使公民共享发展成果，促进社会和谐稳定，根据宪法，制定本法。

第二条 国家建立基本养老保险、基本医疗保险、工伤保险、失业保险、生育保险等社会保险制度，保障公民在年老、疾病、工伤、失业、生育等情况下依法从国家和社会获得物质帮助的权利。

第三条 社会保险制度坚持广覆盖、保基本、多层次、可持续的方针，社会保险水平应当与经济社会发展水平相适应。

第四条 中华人民共和国境内的用人单位和个人依法缴纳社会保险费，有权查询缴费记录、个人权益记录，要求社会保险经办机构提供社会保险咨询等相关服务。

个人依法享受社会保险待遇，有权监督本单位为其缴费情况。

第五条 县级以上人民政府将社会保险事业纳入国民经济和社会发展规划。

国家多渠道筹集社会保险资金。县级以上人民政府对社会保险事业给予必要的经费支持。

国家通过税收优惠政策支持社会保险事业。

第六条 国家对社会保险基金实行严格监管。

国务院和省、自治区、直辖市人民政府建立健全社会保险基金监督管理制度，保障社会保险基金安全、有效运行。

县级以上人民政府采取措施，鼓励和支持社会各方面参与社会保险基金的监督。

第七条 国务院社会保险行政部门负责全国的社会保险管理工作，国务院其他有关部门在各自的职责范围内负责有关的社会保险工作。

县级以上地方人民政府社会保险行政部门负责本行政区域的社会保险管理工作，县级以上地方人民政府其他有关部门在各自的职责范围内负责有关的社会保险工作。

第八条 社会保险经办机构提供社会保险服务，负责社会保险登记、个人权益记录、社会保险待遇支付等工作。

第九条 工会依法维护职工的合法权益，有权参与社会保险重大事项的研究，参加社会保险监督委员会，对与职工社会保险权益有关的事项进行监督。

第二章 基本养老保险

第十条 职工应当参加基本养老保险，由用人单位和职工共同缴纳基本养老保险费。

无雇工的个体工商户、未在用人单位参加基本养老保险的非全日制从业人员以及其他灵活就业人员可以参加基本养老保险，由个人缴纳基本养老保险费。

公务员和参照公务员法管理的工作人员养老保险的办法由国务院规定。

第十一条 基本养老保险实行社会统筹与个人账户相结合。

基本养老保险基金由用人单位和个人缴费以及政府补贴等组成。

第十二条 用人单位应当按照国家规定的本单位职工工资总额的比例缴纳基本养老保险费，记入基本养老保险统筹基金。

职工应当按照国家规定的本人工资的比例缴纳基本养老保险费，记入个人账户。

无雇工的个体工商户、未在用人单位参加基本养老保险的非全日制从业人员以及其他灵活就业人员参加基本养老保险的，应当按照国家规定缴纳基本养老保险费，分别记入基本养老保险统筹基金和个人账户。

第十三条 国有企业、事业单位职工参加基本养老保险前，视同缴费年限期间应当缴纳的基本养老保险费由政府承担。

基本养老保险基金出现支付不足时，政府给予补贴。

第十四条 个人账户不得提前支取，记账利率不得低于银行定期存款利率，免征利息税。个人死亡的，个人账户余额可以继承。

第十五条 基本养老金由统筹养老金和个人账户养老金组成。

基本养老金根据个人累计缴费年限、缴费工资、当地职工平均工资、个人账户金额、城镇人口平均预期寿命等因素确定。

第十六条 参加基本养老保险的个人，达到法定退休年龄时累计缴费满十五年的，按月领取基本养老金。

参加基本养老保险的个人，达到法定退休年龄时累计缴费不足十五年的，可以缴费至满十五年，按月领取基本养老金；也可以转入新型农村社会养老保险或者城镇居民社会养老保险，按照国务院规定享受相应的养老保险待遇。

第十七条 参加基本养老保险的个人，因病或者非因工死亡的，其遗属可以领取丧葬补助金和抚恤金；在未达到法定退休年龄时因病或者非因工致残完全丧失劳动能力的，可以领取病残津贴。所需资金从基本养老保险基金中支付。

第十八条 国家建立基本养老金正常调整机制。根据职工平均工资增长、物价上涨情况，适时提高基本养老保险待遇水平。

第十九条 个人跨统筹地区就业的，其基本养老保险关系随本人转移，缴费年限累计计算。个人达到法定退休年龄时，基本养老金分段计算、统一支付。具体办法由国务院规定。

第二十条 国家建立和完善新型农村社会养老保险制度。

新型农村社会养老保险实行个人缴费、集体补助和政府补贴相结合。

第二十一条 新型农村社会养老保险待遇由基础养老金和个人账户养老金组成。

参加新型农村社会养老保险的农村居民，符合国家规定条件的，按月领取新型农村社会养老保险待遇。

第二十二条 国家建立和完善城镇居民社会养老保险制度。

省、自治区、直辖市人民政府根据实际情况，可以将城镇居民社会养老保险和新型农村社会养老保险合并实施。

第三章 基本医疗保险

第二十三条 职工应当参加职工基本医疗保险，由用人单位和职工按照国家规定共同缴纳基本医疗保险费。

无雇工的个体工商户、未在用人单位参加职工基本医疗保险的非全日制从业人员以及其他灵活就业人员可以参加职工基本医疗保险，由个人按照国家规定缴纳基本医疗保险费。

第二十四条 国家建立和完善新型农村合作医疗制度。

新型农村合作医疗的管理办法，由国务院规定。

第二十五条 国家建立和完善城镇居民基本医疗保险制度。

城镇居民基本医疗保险实行个人缴费和政府补贴相结合。

享受最低生活保障的人、丧失劳动能力的残疾人、低收入家庭六十周岁以上的老年人和未成年人等所需个人缴费部分，由政府给予补贴。

第二十六条 职工基本医疗保险、新型农村合作医疗和城镇居民基本医疗保险的待遇标准按照国家规定执行。

第二十七条 参加职工基本医疗保险的个人，达到法定退休年龄时累计缴费达到国家规定年限的，退休后不再缴纳基本医疗保险费，按照国家规定享受基本医疗保险待遇；未达到国家规定年限的，可以缴费至国家规定年限。

第二十八条 符合基本医疗保险药品目录、诊疗项目、医疗服务设施标准以及急诊、抢救的医疗费用，按照国家规定从基本医疗保险基金中支付。

第二十九条 参保人员医疗费用中应当由基本医疗保险基金支付的部分，由社会保险经办机构与医疗机构、药品经营单位直接结算。

社会保险行政部门和卫生行政部门应当建立异地就医医疗费用

结算制度，方便参保人员享受基本医疗保险待遇。

第三十条 下列医疗费用不纳入基本医疗保险基金支付范围：

（一）应当从工伤保险基金中支付的；

（二）应当由第三人负担的；

（三）应当由公共卫生负担的；

（四）在境外就医的。

医疗费用依法应当由第三人负担，第三人不支付或者无法确定第三人的，由基本医疗保险基金先行支付。基本医疗保险基金先行支付后，有权向第三人追偿。

第三十一条 社会保险经办机构根据管理服务的需要，可以与医疗机构、药品经营单位签订服务协议，规范医疗服务行为。

医疗机构应当为参保人员提供合理、必要的医疗服务。

第三十二条 个人跨统筹地区就业的，其基本医疗保险关系随本人转移，缴费年限累计计算。

第四章 工 伤 保 险

第三十三条 职工应当参加工伤保险，由用人单位缴纳工伤保险费，职工不缴纳工伤保险费。

第三十四条 国家根据不同行业的工伤风险程度确定行业的差别费率，并根据使用工伤保险基金、工伤发生率等情况在每个行业内确定费率档次。行业差别费率和行业内费率档次由国务院社会保险行政部门制定，报国务院批准后公布施行。

社会保险经办机构根据用人单位使用工伤保险基金、工伤发生率和所属行业费率档次等情况，确定用人单位缴费率。

第三十五条 用人单位应当按照本单位职工工资总额，根据社会保险经办机构确定的费率缴纳工伤保险费。

第三十六条 职工因工作原因受到事故伤害或者患职业病，且经工伤认定的,享受工伤保险待遇;其中,经劳动能力鉴定丧失劳动能力的,享受伤残待遇。

工伤认定和劳动能力鉴定应当简捷、方便。

第三十七条 职工因下列情形之一导致本人在工作中伤亡的,不认定为工伤:

(一)故意犯罪;

(二)醉酒或者吸毒;

(三)自残或者自杀;

(四)法律、行政法规规定的其他情形。

第三十八条 因工伤发生的下列费用,按照国家规定从工伤保险基金中支付:

(一)治疗工伤的医疗费用和康复费用;

(二)住院伙食补助费;

(三)到统筹地区以外就医的交通食宿费;

(四)安装配置伤残辅助器具所需费用;

(五)生活不能自理的,经劳动能力鉴定委员会确认的生活护理费;

(六)一次性伤残补助金和一至四级伤残职工按月领取的伤残津贴;

(七)终止或者解除劳动合同时,应当享受的一次性医疗补助金;

(八)因工死亡的,其遗属领取的丧葬补助金、供养亲属抚恤金和因工死亡补助金;

(九)劳动能力鉴定费。

第三十九条 因工伤发生的下列费用,按照国家规定由用人单位支付:

(一)治疗工伤期间的工资福利;

(二)五级、六级伤残职工按月领取的伤残津贴;

(三)终止或者解除劳动合同时,应当享受的一次性伤残就业补助金。

第四十条 工伤职工符合领取基本养老金条件的，停发伤残津贴，享受基本养老保险待遇。基本养老保险待遇低于伤残津贴的，从工伤保险基金中补足差额。

第四十一条 职工所在用人单位未依法缴纳工伤保险费，发生工伤事故的，由用人单位支付工伤保险待遇。用人单位不支付的，从工伤保险基金中先行支付。

从工伤保险基金中先行支付的工伤保险待遇应当由用人单位偿还。用人单位不偿还的，社会保险经办机构可以依照本法第六十三条的规定追偿。

第四十二条 由于第三人的原因造成工伤，第三人不支付工伤医疗费用或者无法确定第三人的，由工伤保险基金先行支付。工伤保险基金先行支付后，有权向第三人追偿。

第四十三条 工伤职工有下列情形之一的，停止享受工伤保险待遇：

（一）丧失享受待遇条件的；

（二）拒不接受劳动能力鉴定的；

（三）拒绝治疗的。

第五章 失 业 保 险

第四十四条 职工应当参加失业保险，由用人单位和职工按照国家规定共同缴纳失业保险费。

第四十五条 失业人员符合下列条件的，从失业保险基金中领取失业保险金：

（一）失业前用人单位和本人已经缴纳失业保险费满一年的；

（二）非因本人意愿中断就业的；

（三）已经进行失业登记，并有求职要求的。

第四十六条 失业人员失业前用人单位和本人累计缴费满一年不足五年的，领取失业保险金的期限最长为十二个月；累计缴费满五年不足十年的，领取失业保险金的期限最长为十八个月；累计缴费十年以上的，领取失业保险金的期限最长为二十四个月。重新就业后，再次失业的，缴费时间重新计算，领取失业保险金的期限与前次失业应当领取而尚未领取的失业保险金的期限合并计算，最长不超过二十四个月。

第四十七条 失业保险金的标准，由省、自治区、直辖市人民政府确定，不得低于城市居民最低生活保障标准。

第四十八条 失业人员在领取失业保险金期间，参加职工基本医疗保险，享受基本医疗保险待遇。

失业人员应当缴纳的基本医疗保险费从失业保险基金中支付，个人不缴纳基本医疗保险费。

第四十九条 失业人员在领取失业保险金期间死亡的，参照当地对在职职工死亡的规定，向其遗属发给一次性丧葬补助金和抚恤金。所需资金从失业保险基金中支付。

个人死亡同时符合领取基本养老保险丧葬补助金、工伤保险丧葬补助金和失业保险丧葬补助金条件的，其遗属只能选择领取其中的一项。

第五十条 用人单位应当及时为失业人员出具终止或者解除劳动关系的证明，并将失业人员的名单自终止或者解除劳动关系之日起十五日内告知社会保险经办机构。

失业人员应当持本单位为其出具的终止或者解除劳动关系的证明，及时到指定的公共就业服务机构办理失业登记。

失业人员凭失业登记证明和个人身份证明，到社会保险经办机构办理领取失业保险金的手续。失业保险金领取期限自办理失业登记之日起计算。

第五十一条 失业人员在领取失业保险金期间有下列情形之一的，停止领取失业保险金，并同时停止享受其他失业保险待遇：

（一）重新就业的；

（二）应征服兵役的；

（三）移居境外的；

（四）享受基本养老保险待遇的；

（五）无正当理由，拒不接受当地人民政府指定部门或者机构介绍的适当工作或者提供的培训的。

第五十二条 职工跨统筹地区就业的，其失业保险关系随本人转移，缴费年限累计计算。

第六章 生育保险

第五十三条 职工应当参加生育保险，由用人单位按照国家规定缴纳生育保险费，职工不缴纳生育保险费。

第五十四条 用人单位已经缴纳生育保险费的，其职工享受生育保险待遇；职工未就业配偶按照国家规定享受生育医疗费用待遇。所需资金从生育保险基金中支付。

生育保险待遇包括生育医疗费用和生育津贴。

第五十五条 生育医疗费用包括下列各项：

（一）生育的医疗费用；

（二）计划生育的医疗费用；

（三）法律、法规规定的其他项目费用。

第五十六条 职工有下列情形之一的，可以按照国家规定享受生育津贴：

（一）女职工生育享受产假；

（二）享受计划生育手术休假；

（三）法律、法规规定的其他情形。

生育津贴按照职工所在用人单位上年度职工月平均工资计发。

第七章　社会保险费征缴

第五十七条　用人单位应当自成立之日起三十日内凭营业执照、登记证书或者单位印章，向当地社会保险经办机构申请办理社会保险登记。社会保险经办机构应当自收到申请之日起十五日内予以审核，发给社会保险登记证件。

用人单位的社会保险登记事项发生变更或者用人单位依法终止的，应当自变更或者终止之日起三十日内，到社会保险经办机构办理变更或者注销社会保险登记。

市场监督管理部门、民政部门和机构编制管理机关应当及时向社会保险经办机构通报用人单位的成立、终止情况，公安机关应当及时向社会保险经办机构通报个人的出生、死亡以及户口登记、迁移、注销等情况。

第五十八条　用人单位应当自用工之日起三十日内为其职工向社会保险经办机构申请办理社会保险登记。未办理社会保险登记的，由社会保险经办机构核定其应当缴纳的社会保险费。

自愿参加社会保险的无雇工的个体工商户、未在用人单位参加社会保险的非全日制从业人员以及其他灵活就业人员，应当向社会保险经办机构申请办理社会保险登记。

国家建立全国统一的个人社会保障号码。个人社会保障号码为公民身份号码。

第五十九条　县级以上人民政府加强社会保险费的征收工作。

社会保险费实行统一征收，实施步骤和具体办法由国务院规定。

第六十条　用人单位应当自行申报、按时足额缴纳社会保险费，非因不可抗力等法定事由不得缓缴、减免。职工应当缴纳的社会保险费由用人单位代扣代缴，用人单位应当按月将缴纳社会保险费的明细情况告知本人。

无雇工的个体工商户、未在用人单位参加社会保险的非全日制从业人员以及其他灵活就业人员，可以直接向社会保险费征收机构缴纳社会保险费。

第六十一条 社会保险费征收机构应当依法按时足额征收社会保险费，并将缴费情况定期告知用人单位和个人。

第六十二条 用人单位未按规定申报应当缴纳的社会保险费数额的，按照该单位上月缴费额的百分之一百一十确定应当缴纳数额；缴费单位补办申报手续后，由社会保险费征收机构按照规定结算。

第六十三条 用人单位未按时足额缴纳社会保险费的，由社会保险费征收机构责令其限期缴纳或者补足。

用人单位逾期仍未缴纳或者补足社会保险费的，社会保险费征收机构可以向银行和其他金融机构查询其存款账户；并可以申请县级以上有关行政部门作出划拨社会保险费的决定，书面通知其开户银行或者其他金融机构划拨社会保险费。用人单位账户余额少于应当缴纳的社会保险费的，社会保险费征收机构可以要求该用人单位提供担保，签订延期缴费协议。

用人单位未足额缴纳社会保险费且未提供担保的，社会保险费征收机构可以申请人民法院扣押、查封、拍卖其价值相当于应当缴纳社会保险费的财产，以拍卖所得抵缴社会保险费。

第八章 社会保险基金

第六十四条 社会保险基金包括基本养老保险基金、基本医疗保险基金、工伤保险基金、失业保险基金和生育保险基金。除基本医疗保险基金与生育保险基金合并建账及核算外，其他各项社会保险基金按照社会保险险种分别建账，分账核算。社会保险基金执行国家统一的会计制度。

社会保险基金专款专用，任何组织和个人不得侵占或者挪用。

基本养老保险基金逐步实行全国统筹，其他社会保险基金逐步实行省级统筹，具体时间、步骤由国务院规定。

第六十五条 社会保险基金通过预算实现收支平衡。

县级以上人民政府在社会保险基金出现支付不足时，给予补贴。

第六十六条 社会保险基金按照统筹层次设立预算。除基本医疗保险基金与生育保险基金预算合并编制外，其他社会保险基金预算按照社会保险项目分别编制。

第六十七条 社会保险基金预算、决算草案的编制、审核和批准，依照法律和国务院规定执行。

第六十八条 社会保险基金存入财政专户，具体管理办法由国务院规定。

第六十九条 社会保险基金在保证安全的前提下，按照国务院规定投资运营实现保值增值。

社会保险基金不得违规投资运营，不得用于平衡其他政府预算，不得用于兴建、改建办公场所和支付人员经费、运行费用、管理费用，或者违反法律、行政法规规定挪作其他用途。

第七十条 社会保险经办机构应当定期向社会公布参加社会保险情况以及社会保险基金的收入、支出、结余和收益情况。

第七十一条 国家设立全国社会保障基金，由中央财政预算拨款以及国务院批准的其他方式筹集的资金构成，用于社会保障支出的补充、调剂。全国社会保障基金由全国社会保障基金管理运营机构负责管理运营，在保证安全的前提下实现保值增值。

全国社会保障基金应当定期向社会公布收支、管理和投资运营的情况。国务院财政部门、社会保险行政部门、审计机关对全国社会保障基金的收支、管理和投资运营情况实施监督。

第九章　社会保险经办

第七十二条　统筹地区设立社会保险经办机构。社会保险经办机构根据工作需要，经所在地的社会保险行政部门和机构编制管理机关批准，可以在本统筹地区设立分支机构和服务网点。

社会保险经办机构的人员经费和经办社会保险发生的基本运行费用、管理费用，由同级财政按照国家规定予以保障。

第七十三条　社会保险经办机构应当建立健全业务、财务、安全和风险管理制度。

社会保险经办机构应当按时足额支付社会保险待遇。

第七十四条　社会保险经办机构通过业务经办、统计、调查获取社会保险工作所需的数据，有关单位和个人应当及时、如实提供。

社会保险经办机构应当及时为用人单位建立档案，完整、准确地记录参加社会保险的人员、缴费等社会保险数据，妥善保管登记、申报的原始凭证和支付结算的会计凭证。

社会保险经办机构应当及时、完整、准确地记录参加社会保险的个人缴费和用人单位为其缴费，以及享受社会保险待遇等个人权益记录，定期将个人权益记录单免费寄送本人。

用人单位和个人可以免费向社会保险经办机构查询、核对其缴费和享受社会保险待遇记录，要求社会保险经办机构提供社会保险咨询等相关服务。

第七十五条　全国社会保险信息系统按照国家统一规划，由县级以上人民政府按照分级负责的原则共同建设。

第十章　社会保险监督

第七十六条　各级人民代表大会常务委员会听取和审议本级人

民政府对社会保险基金的收支、管理、投资运营以及监督检查情况的专项工作报告,组织对本法实施情况的执法检查等,依法行使监督职权。

第七十七条 县级以上人民政府社会保险行政部门应当加强对用人单位和个人遵守社会保险法律、法规情况的监督检查。

社会保险行政部门实施监督检查时,被检查的用人单位和个人应当如实提供与社会保险有关的资料,不得拒绝检查或者谎报、瞒报。

第七十八条 财政部门、审计机关按照各自职责,对社会保险基金的收支、管理和投资运营情况实施监督。

第七十九条 社会保险行政部门对社会保险基金的收支、管理和投资运营情况进行监督检查,发现存在问题的,应当提出整改建议,依法作出处理决定或者向有关行政部门提出处理建议。社会保险基金检查结果应当定期向社会公布。

社会保险行政部门对社会保险基金实施监督检查,有权采取下列措施:

(一)查阅、记录、复制与社会保险基金收支、管理和投资运营相关的资料,对可能被转移、隐匿或者灭失的资料予以封存;

(二)询问与调查事项有关的单位和个人,要求其对与调查事项有关的问题作出说明、提供有关证明材料;

(三)对隐匿、转移、侵占、挪用社会保险基金的行为予以制止并责令改正。

第八十条 统筹地区人民政府成立由用人单位代表、参保人员代表,以及工会代表、专家等组成的社会保险监督委员会,掌握、分析社会保险基金的收支、管理和投资运营情况,对社会保险工作提出咨询意见和建议,实施社会监督。

社会保险经办机构应当定期向社会保险监督委员会汇报社会保险基金的收支、管理和投资运营情况。社会保险监督委员会可以聘请会计师事务所对社会保险基金的收支、管理和投资运营情况进行年度审计和专项审计。审计结果应当向社会公开。

社会保险监督委员会发现社会保险基金收支、管理和投资运营中存在问题的，有权提出改正建议；对社会保险经办机构及其工作人员的违法行为，有权向有关部门提出依法处理建议。

第八十一条 社会保险行政部门和其他有关行政部门、社会保险经办机构、社会保险费征收机构及其工作人员，应当依法为用人单位和个人的信息保密，不得以任何形式泄露。

第八十二条 任何组织或者个人有权对违反社会保险法律、法规的行为进行举报、投诉。

社会保险行政部门、卫生行政部门、社会保险经办机构、社会保险费征收机构和财政部门、审计机关对属于本部门、本机构职责范围的举报、投诉，应当依法处理；对不属于本部门、本机构职责范围的，应当书面通知并移交有权处理的部门、机构处理。有权处理的部门、机构应当及时处理，不得推诿。

第八十三条 用人单位或者个人认为社会保险费征收机构的行为侵害自己合法权益的，可以依法申请行政复议或者提起行政诉讼。

用人单位或者个人对社会保险经办机构不依法办理社会保险登记、核定社会保险费、支付社会保险待遇、办理社会保险转移接续手续或者侵害其他社会保险权益的行为，可以依法申请行政复议或者提起行政诉讼。

个人与所在用人单位发生社会保险争议的，可以依法申请调解、仲裁，提起诉讼。用人单位侵害个人社会保险权益的，个人也可以要求社会保险行政部门或者社会保险费征收机构依法处理。

第十一章　法律责任

第八十四条 用人单位不办理社会保险登记的，由社会保险行政部门责令限期改正；逾期不改正的，对用人单位处应缴社会保险费数额一倍以上三倍以下的罚款，对其直接负责的主管人员和其他直接责任人员处五百元以上三千元以下的罚款。

第八十五条 用人单位拒不出具终止或者解除劳动关系证明的，依照《中华人民共和国劳动合同法》的规定处理。

第八十六条 用人单位未按时足额缴纳社会保险费的，由社会保险费征收机构责令限期缴纳或者补足，并自欠缴之日起，按日加收万分之五的滞纳金；逾期仍不缴纳的，由有关行政部门处欠缴数额一倍以上三倍以下的罚款。

第八十七条 社会保险经办机构以及医疗机构、药品经营单位等社会保险服务机构以欺诈、伪造证明材料或者其他手段骗取社会保险基金支出的，由社会保险行政部门责令退回骗取的社会保险金，处骗取金额二倍以上五倍以下的罚款；属于社会保险服务机构的，解除服务协议；直接负责的主管人员和其他直接责任人员有执业资格的，依法吊销其执业资格。

第八十八条 以欺诈、伪造证明材料或者其他手段骗取社会保险待遇的，由社会保险行政部门责令退回骗取的社会保险金，处骗取金额二倍以上五倍以下的罚款。

第八十九条 社会保险经办机构及其工作人员有下列行为之一的，由社会保险行政部门责令改正；给社会保险基金、用人单位或者个人造成损失的，依法承担赔偿责任；对直接负责的主管人员和其他直接责任人员依法给予处分：

（一）未履行社会保险法定职责的；

（二）未将社会保险基金存入财政专户的；

（三）克扣或者拒不按时支付社会保险待遇的；

（四）丢失或者篡改缴费记录、享受社会保险待遇记录等社会保险数据、个人权益记录的；

（五）有违反社会保险法律、法规的其他行为的。

第九十条 社会保险费征收机构擅自更改社会保险费缴费基数、

费率，导致少收或者多收社会保险费的，由有关行政部门责令其追缴应当缴纳的社会保险费或者退还不应当缴纳的社会保险费；对直接负责的主管人员和其他直接责任人员依法给予处分。

第九十一条 违反本法规定，隐匿、转移、侵占、挪用社会保险基金或者违规投资运营的，由社会保险行政部门、财政部门、审计机关责令追回；有违法所得的，没收违法所得；对直接负责的主管人员和其他直接责任人员依法给予处分。

第九十二条 社会保险行政部门和其他有关行政部门、社会保险经办机构、社会保险费征收机构及其工作人员泄露用人单位和个人信息的，对直接负责的主管人员和其他直接责任人员依法给予处分；给用人单位或者个人造成损失的，应当承担赔偿责任。

第九十三条 国家工作人员在社会保险管理、监督工作中滥用职权、玩忽职守、徇私舞弊的，依法给予处分。

第九十四条 违反本法规定，构成犯罪的，依法追究刑事责任。

第十二章 附 则

第九十五条 进城务工的农村居民依照本法规定参加社会保险。

第九十六条 征收农村集体所有的土地，应当足额安排被征地农民的社会保险费，按照国务院规定将被征地农民纳入相应的社会保险制度。

第九十七条 外国人在中国境内就业的，参照本法规定参加社会保险。

第九十八条 本法自2011年7月1日起施行。

工伤保险条例

（2003年4月27日中华人民共和国国务院令第375号公布　根据2010年12月20日《国务院关于修改〈工伤保险条例〉的决定》修订）

第一章　总　　则

第一条　为了保障因工作遭受事故伤害或者患职业病的职工获得医疗救治和经济补偿，促进工伤预防和职业康复，分散用人单位的工伤风险，制定本条例。

第二条　中华人民共和国境内的企业、事业单位、社会团体、民办非企业单位、基金会、律师事务所、会计师事务所等组织和有雇工的个体工商户（以下称用人单位）应当依照本条例规定参加工伤保险，为本单位全部职工或者雇工（以下称职工）缴纳工伤保险费。

中华人民共和国境内的企业、事业单位、社会团体、民办非企业单位、基金会、律师事务所、会计师事务所等组织的职工和个体工商户的雇工，均有依照本条例的规定享受工伤保险待遇的权利。

第三条　工伤保险费的征缴按照《社会保险费征缴暂行条例》关于基本养老保险费、基本医疗保险费、失业保险费的征缴规定执行。

第四条　用人单位应当将参加工伤保险的有关情况在本单位内公示。

用人单位和职工应当遵守有关安全生产和职业病防治的法律法规，执行安全卫生规程和标准，预防工伤事故发生，避免和减少职业病危害。

职工发生工伤时，用人单位应当采取措施使工伤职工得到及时救治。

第五条 国务院社会保险行政部门负责全国的工伤保险工作。

县级以上地方各级人民政府社会保险行政部门负责本行政区域内的工伤保险工作。

社会保险行政部门按照国务院有关规定设立的社会保险经办机构（以下称经办机构）具体承办工伤保险事务。

第六条 社会保险行政部门等部门制定工伤保险的政策、标准，应当征求工会组织、用人单位代表的意见。

第二章 工伤保险基金

第七条 工伤保险基金由用人单位缴纳的工伤保险费、工伤保险基金的利息和依法纳入工伤保险基金的其他资金构成。

第八条 工伤保险费根据以支定收、收支平衡的原则，确定费率。

国家根据不同行业的工伤风险程度确定行业的差别费率，并根据工伤保险费使用、工伤发生率等情况在每个行业内确定若干费率档次。行业差别费率及行业内费率档次由国务院社会保险行政部门制定，报国务院批准后公布施行。

统筹地区经办机构根据用人单位工伤保险费使用、工伤发生率等情况，适用所属行业内相应的费率档次确定单位缴费费率。

第九条 国务院社会保险行政部门应当定期了解全国各统筹地区工伤保险基金收支情况，及时提出调整行业差别费率及行业内费率档次的方案，报国务院批准后公布施行。

第十条 用人单位应当按时缴纳工伤保险费。职工个人不缴纳工伤保险费。

用人单位缴纳工伤保险费的数额为本单位职工工资总额乘以单位缴费费率之积。

对难以按照工资总额缴纳工伤保险费的行业，其缴纳工伤保险费的具体方式，由国务院社会保险行政部门规定。

第十一条 工伤保险基金逐步实行省级统筹。

跨地区、生产流动性较大的行业，可以采取相对集中的方式异地参加统筹地区的工伤保险。具体办法由国务院社会保险行政部门会同有关行业的主管部门制定。

第十二条 工伤保险基金存入社会保障基金财政专户，用于本条例规定的工伤保险待遇，劳动能力鉴定，工伤预防的宣传、培训等费用，以及法律、法规规定的用于工伤保险的其他费用的支付。

工伤预防费用的提取比例、使用和管理的具体办法，由国务院社会保险行政部门会同国务院财政、卫生行政、安全生产监督管理等部门规定。

任何单位或者个人不得将工伤保险基金用于投资运营、兴建或者改建办公场所、发放奖金，或者挪作其他用途。

第十三条 工伤保险基金应当留有一定比例的储备金，用于统筹地区重大事故的工伤保险待遇支付；储备金不足支付的，由统筹地区的人民政府垫付。储备金占基金总额的具体比例和储备金的使用办法，由省、自治区、直辖市人民政府规定。

第三章 工伤认定

第十四条 职工有下列情形之一的，应当认定为工伤：

（一）在工作时间和工作场所内，因工作原因受到事故伤害的；

（二）工作时间前后在工作场所内，从事与工作有关的预备性或者收尾性工作受到事故伤害的；

（三）在工作时间和工作场所内，因履行工作职责受到暴力等意外伤害的；

（四）患职业病的；

（五）因工外出期间，由于工作原因受到伤害或者发生事故下落不明的；

（六）在上下班途中，受到非本人主要责任的交通事故或者城市轨道交通、客运轮渡、火车事故伤害的；

（七）法律、行政法规规定应当认定为工伤的其他情形。

第十五条 职工有下列情形之一的，视同工伤：

（一）在工作时间和工作岗位，突发疾病死亡或者在48小时之内经抢救无效死亡的；

（二）在抢险救灾等维护国家利益、公共利益活动中受到伤害的；

（三）职工原在军队服役，因战、因公负伤致残，已取得革命伤残军人证，到用人单位后旧伤复发的。

职工有前款第（一）项、第（二）项情形的，按照本条例的有关规定享受工伤保险待遇；职工有前款第（三）项情形的，按照本条例的有关规定享受除一次性伤残补助金以外的工伤保险待遇。

第十六条 职工符合本条例第十四条、第十五条的规定，但是有下列情形之一的，不得认定为工伤或者视同工伤：

（一）故意犯罪的；

（二）醉酒或者吸毒的；

（三）自残或者自杀的。

第十七条 职工发生事故伤害或者按照职业病防治法规定被诊断、鉴定为职业病，所在单位应当自事故伤害发生之日或者被诊断、鉴定为职业病之日起30日内，向统筹地区社会保险行政部门提出工伤认定申请。遇有特殊情况，经报社会保险行政部门同意，申请时限可以适当延长。

用人单位未按前款规定提出工伤认定申请的，工伤职工或者其近亲属、工会组织在事故伤害发生之日或者被诊断、鉴定为职业病之日起1年内，可以直接向用人单位所在地统筹地区社会保险行政部门提出工伤认定申请。

按照本条第一款规定应当由省级社会保险行政部门进行工伤认定的事项，根据属地原则由用人单位所在地的设区的市级社会保险行政部门办理。

用人单位未在本条第一款规定的时限内提交工伤认定申请，在此期间发生符合本条例规定的工伤待遇等有关费用由该用人单位负担。

第十八条　提出工伤认定申请应当提交下列材料：

（一）工伤认定申请表；

（二）与用人单位存在劳动关系（包括事实劳动关系）的证明材料；

（三）医疗诊断证明或者职业病诊断证明书（或者职业病诊断鉴定书）。

工伤认定申请表应当包括事故发生的时间、地点、原因以及职工伤害程度等基本情况。

工伤认定申请人提供材料不完整的，社会保险行政部门应当一次性书面告知工伤认定申请人需要补正的全部材料。申请人按照书面告知要求补正材料后，社会保险行政部门应当受理。

第十九条　社会保险行政部门受理工伤认定申请后，根据审核需要可以对事故伤害进行调查核实，用人单位、职工、工会组织、医疗机构以及有关部门应当予以协助。职业病诊断和诊断争议的鉴定，依照职业病防治法的有关规定执行。对依法取得职业病诊断证明书或者职业病诊断鉴定书的，社会保险行政部门不再进行调查核实。

职工或者其近亲属认为是工伤，用人单位不认为是工伤的，由用人单位承担举证责任。

第二十条 社会保险行政部门应当自受理工伤认定申请之日起60日内作出工伤认定的决定,并书面通知申请工伤认定的职工或者其近亲属和该职工所在单位。

社会保险行政部门对受理的事实清楚、权利义务明确的工伤认定申请,应当在15日内作出工伤认定的决定。

作出工伤认定决定需要以司法机关或者有关行政主管部门的结论为依据的,在司法机关或者有关行政主管部门尚未作出结论期间,作出工伤认定决定的时限中止。

社会保险行政部门工作人员与工伤认定申请人有利害关系的,应当回避。

第四章 劳动能力鉴定

第二十一条 职工发生工伤,经治疗伤情相对稳定后存在残疾、影响劳动能力的,应当进行劳动能力鉴定。

第二十二条 劳动能力鉴定是指劳动功能障碍程度和生活自理障碍程度的等级鉴定。

劳动功能障碍分为十个伤残等级,最重的为一级,最轻的为十级。

生活自理障碍分为三个等级:生活完全不能自理、生活大部分不能自理和生活部分不能自理。

劳动能力鉴定标准由国务院社会保险行政部门会同国务院卫生行政部门等部门制定。

第二十三条 劳动能力鉴定由用人单位、工伤职工或者其近亲属向设区的市级劳动能力鉴定委员会提出申请,并提供工伤认定决定和职工工伤医疗的有关资料。

第二十四条 省、自治区、直辖市劳动能力鉴定委员会和设区的市级劳动能力鉴定委员会分别由省、自治区、直辖市和设区的市级社会保险行政部门、卫生行政部门、工会组织、经办机构代表以及用人单位代表组成。

劳动能力鉴定委员会建立医疗卫生专家库。列入专家库的医疗卫生专业技术人员应当具备下列条件：

（一）具有医疗卫生高级专业技术职务任职资格；

（二）掌握劳动能力鉴定的相关知识；

（三）具有良好的职业品德。

第二十五条 设区的市级劳动能力鉴定委员会收到劳动能力鉴定申请后，应当从其建立的医疗卫生专家库中随机抽取3名或者5名相关专家组成专家组，由专家组提出鉴定意见。设区的市级劳动能力鉴定委员会根据专家组的鉴定意见作出工伤职工劳动能力鉴定结论；必要时，可以委托具备资格的医疗机构协助进行有关的诊断。

设区的市级劳动能力鉴定委员会应当自收到劳动能力鉴定申请之日起60日内作出劳动能力鉴定结论，必要时，作出劳动能力鉴定结论的期限可以延长30日。劳动能力鉴定结论应当及时送达申请鉴定的单位和个人。

第二十六条 申请鉴定的单位或者个人对设区的市级劳动能力鉴定委员会作出的鉴定结论不服的，可以在收到该鉴定结论之日起15日内向省、自治区、直辖市劳动能力鉴定委员会提出再次鉴定申请。省、自治区、直辖市劳动能力鉴定委员会作出的劳动能力鉴定结论为最终结论。

第二十七条 劳动能力鉴定工作应当客观、公正。劳动能力鉴定委员会组成人员或者参加鉴定的专家与当事人有利害关系的，应当回避。

第二十八条 自劳动能力鉴定结论作出之日起1年后，工伤职工或者其近亲属、所在单位或者经办机构认为伤残情况发生变化的，可以申请劳动能力复查鉴定。

第二十九条 劳动能力鉴定委员会依照本条例第二十六条和第

二十八条的规定进行再次鉴定和复查鉴定的期限，依照本条例第二十五条第二款的规定执行。

第五章 工伤保险待遇

第三十条 职工因工作遭受事故伤害或者患职业病进行治疗，享受工伤医疗待遇。

职工治疗工伤应当在签订服务协议的医疗机构就医，情况紧急时可以先到就近的医疗机构急救。

治疗工伤所需费用符合工伤保险诊疗项目目录、工伤保险药品目录、工伤保险住院服务标准的，从工伤保险基金支付。工伤保险诊疗项目目录、工伤保险药品目录、工伤保险住院服务标准，由国务院社会保险行政部门会同国务院卫生行政部门、食品药品监督管理部门等部门规定。

职工住院治疗工伤的伙食补助费，以及经医疗机构出具证明，报经办机构同意，工伤职工到统筹地区以外就医所需的交通、食宿费用从工伤保险基金支付，基金支付的具体标准由统筹地区人民政府规定。

工伤职工治疗非工伤引发的疾病，不享受工伤医疗待遇，按照基本医疗保险办法处理。

工伤职工到签订服务协议的医疗机构进行工伤康复的费用，符合规定的，从工伤保险基金支付。

第三十一条 社会保险行政部门作出认定为工伤的决定后发生行政复议、行政诉讼的，行政复议和行政诉讼期间不停止支付工伤职工治疗工伤的医疗费用。

第三十二条 工伤职工因日常生活或者就业需要，经劳动能力鉴定委员会确认，可以安装假肢、矫形器、假眼、假牙和配置轮椅等辅助器具，所需费用按照国家规定的标准从工伤保险基金支付。

第三十三条　职工因工作遭受事故伤害或者患职业病需要暂停工作接受工伤医疗的，在停工留薪期内，原工资福利待遇不变，由所在单位按月支付。

停工留薪期一般不超过12个月。伤情严重或者情况特殊，经设区的市级劳动能力鉴定委员会确认，可以适当延长，但延长不得超过12个月。工伤职工评定伤残等级后，停发原待遇，按照本章的有关规定享受伤残待遇。工伤职工在停工留薪期满后仍需治疗的，继续享受工伤医疗待遇。

生活不能自理的工伤职工在停工留薪期需要护理的，由所在单位负责。

第三十四条　工伤职工已经评定伤残等级并经劳动能力鉴定委员会确认需要生活护理的，从工伤保险基金按月支付生活护理费。

生活护理费按照生活完全不能自理、生活大部分不能自理或者生活部分不能自理3个不同等级支付，其标准分别为统筹地区上年度职工月平均工资的50%、40%或者30%。

第三十五条　职工因工致残被鉴定为一级至四级伤残的，保留劳动关系，退出工作岗位，享受以下待遇：

（一）从工伤保险基金按伤残等级支付一次性伤残补助金，标准为：一级伤残为27个月的本人工资，二级伤残为25个月的本人工资，三级伤残为23个月的本人工资，四级伤残为21个月的本人工资；

（二）从工伤保险基金按月支付伤残津贴，标准为：一级伤残为本人工资的90%，二级伤残为本人工资的85%，三级伤残为本人工资的80%，四级伤残为本人工资的75%。伤残津贴实际金额低于当地最低工资标准的，由工伤保险基金补足差额；

（三）工伤职工达到退休年龄并办理退休手续后，停发伤残津贴，按照国家有关规定享受基本养老保险待遇。基本养老保险待遇低于伤残津贴的，由工伤保险基金补足差额。

职工因工致残被鉴定为一级至四级伤残的，由用人单位和职工个人以伤残津贴为基数，缴纳基本医疗保险费。

第三十六条　职工因工致残被鉴定为五级、六级伤残的，享受以下待遇：

（一）从工伤保险基金按伤残等级支付一次性伤残补助金，标准为：五级伤残为18个月的本人工资，六级伤残为16个月的本人工资；

（二）保留与用人单位的劳动关系，由用人单位安排适当工作。难以安排工作的，由用人单位按月发给伤残津贴，标准为：五级伤残为本人工资的70%，六级伤残为本人工资的60%，并由用人单位按照规定为其缴纳应缴纳的各项社会保险费。伤残津贴实际金额低于当地最低工资标准的，由用人单位补足差额。

经工伤职工本人提出，该职工可以与用人单位解除或者终止劳动关系，由工伤保险基金支付一次性工伤医疗补助金，由用人单位支付一次性伤残就业补助金。一次性工伤医疗补助金和一次性伤残就业补助金的具体标准由省、自治区、直辖市人民政府规定。

第三十七条　职工因工致残被鉴定为七级至十级伤残的，享受以下待遇：

（一）从工伤保险基金按伤残等级支付一次性伤残补助金，标准为：七级伤残为13个月的本人工资，八级伤残为11个月的本人工资，九级伤残为9个月的本人工资，十级伤残为7个月的本人工资；

（二）劳动、聘用合同期满终止，或者职工本人提出解除劳动、聘用合同的，由工伤保险基金支付一次性工伤医疗补助金，由用人单位支付一次性伤残就业补助金。一次性工伤医疗补助金和一次性伤残就业补助金的具体标准由省、自治区、直辖市人民政府规定。

第三十八条　工伤职工工伤复发，确认需要治疗的，享受本条例第三十条、第三十二条和第三十三条规定的工伤待遇。

第三十九条　职工因工死亡，其近亲属按照下列规定从工伤保险基金领取丧葬补助金、供养亲属抚恤金和一次性工亡补助金：

（一）丧葬补助金为6个月的统筹地区上年度职工月平均工资；

（二）供养亲属抚恤金按照职工本人工资的一定比例发给由因工死亡职工生前提供主要生活来源、无劳动能力的亲属。标准为：配偶每月40%，其他亲属每人每月30%，孤寡老人或者孤儿每人每月在上述标准的基础上增加10%。核定的各供养亲属的抚恤金之和不应高于因工死亡职工生前的工资。供养亲属的具体范围由国务院社会保险行政部门规定；

（三）一次性工亡补助金标准为上一年度全国城镇居民人均可支配收入的20倍。

伤残职工在停工留薪期内因工伤导致死亡的，其近亲属享受本条第一款规定的待遇。

一级至四级伤残职工在停工留薪期满后死亡的，其近亲属可以享受本条第一款第（一）项、第（二）项规定的待遇。

第四十条 伤残津贴、供养亲属抚恤金、生活护理费由统筹地区社会保险行政部门根据职工平均工资和生活费用变化等情况适时调整。调整办法由省、自治区、直辖市人民政府规定。

第四十一条 职工因工外出期间发生事故或者在抢险救灾中下落不明的，从事故发生当月起3个月内照发工资，从第4个月起停发工资，由工伤保险基金向其供养亲属按月支付供养亲属抚恤金。生活有困难的，可以预支一次性工亡补助金的50%。职工被人民法院宣告死亡的，按照本条例第三十九条职工因工死亡的规定处理。

第四十二条 工伤职工有下列情形之一的，停止享受工伤保险待遇：

（一）丧失享受待遇条件的；

（二）拒不接受劳动能力鉴定的；

（三）拒绝治疗的。

第四十三条 用人单位分立、合并、转让的，承继单位应当承担原用人单位的工伤保险责任；原用人单位已经参加工伤保险的，承继单位应当到当地经办机构办理工伤保险变更登记。

用人单位实行承包经营的，工伤保险责任由职工劳动关系所在单位承担。

职工被借调期间受到工伤事故伤害的，由原用人单位承担工伤保险责任，但原用人单位与借调单位可以约定补偿办法。

企业破产的，在破产清算时依法拨付应当由单位支付的工伤保险待遇费用。

第四十四条 职工被派遣出境工作，依据前往国家或者地区的法律应当参加当地工伤保险的，参加当地工伤保险，其国内工伤保险关系中止；不能参加当地工伤保险的，其国内工伤保险关系不中止。

第四十五条 职工再次发生工伤，根据规定应当享受伤残津贴的，按照新认定的伤残等级享受伤残津贴待遇。

第六章 监督管理

第四十六条 经办机构具体承办工伤保险事务，履行下列职责：

（一）根据省、自治区、直辖市人民政府规定，征收工伤保险费；

（二）核查用人单位的工资总额和职工人数，办理工伤保险登记，并负责保存用人单位缴费和职工享受工伤保险待遇情况的记录；

（三）进行工伤保险的调查、统计；

（四）按照规定管理工伤保险基金的支出；

（五）按照规定核定工伤保险待遇；

（六）为工伤职工或者其近亲属免费提供咨询服务。

第四十七条 经办机构与医疗机构、辅助器具配置机构在平等协商的基础上签订服务协议，并公布签订服务协议的医疗机构、辅助器具配置机构的名单。具体办法由国务院社会保险行政部门分别会同国务院卫生行政部门、民政部门等部门制定。

第四十八条 经办机构按照协议和国家有关目录、标准对工伤职工医疗费用、康复费用、辅助器具费用的使用情况进行核查，并按时足额结算费用。

第四十九条 经办机构应当定期公布工伤保险基金的收支情况，及时向社会保险行政部门提出调整费率的建议。

第五十条 社会保险行政部门、经办机构应当定期听取工伤职工、医疗机构、辅助器具配置机构以及社会各界对改进工伤保险工作的意见。

第五十一条 社会保险行政部门依法对工伤保险费的征缴和工伤保险基金的支付情况进行监督检查。

财政部门和审计机关依法对工伤保险基金的收支、管理情况进行监督。

第五十二条 任何组织和个人对有关工伤保险的违法行为，有权举报。社会保险行政部门对举报应当及时调查，按照规定处理，并为举报人保密。

第五十三条 工会组织依法维护工伤职工的合法权益，对用人单位的工伤保险工作实行监督。

第五十四条 职工与用人单位发生工伤待遇方面的争议，按照处理劳动争议的有关规定处理。

第五十五条 有下列情形之一的，有关单位或者个人可以依法申请行政复议，也可以依法向人民法院提起行政诉讼：

（一）申请工伤认定的职工或者其近亲属、该职工所在单位对工伤认定申请不予受理的决定不服的；

（二）申请工伤认定的职工或者其近亲属、该职工所在单位对工伤认定结论不服的；

（三）用人单位对经办机构确定的单位缴费费率不服的；

（四）签订服务协议的医疗机构、辅助器具配置机构认为经办机构未履行有关协议或者规定的；

（五）工伤职工或者其近亲属对经办机构核定的工伤保险待遇有异议的。

第七章　法　律　责　任

第五十六条　单位或者个人违反本条例第十二条规定挪用工伤保险基金，构成犯罪的，依法追究刑事责任；尚不构成犯罪的，依法给予处分或者纪律处分。被挪用的基金由社会保险行政部门追回，并入工伤保险基金；没收的违法所得依法上缴国库。

第五十七条　社会保险行政部门工作人员有下列情形之一的，依法给予处分；情节严重，构成犯罪的，依法追究刑事责任：

（一）无正当理由不受理工伤认定申请，或者弄虚作假将不符合工伤条件的人员认定为工伤职工的；

（二）未妥善保管申请工伤认定的证据材料，致使有关证据灭失的；

（三）收受当事人财物的。

第五十八条　经办机构有下列行为之一的，由社会保险行政部门责令改正，对直接负责的主管人员和其他责任人员依法给予纪律处分；情节严重，构成犯罪的，依法追究刑事责任；造成当事人经济损失的，由经办机构依法承担赔偿责任：

（一）未按规定保存用人单位缴费和职工享受工伤保险待遇情况记录的；

（二）不按规定核定工伤保险待遇的；

（三）收受当事人财物的。

第五十九条　医疗机构、辅助器具配置机构不按服务协议提供服务的，经办机构可以解除服务协议。

经办机构不按时足额结算费用的，由社会保险行政部门责令改正；医疗机构、辅助器具配置机构可以解除服务协议。

第六十条 用人单位、工伤职工或者其近亲属骗取工伤保险待遇，医疗机构、辅助器具配置机构骗取工伤保险基金支出的，由社会保险行政部门责令退还，处骗取金额2倍以上5倍以下的罚款；情节严重，构成犯罪的，依法追究刑事责任。

第六十一条 从事劳动能力鉴定的组织或者个人有下列情形之一的，由社会保险行政部门责令改正，处2000元以上1万元以下的罚款；情节严重，构成犯罪的，依法追究刑事责任：

（一）提供虚假鉴定意见的；

（二）提供虚假诊断证明的；

（三）收受当事人财物的。

第六十二条 用人单位依照本条例规定应当参加工伤保险而未参加的，由社会保险行政部门责令限期参加，补缴应当缴纳的工伤保险费，并自欠缴之日起，按日加收万分之五的滞纳金；逾期仍不缴纳的，处欠缴数额1倍以上3倍以下的罚款。

依照本条例规定应当参加工伤保险而未参加工伤保险的用人单位职工发生工伤的，由该用人单位按照本条例规定的工伤保险待遇项目和标准支付费用。

用人单位参加工伤保险并补缴应当缴纳的工伤保险费、滞纳金后，由工伤保险基金和用人单位依照本条例的规定支付新发生的费用。

第六十三条 用人单位违反本条例第十九条的规定，拒不协助社会保险行政部门对事故进行调查核实的，由社会保险行政部门责令改正，处2000元以上2万元以下的罚款。

第八章 附 则

第六十四条 本条例所称工资总额，是指用人单位直接支付给本单位全部职工的劳动报酬总额。

本条例所称本人工资，是指工伤职工因工作遭受事故伤害或者患职业病前12个月平均月缴费工资。本人工资高于统筹地区职工平均工资300%的，按照统筹地区职工平均工资的300%计算；本人工资低于统筹地区职工平均工资60%的，按照统筹地区职工平均工资的60%计算。

第六十五条　公务员和参照公务员法管理的事业单位、社会团体的工作人员因工作遭受事故伤害或者患职业病的，由所在单位支付费用。具体办法由国务院社会保险行政部门会同国务院财政部门规定。

第六十六条　无营业执照或者未经依法登记、备案的单位以及被依法吊销营业执照或者撤销登记、备案的单位的职工受到事故伤害或者患职业病的，由该单位向伤残职工或者死亡职工的近亲属给予一次性赔偿，赔偿标准不得低于本条例规定的工伤保险待遇；用人单位不得使用童工，用人单位使用童工造成童工伤残、死亡的，由该单位向童工或者童工的近亲属给予一次性赔偿，赔偿标准不得低于本条例规定的工伤保险待遇。具体办法由国务院社会保险行政部门规定。

前款规定的伤残职工或者死亡职工的近亲属就赔偿数额与单位发生争议的，以及前款规定的童工或者童工的近亲属就赔偿数额与单位发生争议的，按照处理劳动争议的有关规定处理。

第六十七条　本条例自2004年1月1日起施行。本条例施行前已受到事故伤害或者患职业病的职工尚未完成工伤认定的，按照本条例的规定执行。

最高人民法院关于审理工伤保险行政案件若干问题的规定

(2014年6月18日　法释〔2014〕9号)

为正确审理工伤保险行政案件,根据《中华人民共和国社会保险法》《中华人民共和国劳动法》《中华人民共和国行政诉讼法》《工伤保险条例》及其他有关法律、行政法规规定,结合行政审判实际,制定本规定。

第一条　人民法院审理工伤认定行政案件,在认定是否存在《工伤保险条例》第十四条第(六)项"本人主要责任"、第十六条第(二)项"醉酒或者吸毒"和第十六条第(三)项"自残或者自杀"等情形时,应当以有权机构出具的事故责任认定书、结论性意见和人民法院生效裁判等法律文书为依据,但有相反证据足以推翻事故责任认定书和结论性意见的除外。

前述法律文书不存在或者内容不明确,社会保险行政部门就前款事实作出认定的,人民法院应当结合其提供的相关证据依法进行审查。

《工伤保险条例》第十六条第(一)项"故意犯罪"的认定,应当以刑事侦查机关、检察机关和审判机关的生效法律文书或者结论性意见为依据。

第二条　人民法院受理工伤认定行政案件后,发现原告或者第三人在提起行政诉讼前已经就是否存在劳动关系申请劳动仲裁或者提起民事诉讼的,应当中止行政案件的审理。

第三条　社会保险行政部门认定下列单位为承担工伤保险责任单位的,人民法院应予支持:

(一)职工与两个或两个以上单位建立劳动关系,工伤事故发生时，职工为之工作的单位为承担工伤保险责任的单位；

（二）劳务派遣单位派遣的职工在用工单位工作期间因工伤亡的，派遣单位为承担工伤保险责任的单位；

（三）单位指派到其他单位工作的职工因工伤亡的，指派单位为承担工伤保险责任的单位；

（四）用工单位违反法律、法规规定将承包业务转包给不具备用工主体资格的组织或者自然人，该组织或者自然人聘用的职工从事承包业务时因工伤亡的，用工单位为承担工伤保险责任的单位；

（五）个人挂靠其他单位对外经营，其聘用的人员因工伤亡的，被挂靠单位为承担工伤保险责任的单位。

前款第（四）、（五）项明确的承担工伤保险责任的单位承担赔偿责任或者社会保险经办机构从工伤保险基金支付工伤保险待遇后，有权向相关组织、单位和个人追偿。

第四条 社会保险行政部门认定下列情形为工伤的，人民法院应予支持：

（一）职工在工作时间和工作场所内受到伤害，用人单位或者社会保险行政部门没有证据证明是非工作原因导致的；

（二）职工参加用人单位组织或者受用人单位指派参加其他单位组织的活动受到伤害的；

（三）在工作时间内，职工来往于多个与其工作职责相关的工作场所之间的合理区域因工受到伤害的；

（四）其他与履行工作职责相关，在工作时间及合理区域内受到伤害的。

第五条 社会保险行政部门认定下列情形为"因工外出期间"的，人民法院应予支持：

（一）职工受用人单位指派或者因工作需要在工作场所以外从事与工作职责有关的活动期间；

（二）职工受用人单位指派外出学习或者开会期间；

（三）职工因工作需要的其他外出活动期间。

职工因工外出期间从事与工作或者受用人单位指派外出学习、开会无关的个人活动受到伤害,社会保险行政部门不认定为工伤的,人民法院应予支持。

第六条 对社会保险行政部门认定下列情形为"上下班途中"的,人民法院应予支持:

(一)在合理时间内往返于工作地与住所地、经常居住地、单位宿舍的合理路线的上下班途中;

(二)在合理时间内往返于工作地与配偶、父母、子女居住地的合理路线的上下班途中;

(三)从事属于日常工作生活所需要的活动,且在合理时间和合理路线的上下班途中;

(四)在合理时间内其他合理路线的上下班途中。

第七条 由于不属于职工或者其近亲属自身原因超过工伤认定申请期限的,被耽误的时间不计算在工伤认定申请期限内。

有下列情形之一耽误申请时间的,应当认定为不属于职工或者其近亲属自身原因:

(一)不可抗力;

(二)人身自由受到限制;

(三)属于用人单位原因;

(四)社会保险行政部门登记制度不完善;

(五)当事人对是否存在劳动关系申请仲裁、提起民事诉讼。

第八条 职工因第三人的原因受到伤害,社会保险行政部门以职工或者其近亲属已经对第三人提起民事诉讼或者获得民事赔偿为由,作出不予受理工伤认定申请或者不予认定工伤决定的,人民法院不予支持。

职工因第三人的原因受到伤害,社会保险行政部门已经作出工伤认定,职工或者其近亲属未对第三人提起民事诉讼或者尚未获得民事赔偿,起诉要求社会保险经办机构支付工伤保险待遇的,人民法院应予支持。

职工因第三人的原因导致工伤,社会保险经办机构以职工或者其近亲属已经对第三人提起民事诉讼为由,拒绝支付工伤保险待遇的,人民法院不予支持,但第三人已经支付的医疗费用除外。

第九条 因工伤认定申请人或者用人单位隐瞒有关情况或者提供虚假材料,导致工伤认定错误的,社会保险行政部门可以在诉讼中依法予以更正。

工伤认定依法更正后,原告不申请撤诉,社会保险行政部门在作出原工伤认定时有过错的,人民法院应当判决确认违法;社会保险行政部门无过错的,人民法院可以驳回原告诉讼请求。

第十条 最高人民法院以前颁布的司法解释与本规定不一致的,以本规定为准。

人力资源社会保障部关于执行《工伤保险条例》若干问题的意见(二)

(2016年3月28日 人社部发〔2016〕29号)

各省、自治区、直辖市及新疆生产建设兵团人力资源社会保障厅(局):

为更好地贯彻执行新修订的《工伤保险条例》,提高依法行政能力和水平,妥善解决实际工作中的问题,保障职工和用人单位合法权益,现提出如下意见:

一、一级至四级工伤职工死亡,其近亲属同时符合领取工伤保险丧葬补助金、供养亲属抚恤金待遇和职工基本养老保险丧葬补助金、抚恤金待遇条件的,由其近亲属选择领取工伤保险或职工基本养老保险其中一种。

二、达到或超过法定退休年龄,但未办理退休手续或者未依法享受城镇职工基本养老保险待遇,继续在原用人单位工作期间受到事故伤害或患职业病的，用人单位依法承担工伤保险责任。

用人单位招用已经达到、超过法定退休年龄或已经领取城镇职工基本养老保险待遇的人员，在用工期间因工作原因受到事故伤害或患职业病的，如招用单位已按项目参保等方式为其缴纳工伤保险费的，应适用《工伤保险条例》。

三、《工伤保险条例》第六十二条规定的"新发生的费用"，是指用人单位参加工伤保险前发生工伤的职工，在参加工伤保险后新发生的费用。其中由工伤保险基金支付的费用，按不同情况予以处理：

（一）因工受伤的，支付参保后新发生的工伤医疗费、工伤康复费、住院伙食补助费、统筹地区以外就医交通食宿费、辅助器具配置费、生活护理费、一级至四级伤残职工伤残津贴，以及参保后解除劳动合同时的一次性工伤医疗补助金；

（二）因工死亡的，支付参保后新发生的符合条件的供养亲属抚恤金。

四、职工在参加用人单位组织或者受用人单位指派参加其他单位组织的活动中受到事故伤害的，应当视为工作原因，但参加与工作无关的活动除外。

五、职工因工作原因驻外，有固定的住所、有明确的作息时间，工伤认定时按照在驻在地当地正常工作的情形处理。

六、职工以上下班为目的、在合理时间内往返于工作单位和居住地之间的合理路线，视为上下班途中。

七、用人单位注册地与生产经营地不在同一统筹地区的，原则上应在注册地为职工参加工伤保险；未在注册地参加工伤保险的职工，可由用人单位在生产经营地为其参加工伤保险。

劳务派遣单位跨地区派遣劳动者，应根据《劳务派遣暂行规定》参加工伤保险。建筑施工企业按项目参保的，应在施工项目所在地参加工伤保险。

职工受到事故伤害或者患职业病后，在参保地进行工伤认定、劳动能力鉴定，并按照参保地的规定依法享受工伤保险待遇；未参加工伤保险的职工，应当在生产经营地进行工伤认定、劳动能力鉴定，并按照生产经营地的规定依法由用人单位支付工伤保险待遇。

八、有下列情形之一的，被延误的时间不计算在工伤认定申请时限内。

（一）受不可抗力影响的；

（二）职工由于被国家机关依法采取强制措施等人身自由受到限制不能申请工伤认定的；

（三）申请人正式提交了工伤认定申请，但因社会保险机构未登记或者材料遗失等原因造成申请超时限的；

（四）当事人就确认劳动关系申请劳动仲裁或提起民事诉讼的；

（五）其他符合法律法规规定的情形。

九、《工伤保险条例》第六十七条规定的"尚未完成工伤认定的"，是指在《工伤保险条例》施行前遭受事故伤害或被诊断鉴定为职业病，且在工伤认定申请法定时限内（从《工伤保险条例》施行之日起算）提出工伤认定申请，尚未做出工伤认定的情形。

十、因工伤认定申请人或者用人单位隐瞒有关情况或者提供虚假材料，导致工伤认定决定错误的，社会保险行政部门发现后，应当及时予以更正。

本意见自发文之日起执行，此前有关规定与本意见不一致的，按本意见执行。执行中有重大问题，请及时报告我部。

最高人民法院关于人事争议申请仲裁的时效期间如何计算的批复

(2013年9月12日 法释〔2013〕23号)

四川省高级人民法院：

你院《关于事业单位人事争议仲裁时效如何计算的请示》（川高法〔2012〕430号）收悉。经研究，批复如下：

依据《中华人民共和国劳动争议调解仲裁法》第二十七条第一款、第五十二条的规定，当事人自知道或者应当知道其权利被侵害之日起一年内申请仲裁，仲裁机构予以受理的，人民法院应予认可。

人力资源和社会保障部办公厅关于印发基层劳动人事争议调解工作规范的通知

(2014年3月5日 人社厅发〔2014〕30号)

各省、自治区、直辖市及新疆生产建设兵团人力资源社会保障厅（局）：

为进一步贯彻落实《中华人民共和国劳动争议调解仲裁法》及有关政策规定，加强基层调解工作规范化，促进调解组织建设、制度建设和队伍建设，切实改进工作作风，提升调解组织工作效能和社会公信力，充分发挥调解在争议处理中的基础性作用，现将基层劳动人事争议调解组织名称规范等工作规范予以印发（见附件），请认真组织实施。

各地要在今年12月底前，指导督促各类基层劳动人事争议调解组织将调解工作程序、调解组织工作职责和调解员行为规范在办公地点的显著位置上墙公布，并完成调解员证书制作发放等相关工作。上墙公布的内容应清晰、醒目，采用彩色铜版纸印刷，纸张不小于A2（42厘米×59.4厘米），具体样式由省级人力资源社会保障部门统一制定。有条件的地区可将上述工作规范及调解组织地址、联系方式等信息制成维权手册、服务指南、联系卡片等材料，在企业、工业园区、有关人力资源社会保障服务窗口发放，或在相关网络平台进行发布。要主动与相关部门沟通协调，落实基层调解组织人员、经费、场所等，为加强基层调解工作规范化建设提供必要保障。

请各地在2015年上半年对所辖地区实施工作规范情况进行专项检查，并于6月底前将书面检查报告报部调解仲裁管理司，部里将适时进行抽查。

附件：1. 基层劳动人事争议调解组织名称规范
2. 劳动人事争议调解工作程序
3. 基层劳动人事争议调解组织工作职责（试行）
4. 劳动人事争议调解员行为规范（试行）
5. 劳动人事争议调解员证书制作管理规范

附件1

基层劳动人事争议调解组织名称规范

一、企业劳动争议调解组织名称规范

（一）企业劳动争议调解组织名称由"企业名称"和"劳动争议调解委员会"依次组成。

（二）企业分支机构劳动争议调解组织名称由"企业名称"、"分支机构名称"和"劳动争议调解委员会"依次组成。

二、事业单位及其主管部门、社会团体劳动人事争议调解组织名称规范

事业单位及其主管部门、社会团体劳动人事争议调解组织名称由"事业单位及其主管部门、社会团体名称"和"劳动人事争议调解委员会"依次组成。

三、基层劳动就业社会保障公共服务平台劳动人事争议调解组织名称规范

街道、乡镇劳动就业社会保障服务中心（所）及社区、行政村劳动就业社会保障服务站劳动人事争议调解组织名称由"街道、乡镇名称"或者"社区、行政村名称"和"劳动人事争议调解中心"依次组成。

四、其他类型劳动人事争议调解组织名称规范

参照上述原则，其他类型劳动人事争议调解组织名称一般由"设立单位名称"和"劳动人事争议调解委员会"或者"地区名称"和"劳动人事争议调解中心"依次组成。

附件2

劳动人事争议调解工作程序

一、申请调解。发生劳动人事争议，当事人可以口头或者书面形式向调解组织提出调解申请。

二、受理调解申请。调解组织接到调解申请后，应当及时对调解申请进行审查，在3个工作日内作出是否受理的决定。

三、开展调解。调解组织根据案情指定调解员或者调解小组进行调解，调解应当自收到调解申请之日起15日内结束。但是，双方

当事人同意延期的可以延长。

四、调解协议的仲裁审查确认。达成调解协议的，双方当事人可以自调解协议生效之日起 15 日内共同向劳动人事争议仲裁委员会提出仲裁审查确认申请。

五、告知申请仲裁的权利。当事人不愿调解、调解不成或者达成调解协议后未经仲裁审查确认且不履行的，可以向劳动人事争议仲裁委员会申请仲裁。

附件 3

基层劳动人事争议调解组织工作职责（试行）

一、企业劳动争议调解组织、事业单位及其主管部门、社会团体劳动人事争议调解组织工作职责

（一）宣传人力资源社会保障法律、法规和政策；

（二）对本单位发生的劳动人事争议进行调解；

（三）监督和解协议、调解协议的履行；

（四）参与协调履行劳动合同、聘用合同、集体合同和执行单位规章制度等方面出现的问题；

（五）参与研究涉及劳动者切身利益的重大方案；

（六）协助本单位建立劳动人事争议预防预警机制。

二、基层劳动就业社会保障公共服务平台劳动人事争议调解组织工作职责

（一）宣传人力资源社会保障法律、法规和政策；

（二）调解本辖区内发生的劳动人事争议；

（三）监督和解协议、调解协议的履行；

（四）配合人力资源社会保障行政部门及调解仲裁机构开展辖区内劳动人事争议预防调解相关工作。

附件 4

劳动人事争议调解员行为规范（试行）

一、依法调解。坚持自愿、合法、公正、及时的原则，以事实为依据，以法律为准绳，履行居中调解职责。

二、爱岗敬业。热爱调解工作，注重业务学习，以维护劳动人事争议双方当事人权益为己任，恪尽职守，甘于奉献。

三、热情服务。工作主动、耐心、细致、周到，仪表整洁、语言文明、举止得体、态度诚恳。

四、保守秘密。不得泄露调解工作中获取的商业秘密、个人隐私等。

五、廉洁自律。不得收受、索取财物或者牟取不正当利益，不得为当事人介绍劳动人事争议仲裁、诉讼代理人。

附件 5

劳动人事争议调解员证书制作管理规范

一、劳动人事争议调解员证书制作

（一）证书封面

1. 内容

应当包括"劳动人事争议调解员证"、基层劳动人事争议调解组织标识及发证机关"XX 省（区、市）人力资源和社会保障厅（局）"。

2. 样式

宽约 8 厘米，高约 11.5 厘米，应当采用藏蓝色耐磨材质，烫银字印刷，设计应当简洁、大方、实用。

（二）证书内芯

1. 内容

应当包括调解员基本信息（照片、姓名、所属调解组织、发证日期、有效期、证书编号等）、发证机关公章、调解员行为规范主要内容（依法调解、爱岗敬业、热情服务、保守秘密、廉洁自律）及定期检验或注册记录等。

2. 样式

应当采用有一定厚度的耐磨纸张双面印刷，套印发证机关公章，应当有防伪设计。

二、劳动人事争议调解员证书管理

（一）制作发放

由各省、自治区、直辖市人力资源社会保障厅（局）按照制作要求统一制作并组织发放。

（二）发放范围

各类基层劳动人事争议调解组织专兼职调解员。

（三）申领条件

依据《中华人民共和国劳动争议调解仲裁法》第十一条规定，公道正派、联系群众、热心调解工作，并具有一定法律知识、政策水平和文化水平，在劳动人事争议调解组织专兼职从事调解工作的成年公民可申领劳动人事争议调解员证书。具体申领条件由各省、自治区、直辖市人力资源社会保障厅（局）统一制定。

（四）统一管理

各省、自治区、直辖市人力资源社会保障厅（局）要制定调解员证书管理办法，报部调解仲裁管理司备案。要建立调解员信息台账，由专人负责进行实时、动态管理。

人力资源社会保障部、中央综治办关于加强专业性劳动争议调解工作的意见

(2015年6月3日 人社部发〔2015〕53号)

各省、自治区、直辖市及新疆生产建设兵团人力资源社会保障厅（局）、综治办：

为贯彻落实中共中央、国务院《关于构建和谐劳动关系的意见》（中发〔2015〕10号）及中央综治委、人力资源社会保障部等16部委《关于深入推进矛盾纠纷大调解工作的指导意见》（综治委〔2011〕10号），进一步加强专业性劳动争议调解工作，现提出以下意见：

一、总体要求

深入贯彻党的十八大和十八届三中、四中全会关于健全社会矛盾纠纷预防化解机制、创新劳动关系协调机制、加强劳动争议调解的精神，按照《关于构建和谐劳动关系的意见》的要求，坚持"预防为主、基层为主、调解为主"的方针，建立党委、政府领导、综治协调、人力资源社会保障行政部门主导、有关部门和单位共同参与的专业性劳动争议调解工作机制，健全调解组织，完善工作制度，强化基础保障，提升专业性劳动争议调解工作能力，发挥专业性调解在争议处理中的基础性作用，促进劳动关系和谐与社会大局稳定。

二、加强专业性劳动争议调解组织建设

建立健全专业性劳动争议调解组织。积极推动企业劳动争议调解组织建设，建立有效的劳动争议协商解决机制，提高企业自主解决争议的能力。指导和推动行业商会（协会）建立劳动争议调解组织，重点推进争议多发的制造、餐饮、建筑、商贸服务和民营高科技等行业商会（协会）建立劳动争议调解组织。进一步加强乡镇

（街道）劳动就业社会保障服务所（中心）调解组织建设。加强统筹协调，在乡镇（街道）矛盾纠纷调解工作平台设置"劳动争议调解窗口"，由当地乡镇（街道）劳动就业社会保障服务所（中心）调解组织负责调解窗口的日常工作。各类专业性劳动争议调解组织的设立和人员组成情况要及时向当地人力资源社会保障行政部门备案。各地人力资源社会保障行政部门要加强工作情况通报，建立调解组织、调解员名册制度，定期向社会公开调解组织、调解员名单。

推进专业性劳动争议调解组织规范化建设。各类专业性劳动争议调解组织和"劳动争议调解窗口"要按照人力资源社会保障部关于基层调解工作规范化建设的要求，统一规范标识、名称、工作职责、工作程序和调解员行为。各地人力资源社会保障行政部门要将推进调解工作规范化建设作为加强专业性劳动争议调解工作的重要措施，加强指导推动和督促检查。有条件的地区可通过发放劳动争议调解服务手册、联系卡，或在相关网站平台发布信息等方式，为企业、职工提供方便，提高调解组织的管理服务水平。

三、推动专业性劳动争议调解制度建设

完善劳动争议调解工作制度。对于小额、简单劳动争议案件，各类专业性劳动争议调解组织要探索符合其特点的调解制度和方法技巧，就近就地予以化解。对于重大集体劳动争议案件，各地仲裁机构要会同工会、企业代表组织及时介入，积极引导当事人双方通过调解化解争议，调解成功的要现场制作调解书，调解不成的要及时引导进入仲裁程序。各地人力资源社会保障行政部门要指导各类专业性劳动争议调解组织完善调解案件登记、调解工作记录、督促履行调解协议、档案管理、统计报告等工作制度。

完善调解与仲裁衔接机制。各地人力资源社会保障行政部门要指导仲裁机构做好调解与仲裁工作的衔接，加强对辖区内专业性劳动争议调解组织的支持。仲裁机构要落实调解建议书、委托调解、调解协议仲裁审查确认等三项工作制度，制定具体实施细则，提升调解协议的执行力。对未经调解组织调解，当事人直接申请仲裁的劳动争议案件，劳动人事争议仲裁委员会可向当事人发出调解建议书，引导其在企业、乡镇（街道）、行业调解组织进行调解。仲裁委员会对于已经立案的劳动争议案件，认为可以委托调解的，经当事人双方同意，可以委托调解组织进行调解。对当事人双方提出的审查调解协议申请，仲裁委员会受理后，应当对调解协议进行审查，对程序和内容合法有效的调解协议出具调解书。

四、加强专业性劳动争议调解的基础保障

加强调解员队伍建设。各类专业性劳动争议调解组织要合理配备专职或者兼职调解员。乡镇（街道）劳动就业社会保障服务所（中心）调解组织可通过调剂事业编制、政府购买服务、开发公益性岗位等多种途径，充实调解员队伍，争议案件易发、多发的乡镇（街道）要配备专职调解员。各地人力资源社会保障行政部门要指导各类专业性劳动争议调解组织建立和完善调解员的选聘、业务培训、工作考评等管理制度，逐步实现调解员持证上岗。加大调解员培训力度，建立调解员分级培训机制，提升调解员的法律素养和工作能力。加强调解队伍作风建设，增强服务意识，改进服务措施，提高服务能力，打造专业性劳动争议调解优质服务品牌。

改善调解工作条件。要积极协调有关方面，支持各类专业性调解组织改善工作条件。乡镇（街道）劳动就业社会保障服务所（中心）调解组织要有独立的调解室，配备必要的办案和办公设备。各地要积极协调将乡镇（街道）调解工作经费纳入当地财政预算，保证工作正常开展。根据调解案件数量和难易程度，通过政府购买服务方式，按照以案定补方式给予必要的经费支持。

五、加强对专业性劳动争议调解工作的组织领导

各地人力资源社会保障行政部门、综治组织要高度重视专业性劳动争议调解工作，将其作为构建和谐劳动关系、健全社会矛盾纠纷预防化解机制的重要任务，切实加强组织领导，密切配合，形成工作合力。

人力资源社会保障行政部门主要承担专业性劳动争议调解工作

的牵头职责，负责制定劳动争议调解规章政策，会同有关部门推动各类专业性调解组织和队伍建设，建立健全集体劳动争议调解机制。

综治组织在党委、政府领导下，加强调查研究、组织协调、督导检查、考评、推动，推进矛盾纠纷排查预警、调解处置工作，研究完善群众利益协调机制，落实矛盾纠纷排查调处工作协调会议纪要月报制度。会同人力资源社会保障行政部门，将专业性劳动争议调解工作纳入综治工作（平安建设）考评。

各地人力资源社会保障行政部门、综治组织要对加强专业性劳动争议调解工作情况联合开展督促检查，推动各项任务落到实处。要建立联席会议、信息通报等制度，及时发现、定期分析工作中存在的问题和困难，共同研究对策措施。

国务院办公厅关于全面治理拖欠农民工工资问题的意见

（2016年1月17日　国办发〔2016〕1号）

解决拖欠农民工工资问题，事关广大农民工切身利益，事关社会公平正义和社会和谐稳定。党中央、国务院历来高度重视，先后出台了一系列政策措施，各地区、各有关部门加大工作力度，经过多年治理取得了明显成效。但也要看到，这一问题尚未得到根本解决，部分行业特别是工程建设领域拖欠工资问题仍较突出，一些政府投资工程项目不同程度存在拖欠农民工工资问题，严重侵害了农民工合法权益，由此引发的群体性事件时有发生，影响社会稳定。为全面治理拖欠农民工工资问题，经国务院同意，现提出如下意见：

一、总体要求

（一）指导思想。全面贯彻党的十八大和十八届二中、三中、四中、五中全会精神，按照"四个全面"战略布局和党中央、国务院决策部署，牢固树立并切实贯彻创新、协调、绿色、开放、共享的发展理念，紧紧围绕保护农民工劳动所得，坚持标本兼治、综合治理，着力规范工资支付行为、优化市场环境、强化监管责任，健全预防和解决拖欠农民工工资问题的长效机制，切实保障农民工劳动报酬权益，维护社会公平正义，促进社会和谐稳定。

（二）目标任务。以建筑市政、交通、水利等工程建设领域和劳动密集型加工制造、餐饮服务等易发生拖欠工资问题的行业为重点，健全源头预防、动态监管、失信惩戒相结合的制度保障体系，完善市场主体自律、政府依法监管、社会协同监督、司法联动惩处的工作体系。到2020年，形成制度完备、责任落实、监管有力的治理格局，使拖欠农民工工资问题得到根本遏制，努力实现基本无拖欠。

二、全面规范企业工资支付行为

（三）明确工资支付各方主体责任。全面落实企业对招用农民工的工资支付责任，督促各类企业严格依法将工资按月足额支付给农民工本人，严禁将工资发放给不具备用工主体资格的组织和个人。在工程建设领域，施工总承包企业（包括直接承包建设单位发包工程的专业承包企业，下同）对所承包工程项目的农民工工资支付负总责，分包企业（包括承包施工总承包企业发包工程的专业企业，下同）对所招用农民工的工资支付负直接责任，不得以工程款未到位等为由克扣或拖欠农民工工资，不得将合同应收工程款等经营风险转嫁给农民工。

（四）严格规范劳动用工管理。督促各类企业依法与招用的农民工签订劳动合同并严格履行，建立职工名册并办理劳动用工备案。在工程建设领域，坚持施工企业与农民工先签订劳动合同后进场施工，全面实行农民工实名制管理制度，建立劳动计酬手册，记录施工现场作业农民工的身份信息、劳动考勤、工资结算等信息，逐步实现信息化实名制管理。施工总承包企业要加强对分包企业劳动用工和工资发放的监督管理，在工程项目部配备劳资专管员，建立施工人员进出场登记制度和考勤计量、工资支付等管理台账，实时掌握施工现场用工及其工资支付情况,不得以包代管。施工总承包企业和分包企业应将经农民工本人签字确认的工资支付书面记录保存两年以上备查。

(五)推行银行代发工资制度。推动各类企业委托银行代发农民工工资。在工程建设领域,鼓励实行分包企业农民工工资委托施工总承包企业直接代发的办法。分包企业负责为招用的农民工申办银行个人工资账户并办理实名制工资支付银行卡,按月考核农民工工作量并编制工资支付表,经农民工本人签字确认后,交施工总承包企业委托银行通过其设立的农民工工资(劳务费)专用账户直接将工资划入农民工个人工资账户。

三、健全工资支付监控和保障制度

(六)完善企业工资支付监控机制。构建企业工资支付监控网络,依托基层劳动保障监察网格化、网络化管理平台的工作人员和基层工会组织设立的劳动法律监督员,对辖区内企业工资支付情况实行日常监管,对发生过拖欠工资的企业实行重点监控并要求其定期申报。企业确因生产经营困难等原因需要延期支付农民工工资的,应及时向当地人力资源社会保障部门、工会组织报告。建立和完善欠薪预警系统,根据工商、税务、银行、水电供应等单位反映的企业生产经营状况相关指标变化情况,定期对重点行业企业进行综合分析研判,发现欠薪隐患要及时预警并做好防范工作。

(七)完善工资保证金制度。在建筑市政、交通、水利等工程建设领域全面实行工资保证金制度,逐步将实施范围扩大到其他易发生拖欠工资的行业。建立工资保证金差异化缴存办法,对一定时期内未发生工资拖欠的企业实行减免措施、发生工资拖欠的企业适当提高缴存比例。严格规范工资保证金动用和退还办法。探索推行业主担保、银行保函等第三方担保制度,积极引入商业保险机制,保障农民工工资支付。

(八)建立健全农民工工资(劳务费)专用账户管理制度。在工程建设领域,实行人工费用与其他工程款分账管理制度,推动农民工工资与工程材料款等相分离。施工总承包企业应分解工程价款中的人工费用，在工程项目所在地银行开设农民工工资（劳务费）专用账户，专项用于支付农民工工资。建设单位应按照工程承包合同约定的比例或施工总承包企业提供的人工费用数额，将应付工程款中的人工费单独拨付到施工总承包企业开设的农民工工资（劳务费）专用账户。农民工工资（劳务费）专用账户应向人力资源社会保障部门和交通、水利等工程建设项目主管部门备案，并委托开户银行负责日常监管，确保专款专用。开户银行发现账户资金不足、被挪用等情况，应及时向人力资源社会保障部门和交通、水利等工程建设项目主管部门报告。

（九）落实清偿欠薪责任。招用农民工的企业承担直接清偿拖欠农民工工资的主体责任。在工程建设领域，建设单位或施工总承包企业未按合同约定及时划拨工程款，致使分包企业拖欠农民工工资的，由建设单位或施工总承包企业以未结清的工程款为限先行垫付农民工工资。建设单位或施工总承包企业将工程违法发包、转包或违法分包致使拖欠农民工工资的，由建设单位或施工总承包企业依法承担清偿责任。

四、推进企业工资支付诚信体系建设

（十）完善企业守法诚信管理制度。将劳动用工、工资支付情况作为企业诚信评价的重要依据，实行分类分级动态监管。建立拖欠工资企业"黑名单"制度，定期向社会公开有关信息。人力资源社会保障部门要建立企业拖欠工资等违法信息的归集、交换和更新机制，将查处的企业拖欠工资情况纳入人民银行企业征信系统、工商部门企业信用信息公示系统、住房城乡建设等行业主管部门诚信信息平台或政府公共信用信息服务平台。推进相关信用信息系统互联互通，实现对企业信用信息互认共享。

（十一）建立健全企业失信联合惩戒机制。加强对企业失信行为的部门协同监管和联合惩戒，对拖欠工资的失信企业，由有关部门在政府资金支持、政府采购、招投标、生产许可、履约担保、资质审核、融资贷款、市场准入、评优评先等方面依法依规予以限制，使失信企业在全国范围内"一处违法、处处受限"，提高企业失信违法成本。

五、依法处置拖欠工资案件

（十二）严厉查处拖欠工资行为。加强工资支付监察执法，扩大日常巡视检查和书面材料审查覆盖范围，推进劳动保障监察举报投诉案件省级联动处理机制建设，加大拖欠农民工工资举报投诉受理和案件查处力度。完善多部门联合治理机制，深入开展农民工工资支付情况专项检查。健全地区执法协作制度，加强跨区域案件执法协作。完善劳动保障监察行政执法与刑事司法衔接机制，健全劳动保障监察机构、公安机关、检察机关、审判机关间信息共享、案情通报、案件移送等制度，推动完善人民检察院立案监督和人民法院及时财产保全等制度。对恶意欠薪涉嫌犯罪的，依法移送司法机关追究刑事责任，切实发挥刑法对打击拒不支付劳动报酬犯罪行为的威慑作用。

（十三）及时处理欠薪争议案件。充分发挥基层劳动争议调解等组织的作用，引导农民工就地就近解决工资争议。劳动人事争议仲裁机构对农民工因拖欠工资申请仲裁的争议案件优先受理、优先开庭、及时裁决、快速结案。对集体欠薪争议或涉及金额较大的欠薪争议案件要挂牌督办。加强裁审衔接与工作协调，提高欠薪争议案件裁决效率。畅通申请渠道，依法及时为农民工讨薪提供法律服务和法律援助。

（十四）完善欠薪突发事件应急处置机制。健全应急预案，及时妥善处置因拖欠农民工工资引发的突发性、群体性事件。完善欠薪应急周转金制度，探索建立欠薪保障金制度，对企业一时难以解决拖欠工资或企业主欠薪逃匿的，及时动用应急周转金、欠薪保障金或通过其他渠道筹措资金，先行垫付部分工资或基本生活费，帮助解决被拖欠工资农民工的临时生活困难。对采取非法手段讨薪或以拖欠工资为名讨要工程款，构成违反治安管理行为的，要依法予以治安处罚；涉嫌犯罪的，依法移送司法机关追究刑事责任。

六、改进建设领域工程款支付管理和用工方式

（十五）加强建设资金监管。在工程建设领域推行工程款支付担保制度，采用经济手段约束建设单位履约行为，预防工程款拖欠。加强对政府投资工程项目的管理，对建设资金来源不落实的政府投资工程项目不予批准。政府投资项目一律不得以施工企业带资承包的方式进行建设，并严禁将带资承包有关内容写入工程承包合同及补充条款。

（十六）规范工程款支付和结算行为。全面推行施工过程结算，建设单位应按合同约定的计量周期或工程进度结算并支付工程款。工程竣工验收后，对建设单位未完成竣工结算或未按合同支付工程款且未明确剩余工程款支付计划的，探索建立建设项目抵押偿付制度，有效解决拖欠工程款问题。对长期拖欠工程款结算或拖欠工程款的建设单位，有关部门不得批准其新项目开工建设。

（十七）改革工程建设领域用工方式。加快培育建筑产业工人队伍，推进农民工组织化进程。鼓励施工企业将一部分技能水平高的农民工招用为自有工人，不断扩大自有工人队伍。引导具备条件的劳务作业班组向专业企业发展。

（十八）实行施工现场维权信息公示制度。施工总承包企业负责在施工现场醒目位置设立维权信息告示牌，明示业主单位、施工总承包企业及所在项目部、分包企业、行业监管部门等基本信息；明示劳动用工相关法律法规、当地最低工资标准、工资支付日期等信息；明示属地行业监管部门投诉举报电话和劳动争议调解仲裁、劳动保障监察投诉举报电话等信息，实现所有施工场地全覆盖。

七、加强组织领导

（十九）落实属地监管责任。按照属地管理、分级负责、谁主管谁负责的原则，完善并落实解决拖欠农民工工资问题省级人民政府负总责，市（地）、县级人民政府具体负责的工作体制。完善目标责任制度，制定实施办法，将保障农民工工资支付纳入政府考核评价指标体系。建立定期督查制度，对拖欠农民工工资问题高发频发、举报投诉量大的地区及重大违法案件进行重点督查。健全问责制度，对监管责任不落实、组织工作不到位的，要严格责任追究。对政府投资工程项目拖欠工程款并引发拖欠农民工工资问题的，要追究项目负责人责任。

（二十）完善部门协调机制。健全解决企业工资拖欠问题部际联席会议制度，联席会议成员单位调整为人力资源社会保障部、发展改革委、公安部、司法部、财政部、住房城乡建设部、交通运输部、水利部、人民银行、国资委、工商总局、全国总工会，形成治理欠薪工作合力。地方各级人民政府要建立健全由政府负责人牵头、相关部门参与的工作协调机制。人力资源社会保障部门要加强组织协调和督促检查，加大劳动保障监察执法力度。住房城乡建设、交通运输、水利等部门要切实履行行业监管责任，规范工程建设市场秩序，督促企业落实劳务用工实名制管理等制度规定，负责督办因挂靠承包、违法分包、转包、拖欠工程款等造成的欠薪案件。发展改革等部门要加强对政府投资项目的审批管理，严格审查资金来源和筹措方式。财政部门要加强对政府投资项目建设全过程的资金监管，按规定及时拨付财政资金。其他相关部门要根据职责分工，积极做好保障农民工工资支付工作。

（二十一）加大普法宣传力度。发挥新闻媒体宣传引导和舆论监督作用，大力宣传劳动保障法律法规，依法公布典型违法案件，引导企业经营者增强依法用工、按时足额支付工资的法律意识，引导农民工依法理性维权。对重点行业企业，定期开展送法上门宣讲、组织法律培训等活动。充分利用互联网、微博、微信等现代传媒手段，不断创新宣传方式，增强宣传效果，营造保障农民工工资支付的良好舆论氛围。

（二十二）加强法治建设。健全保障农民工工资支付的法律制度，在总结相关行业有效做法和各地经验基础上，加快工资支付保障相关立法，为维护农民工劳动报酬权益提供法治保障。

人力资源社会保障部、中央综治办、最高人民法院、司法部、财政部、中华全国总工会、中华全国工商业联合会、中国企业联合会/中国企业家协会关于进一步加强劳动人事争议调解仲裁完善多元处理机制的意见

(2017年3月21日 人社部发〔2017〕26号)

各省、自治区、直辖市人力资源社会保障厅（局）、综治办、高级人民法院、司法厅（局）、财政厅（局）、总工会、工商业联合会、企业联合会/企业家协会，新疆生产建设兵团人力资源社会保障局、综治办、新疆维吾尔自治区高级人民法院生产建设兵团分院、司法局、财务局、工会、工商业联合会、企业联合会/企业家协会：

劳动人事争议调解仲裁是劳动人事关系矛盾纠纷多元化解机制的重要组成部分。当前，我国正处于经济社会转型时期，劳动关系矛盾处于凸显期和多发期，劳动人事争议案件逐年增多。通过协商、调解、仲裁、诉讼等方式依法有效处理劳动人事争议，对于促进社会公平正义、维护劳动人事关系和谐与社会稳定具有重要意义。根据中共中央办公厅、国务院办公厅《关于完善矛盾纠纷多元化解机制的意见》，现就进一步加强劳动人事争议调解仲裁完善多元处理机制，提出如下意见。

一、总体要求

（一）指导思想。全面贯彻党的十八大和十八届三中、四中、五中、六中全会精神，以邓小平理论、"三个代表"重要思想、科

学发展观为指导，深入贯彻习近平总书记系列重要讲话精神，主动适应经济发展新常态，积极落实加强和创新社会治理新要求，探索新时期预防化解劳动人事关系矛盾纠纷的规律，不断提高调解仲裁规范化、标准化、专业化、信息化水平，推动健全中国特色劳动人事争议处理制度，完善劳动人事争议多元处理机制，切实维护劳动人事关系和谐与社会稳定，为全面建成小康社会做出更大贡献。

（二）基本原则

1. 坚持协调联动、多方参与。在党委领导、政府主导、综治协调下，积极发挥人力资源社会保障部门牵头作用，鼓励各有关部门和单位发挥职能作用，引导社会力量积极参与，合力化解劳动人事关系矛盾纠纷。

2. 坚持源头治理、注重调解。贯彻"预防为主、基层为主、调解为主"工作方针，充分发挥协商、调解在劳动人事争议处理中的基础性作用，最大限度地把矛盾纠纷解决在基层和萌芽状态。

3. 坚持依法处理、维护公平。完善劳动人事争议调解制度和仲裁准司法制度，发挥司法的引领、推动和保障作用，运用法治思维和法治方式处理劳动人事争议，切实维护用人单位和劳动者的合法权益。

4. 坚持服务为先、高效便捷。以提高劳动人事争议处理质效为目标，把服务理念贯穿争议处理全过程，为用人单位和劳动者提供优质服务。

5. 坚持立足国情、改革创新。及时总结实践经验，借鉴国外有益做法，加强制度创新，不断完善劳动人事争议多元处理机制。

（三）主要目标。到2020年，劳动人事争议协商解决机制逐步完善，调解基础性作用充分发挥，仲裁制度优势显著增强，司法保障作用进一步加强，协商、调解、仲裁、诉讼相互协调、有序衔接的劳动人事争议多元处理格局更加健全，劳动人事争议处理工作服务社会能力明显提高。

二、健全劳动人事争议预防协商解决机制

（四）指导用人单位加强劳动人事争议源头预防。加大法律法规政策宣传力度，推动用人单位全面实行劳动合同或者聘用合同制度，完善民主管理制度，推行集体协商和集体合同制度，保障职工对用人单位重大决策和重大事项的知情权、参与权、表达权、监督权，加强对职工的人文关怀。指导企业与职工建立多种方式的对话沟通机制，完善劳动争议预警机制，特别是在分流安置职工等涉及劳动关系重大调整时，广泛听取职工意见，依法保障职工合法权益。探索建立符合事业单位和社会团体工作人员、聘任制公务员和军队文职人员管理特点的单位内部人事争议预防机制。切实发挥企业事业单位法律顾问、公司律师在预防化解劳动人事争议方面的作用。推行劳动人事争议仲裁建议书、司法建议书制度，促进用人单位有效预防化解矛盾纠纷。

（五）引导支持用人单位与职工通过协商解决劳动人事争议。推动建立劳动人事争议协商解决机制，鼓励和引导争议双方当事人在平等自愿基础上协商解决纠纷。指导用人单位完善协商规则，建立内部申诉和协商回应制度。加大工会参与协商力度。鼓励社会组织和专家接受当事人申请或委托，为其解决纠纷予以协调、提供帮助。探索开展协商咨询服务工作，督促履行和解协议。

三、完善专业性劳动人事争议调解机制

（六）建立健全多层次劳动人事争议调解组织网络。推进县（市、区）调解组织建设，加强乡镇（街道）劳动就业社会保障服务所（中心）调解组织建设。在乡镇（街道）综治中心设置劳动人事争议调解窗口，由当地劳动就业社会保障服务所（中心）调解组织负责其日常工作。积极推动企业劳动争议调解委员会建设，指导推动建立行业性、区域性调解组织，重点在争议多发的制造、餐饮、建筑、商贸服务以及民营高科技等行业和开发区、工业园区等区域建立调解组织。加强事业单位及其主管部门调解组织建设，重点推动教育、科技、文化、卫生等事业单位及其主管部门建立由人事部

门代表、职工代表、工会代表、法律顾问等组成的调解组织。加强专业性劳动人事争议调解与仲裁调解、人民调解、司法调解的联动，逐步实现程序衔接、资源整合和信息共享。同时，充分发挥人民调解组织在调解劳动争议方面的作用，在劳动争议多发的乡镇（街道），人民调解委员会可设立专门的服务窗口，及时受理并调解劳动争议。各级人力资源社会保障部门要加强统筹协调，指导推动劳动人事争议调解工作，建立专业性调解组织和调解员名册制度，加强工作情况通报和人员培训。

（七）加强劳动人事争议调解规范化建设。进一步规范调解组织工作职责、工作程序和调解员行为。建立健全调解受理登记、调解处理、告知引导、回访反馈、档案管理、统计报告、工作考评等制度。建立健全集体劳动争议应急调解机制，发生集体劳动争议时，人力资源社会保障部门要会同工会、企业代表组织及时介入，第一时间进行调解，调解不成的及时引导当事人进入仲裁程序。

（八）鼓励支持社会力量参与调解。引导劳动人事争议当事人主动选择、自愿接受调解服务。通过政府购买服务等方式，鼓励和支持法学专家、律师以及退休的法官、检察官、劳动人事争议调解员仲裁员等社会力量参与劳动人事争议调解工作，有条件的可设立调解工作室。发挥社区工作者、平安志愿者、劳动关系协调员、劳动保障监察网格管理员预防化解劳动人事争议的作用。鼓励支持社会组织开展劳动人事争议调解工作。

四、创新劳动人事争议仲裁机制

（九）完善仲裁办案制度。建立仲裁办案基本制度目录清单，指导各地完善仲裁制度体系。创新仲裁调解制度，可在仲裁院设立调解庭开展调解工作。依法细化终局裁决规定，提高终局裁决比例。建立健全证据制度，制定体现劳动人事争议处理特点的仲裁证据规则。建立仲裁委员会仲裁办案监督制度，提高仲裁办案纠错能力。推行劳动人事争议仲裁委员会三方仲裁员组庭处理集体劳动争议制度。实行"阳光仲裁"，逐步实行仲裁裁决书网上公开，接受社会监督。推进法律援助参与劳动人事争议仲裁，在案件多发高发地区的仲裁机构设立法律援助窗口，依法为符合条件的农民工、工伤职工等群体提供法律援助服务。

（十）简化优化仲裁具体办案程序。实施案件分类处理，简化优化立案、庭审、调解、送达等具体程序，提高仲裁案件处理质量和效率。规范简易仲裁程序，灵活快捷处理小额简单争议案件。建立健全集体劳动争议快速仲裁特别程序，通过先行调解、优先受理、经与被申请人协商同意缩短或取消答辩期、就近就地开庭等方式，实现快调、快审、快结。深化仲裁庭审方式改革，推广以加强案前引导、优化庭审程序、简化裁决文书为核心内容的要素式办案，提高案件裁决效率。推进派驻仲裁庭、巡回仲裁庭和流动仲裁庭建设，为当事人提供便捷服务。

（十一）加强仲裁办案管理和指导。建立仲裁案件管理标准体系，制定办案程序公正评价标准、办案质量效率评价标准和办案人员工作绩效考核标准。建立仲裁办案指导制度，统一仲裁办案适用标准，重点加强对新兴行业劳动争议、集体劳动争议等重大疑难案件处理工作的指导。加强案例指导，综合运用案例汇编、案例研讨会、庭审观摩等方式，发挥典型案例在统一处理标准、规范自由裁量权等方面的作用。统一仲裁文书格式。建立区域劳动人事争议处理交流协作机制。

五、完善调解、仲裁、诉讼衔接机制

（十二）加强调解与仲裁的衔接。调解组织对调解不成的争议案件，要及时引导当事人进入仲裁程序；定期向仲裁机构通报工作情况，共同研究有关问题；邀请仲裁机构参与调处重大疑难争议案件。仲裁机构要加强对辖区内调解组织的业务指导，建立仲裁员定点联系调解组织制度，落实调解建议书、委托调解、调解协议仲裁审查确认等制度，开展调解员业务培训。在争议案件多发高发地区，仲裁机构可在调解组织设立派驻仲裁庭。

（十三）加强调解与诉讼的衔接。调解组织要主动接受人民法院的指导，协助人民法院调处劳动人事争议。健全劳动人事争议特邀调解制度，吸纳符合条件的调解组织或调解员成为特邀调解组织或特邀调解员，接受人民法院委派或委托开展调解工作。鼓励和支持调解组织在诉讼服务中心等部门设立调解工作室。依法落实调解协议司法确认制度。

（十四）加强仲裁与诉讼的衔接。建立仲裁与诉讼有效衔接的新规则、新制度，实现裁审衔接机制长效化、受理范围一致化、审理标准统一化。各级仲裁机构和同级人民法院要加强沟通联系，建立定期联席会议、案件信息交流、联合业务培训等制度。有条件的地区，人民法院可在仲裁机构设立派驻法庭。

六、强化基础保障机制

（十五）加强调解仲裁队伍建设。乡镇（街道）劳动就业社会保障服务所（中心）调解组织要根据实际需要配备专职调解员，通过政府购买服务、调剂事业编制等方式，拓展调解员来源渠道。企业劳动争议调解委员会要配备一定数量的专兼职调解员，鼓励企业人力资源、法务、工会部门工作人员参与调解工作。仲裁机构要及时充实专职仲裁员队伍，并配备相应的仲裁办案辅助人员；注重从工会、企业代表组织以及其他社会组织中聘用兼职仲裁员，积极吸纳律师、专家学者等担任兼职仲裁员。持续开展调解员仲裁员分级分类培训，加强思想道德教育、职业道德教育和业务能力培训。探索远程在线培训、建立集中实训基地等培训新模式，培训重心向基层倾斜。鼓励地方先行先试，探索建立仲裁员激励约束和职业保障机制，拓展职业发展空间。健全风险防控机制，推进行风建设。培育和弘扬调解仲裁文化，大力宣传先进调解仲裁机构和优秀调解员仲裁员。

（十六）加快推进调解仲裁工作信息化建设。树立"互联网+"理念，利用现代化信息技术手段提高劳动人事争议处理效能。依托金保二期工程，建立调解仲裁办案信息系统、人员信息系统、监测管理信息系统，在实现人力资源社会保障系统内部信息互联互通的基础上，逐步实现调解仲裁信息与综治、人民法院等信息系统的互联互通。建立在线服务平台，整合调解、仲裁和诉讼资源，逐步开展在线调解、在线仲裁、电子送达等，实现线上、线下服务对接，提供"一站式"争议处理服务。

（十七）依法保障调解仲裁经费需要。按照《中华人民共和国劳动争议调解仲裁法》等有关规定，将仲裁工作所需经费列入同级财政预算予以保障，为开展仲裁活动提供支撑。对采取政府购买服务方式开展劳动人事争议处理工作的，要加强购买服务资金的预算管理。

（十八）改善调解仲裁服务条件。按照国家"十三五"规划纲要"基本公共服务项目清单"要求，不断改善调解仲裁服务条件。加强调解组织基础建设，确保调解有基本工作场所、有基本工作设施。加强仲裁机构标准化建设。仲裁员、记录人员在仲裁活动中应着正装，佩戴仲裁胸徽。

七、加强组织领导

（十九）健全劳动人事争议多元处理工作格局。积极推动将劳动人事争议处理工作纳入当地党委、政府重要议事日程，采取有力措施抓实抓好。综治组织要做好调查研究、组织协调、督导检查、考评、推动等工作，进一步把完善劳动人事争议多元处理机制作为综治工作（平安建设）考评的重要内容，严格落实社会治安综合治理领导责任制。人力资源社会保障部门要发挥在劳动人事争议处理中的主导作用，承担牵头职责，制定完善规章政策，会同有关部门统筹推进劳动人事争议调解仲裁组织建设、制度建设和队伍建设。人民法院要发挥司法在劳动人事争议处理中的引领、推动和保障作用，加强诉讼与调解、仲裁的有机衔接，依法及时有效审理劳动人事争议案件。司法行政部门要指导人民调解组织积极开展劳动争议调解工作，加强对人民调解员的劳动法律法规政策和调解方法技巧培训，组织推动律师做好法律援助和社会化调解工作。工会、企业代表组织要发挥代表作用，引导支持企业守法诚信经营、履行社会责任，依法设立劳动争议调解委员会，建立健全用人单位内部争议解决机制，教育引导职工依法理性维权。各有关部门要建立完善形势研判、信息沟通、联合会商、协调配合制度，形成各负其责、齐抓共管、互动有力、运转高效的联动机制。要充分发挥综治中心优势，有效整合工作资源，优化劳动人事争议多元处理机制。

（二十）强化责任落实，营造良好环境。各地要在当地党委、政府的领导下，进一步做好劳动人事争议调解仲裁工作，不断完善劳动人事争议多元处理机制。人力资源社会保障部门要会同有关部门制定切实可行的实施方案，明确任务、明确措施、明确责任、明确要求，并对本意见落实情况进行督促检查。充分运用传统媒体和现代传媒，加强劳动人事争议处理工作的宣传，营造良好舆论氛围。

最高检发布检察机关打击拒不支付劳动报酬犯罪典型案例

（2020年1月16日）

1. 陈某某拒不支付劳动报酬案

【基本案情】

2016年底，被告人陈某某承建安徽省芜湖县湾沚镇某工程。期间，被告人陈某某以专用农民工工资名义申领工程款1900万余元，但擅自挤兑部分农民工工资，导致拖欠200多名工人工资共计446万余元。2019年1月31日，芜湖县人力资源和社会保障局向陈某某送达《劳动保障监察责令改正决定书》，要求其在2019年2月2日支付拖欠的工人工资。被告人陈某某在规定时间内仍未支付，芜湖县人力资源和社会保障局将该案移送芜湖县公安局予以立案。经芜湖县公安局提请批准逮捕，同年2月15日，芜湖县人民检察院作出批准逮捕决定。芜湖县公安局于2019年3月28日移送芜湖县人民检察院审查起诉。审查起诉期间，陈某某如实供述犯罪事实，芜湖县人民检察院依法对陈某某适用了认罪认罚从宽制度，并督促其在提起公诉前将拖欠的工人工资全部还清。在其付清拖欠工人工资后，检察机关积极开展羁押必要性审查变更逮捕措施。经提起公诉，芜湖县人民法院于2019年5月7日判决被告人陈某某犯拒不支付劳动报酬罪，判处有期徒刑一年六个月，缓刑二年，并处罚金人民币2万元。

【典型意义】

1. 引导侦查，及时锁定证据。芜湖县人民检察院提前介入侦查，引导侦查取证，及时锁定证据，为督促被告人及时履行支付劳动报酬义务打下证据基础，做到严惩与宽待相结合。

2. 释法说理，适用认罪认罚从宽制度。芜湖县人民检察院在办理陈某某案时，发现陈某某对办案部门有一定抵触情绪，并表达了不满和疑问。检察官在办理案件过程中，注重释法说理，阐释相关法律制度，有针对性地做好有关工作。一是从法律认识角度对其进行释法说理。向其阐释其行为已构成犯罪，告知其还清农民工工资在量刑时可以酌情从轻处罚。二是以真诚态度取得被告人的信任。承办检察官以平和、坦诚的态度与其交流，详细告知了认罪认罚可以从宽的相关制度等，在其表示自愿认罪认罚后，决定启动认罪认罚从宽制度。

3. 护航民营经济，努力实现"三个效果"有机统一。芜湖县人民检察院不仅促使陈某某认罪认罚配合司法机关工作，还注重保护民营企业和民营企业家，积极促成其履行支付义务，在陈某某还清农民工工资后，积极启动羁押必要性审查，变更了逮捕措施，并主动联系发包方，使其继续承建原工程，最大限度地减少民营企业经济损失，保护民营企业的合法权益。

4. 促进"两法衔接"机制构建。芜湖县人民检察院在本案办结后继续加强与县人力资源社会保障局的沟通配合，要求及时通报，定期了解相关投诉处理情况，并就"两法衔接"工作机制达成共识。芜湖县人社局拟向公安局移送的涉嫌拒不支付劳动报酬犯罪的案件，应提前将《劳动保障涉嫌犯罪案件移送书》及相关材料抄送芜湖县人民检察院,经审查同意后向行政机关发出《建议移送涉嫌犯罪案件函》,保证行政执法与刑事司法工作的有序、顺利衔接。

2. 吴某拒不支付劳动报酬案

【基本案情】

被不起诉人吴某注册并实际经营管理上海某房地产投资顾问有限公司。2017年起,吴某因经营不善开始拖欠郁某某、冯某某等部分员工的劳动报酬91.9万元。2019年5月9日、16日,上海市嘉定区劳动监察部门两次通知吴某前往该部门配合调查,吴某均未配合。2019年7月4日,嘉定区人力资源和社会保障局向该公司制发《责令改正通知书》,责令该公司四日内支付拖欠的劳动者劳动报酬,吴某在期限内仍未支付。上海市公安局嘉定分局于同年8月15日将吴某抓获,吴某到案后如实供述了上述事实。同年9月19日,上海市公安局嘉定分局立案侦查并移送审查逮捕,在审查逮捕阶段,嘉定区人民检察院通过多次沟通、说理,说服吴某支付了一半欠薪45万元,发现其经营中还有大量应收账款未收回,考虑其需亲自联系收取账款,检察机关对吴某作出不予逮捕决定。10月14日,上海市公安局嘉定分局以吴某涉嫌拒不支付劳动报酬罪移送嘉定区人民检察院审查起诉。检察机关经审查发现,吴某以逃匿等方法逃避支付劳动者的劳动报酬,数额较大,经政府有关部门责令仍不支付,但尚未造成严重后果,在提起公诉前已全部支付拖欠的劳动报酬,并依法承担相应赔偿责任,取得谅解。11月29日,检察机关根据相关规定,决定对吴某不起诉。

【典型意义】

1. 及时提前介入,加强工作配合。嘉定区人民检察院提前介入,并与嘉定区公安分局、人力资源和社会保障部门召开联席会议,分析研判该案查办中的争议和难点,同时引导公安机关对证据予以补强,明确取证重点。

2. 用好不捕措施，助力追讨欠薪挽回损失。检察机关主动联系吴某家属，阐明主动缴付欠薪可以减轻或者免于刑事处罚的法律规定，积极促成吴某履行支付欠薪的义务。在审查逮捕阶段，吴某通过亲属向员工支付了45万元即一半欠薪，并向员工承诺支付剩余报酬的期限。为了便于吴某收回应收的欠款，检察机关没有"一捕了之"，而是未予羁押让其能够追回欠款，同时督促吴某落实还款计划，同步告知被害人追讨工作进展。审查起诉阶段，吴某如约支付剩余欠薪并取得了被害人谅解，取得了良好的社会效果。

3. 落实宽严相济刑事政策，积极适用认罪认罚从宽制度。审查逮捕阶段检察机关告知犯罪嫌疑人认罪认罚、积极履行支付欠薪义务可获从宽处理的政策，促使吴某积极还款。在吴某全部履行支付义务，自愿认罪认罚，得到被害人谅解的情况下，结合案件社会危害程度不大等情形，依法从宽对其作出不起诉决定。

3. 王某、陈某拒不支付劳动报酬案
【基本案情】

2018年3月，王某、陈某商议共同接手经营甘肃某汽车销售服务有限公司4S店，王某任法定代表人，陈某系公司股东。同年6月21日因无力支付房租、员工工资等费用歇业，共拖欠任某某等42名员工3个月工资27万余元。同年8月3日，42名员工向甘肃省兰州市西固区劳动保障监察大队投诉。监察大队受理后，多次向王、陈二人电话、短信告知，始终无法取得联系，遂向公司送达《劳动保障监察限期整改指令书》要求限期整改。指令书到期后，王某、陈某仍未支付拖欠工资，也未到劳动监察大队说明情况。该案于2019年9月3日被甘肃省检察院挂牌督办后，兰州市西固区人民检察院及时派员了解情况，建议区人社局以涉嫌拒不支付劳动报酬罪移送公安机关立案侦查。公安机关立案侦查后，对王某采取刑事拘留措施，经兰州市西固区人民检察院与公安机关通力协作，追回拖欠工资27万余元，并全部发放到位。案件移送审查起诉后，因王、陈二

人认罪态度好,拖欠工资发放及时,未造成严重后果,劳资双方达成谅解,检察机关依据认罪认罚从宽制度,于2019年12月13日对王某、陈某作出不起诉决定。

【典型意义】

1. 督促案件线索移交,积极服务脱贫攻坚。检察机关发挥法律监督职能,与劳动监察部门、公安机关加强沟通协调,及时派员核实案件材料,经审查认为公司负责人涉嫌拒不支付劳动报酬犯罪后,立即启动两法衔接工作机制,督促劳动监察部门向企业发出限期支付薪酬令,同时监督公安机立案侦查,并派员提前介入,围绕欠薪追缴工作引导侦查。最终,王、陈二人及时到案,主动全额退还所欠工资,避免了多个家庭因欠薪问题返贫致贫。

2. 慎用逮捕措施,保障民营企业发展。王某、陈某作为公司法定代表人和股东,两人名下还有其他公司,为最大限度减少办案对民营企业正常生产经营活动造成的影响,西固区人民检察院在督促企业及时支付欠薪的同时,对涉案企业负责人审慎采取逮捕措施,及时建议公安机关将王某强制措施由拘留变更为取保候审,避免了因办案导致企业"关门"现象的发生,既维护了务工人员合法权益,又保证了民营企业正常经营,实现了双赢多赢。

3. 综合评估"三个效果",促进社会和谐稳定。该案涉及的42名员工系农村进城务工人员,处理不及时有可能导致劳企矛盾上升。检察机关没有简单地将涉案人员"一捕了之"或"一诉了之",而是充分发挥监督职能,督促行政执法机关及时移交线索、立案侦查,加大力度追缴欠薪。在王某、陈某及时支付欠薪、取得42名员工书面谅解后,综合考量本案政治效果、社会效果、法律效果,启动认罪认罚从宽程序,作出不起诉决定。

4. 黄某、谭某拒不支付劳动报酬案

【基本案情】

2015年1月,谭某以四川某建筑工程公司的名义签订了一城中

村改造项目合同，并任命黄某为该城中村改造项目负责人。2015年，该公司拖欠陈某某、何某某两个施工队工人全年工资134万余元，经河南省新蔡县人力资源和社会保障局责令支付仍拒不支付。该案报新蔡县公安局立案侦查后，两人于2018年10月将拖欠的工人工资全部结清。2019年2月22日，公安机关提请批准逮捕。新蔡县人民检察院经审查发现，黄某、谭某已将拖欠的工人工资全部结清，于是以犯罪情节轻微，无社会危险性对其作出不批准逮捕决定。新蔡县公安局于2019年4月8日向新蔡县人民检察院移送审查起诉。2019年8月，新蔡县人民检察院对犯罪嫌疑人黄某、谭某作出不起诉决定。

【典型意义】

1. 依法审慎适用刑事强制措施。检察机关依法对涉嫌犯罪的民营企业负责人谭某作出不批准逮捕决定。做到既严把事实关、证据关、程序关和法律适用关，又充分考虑保护民营企业发展的需要，认真落实对逮捕必要性的审查，防止"构罪即捕""一捕了之"。

2. 准确把握法律政策界限，审慎处理企业经营不规范问题。鉴于犯罪嫌疑人谭某、黄某犯罪情节轻微，在提起公诉前已付清拖欠工人的工资，拒不支付劳动报酬的行为并未造成严重后果，新蔡县人民检察院贯彻宽严相济的刑事政策，对民营企业涉罪案件根据具体情况区别对待，依法不起诉，不轻易动用刑罚手段，为民营经济发展保驾护航。

5. 蒲某、唐某拒不支付劳动报酬案

【基本案情】

蒲某、唐某通过工程转包方式承揽了辽宁省大连经济技术开发区某工业园工程。到2018年11月份，二人未能及时支付工人工资，导致拖欠125人工资共314万余元。大连金普新区人力资源和社会保障局于2018年11月7日下达限期整改指令书，责令犯罪嫌疑人蒲某、唐某十日之内支付工人工资。犯罪嫌疑人蒲某、唐某仍未在规

定时间内支付工人工资。同年12月19日,大连金普新区人力资源和社会保障局将唐某、蒲某拒不支付劳动报酬犯罪案件移送公安机关。公安机关于同年12月21日对此案立案侦查,于2019年9月3日移送大连经济技术开发区人民检察院审查起诉。检察机关在审查起诉过程中主动对二人释法说理,讲清认罪认罚可以从宽处理,打开了二人心结。后检察机关对唐某、蒲某适用了认罪认罚从宽制度,2019年9月9日,蒲某、唐某将拖欠的农民工工资结清,取得农民工谅解。检察机关向法院提起公诉时,提出了单处罚金的量刑建议,法院采纳了检察机关的量刑建议,分别单处二人罚金人民币2万元。

【典型意义】

1. 善用释法说理,防范化解社会风险。案件移送审查起诉后,被拖欠工资的农民工来到检察机关,情绪非常激动。办案人耐心接待被害人并稳定被害人情绪,没有对该案"一诉了之"。随后找到两名犯罪嫌疑人了解原由,当得知是因为上线发包方拖欠工程款后,办案人对二人进行释法说理,告知上线拖欠其工程款和其拖欠农民工工资是两个问题,以此为由拒不支付农民工工资,会被追究刑事责任。由此,打开蒲某、唐某心结,促成问题解决。

2. 宽严相济,准确适用认罪认罚从宽制度。在审查起诉过程中,检察机关充分解释认罪认罚从宽制度,促使犯罪嫌疑人自愿认罪悔罪,并积极筹措资金,及时、足额支付了农民工工资。检察机关从追缴欠薪和保障民营经济发展的角度,提出了单处罚金的量刑建议,法院采纳了该量刑建议,二人感受到了司法关怀,表示以后要诚信经营。

6. 孙某某拒不支付劳动报酬案

【基本案情】

2017年1月,被告人孙某某、刘某某(另案处理)以重庆某建筑工程咨询有限公司等三家公司名义分别中标某工程劳务分包、材料供应、设备租赁项目。2017年至2018年,孙某某先后将部分工程发包、转包给他人。截至 2018 年 6 月底，孙某某、刘某某未及时支付工人工资，共拖欠 102 人工资共计 291 万余元，该工程全面停工。2018 年 8 月至 9 月，四川省马边县人社局分别向上述三公司送达劳动保障监察期限改正指令书，责令孙某某、刘某某限期支付工人工资，但孙、刘二人仍未按时支付拖欠的工人工资。2018 年 11 月，马边县公安局以拒不支付劳动报酬罪立案侦查，侦查终结后于 2019 年 2 月移送检察机关审查起诉。检察机关受理该案后，在退回补充侦查和审查起诉期间，充分做好释法说理工作，积极与被告人孙某某沟通，正确适用认罪认罚从宽处理制度，促使孙某某及刘某某于 2019 年 2 月至 3 月陆续支付拖欠的工人工资，共计 291 万余元，稳定了农民工情绪，中标工程得以恢复施工。检察机关于 2019 年 9 月 8 日依法提起公诉，建议判处缓刑。法院采纳检察机关量刑建议，依法判决被告人孙某某有期徒刑一年，缓刑二年，并处罚金 2 万元。

【典型意义】

该案曾在马边县造成较大影响，影响社会稳定和脱贫攻坚工作。检察机关提前介入，积极引导侦查取证，主动发挥职能作用，助力矛盾化解。一是与公安局、人力资源和社会保障等部门多次召开联席会议分析案情，为受害群众提供法律政策支持。二是积极做好释法说理工作。检察机关与被告人孙某某、刘某某积极沟通，充分告知认罪认罚从宽制度的相关规定，提出缓刑的量刑建议，促使二人充分认识到自身行为危害性及后果，在一个月内将拖欠的工人工资结清。检察机关充分发挥检察职能、助力化解社会矛盾。

实用附录

劳动争议处理流程图

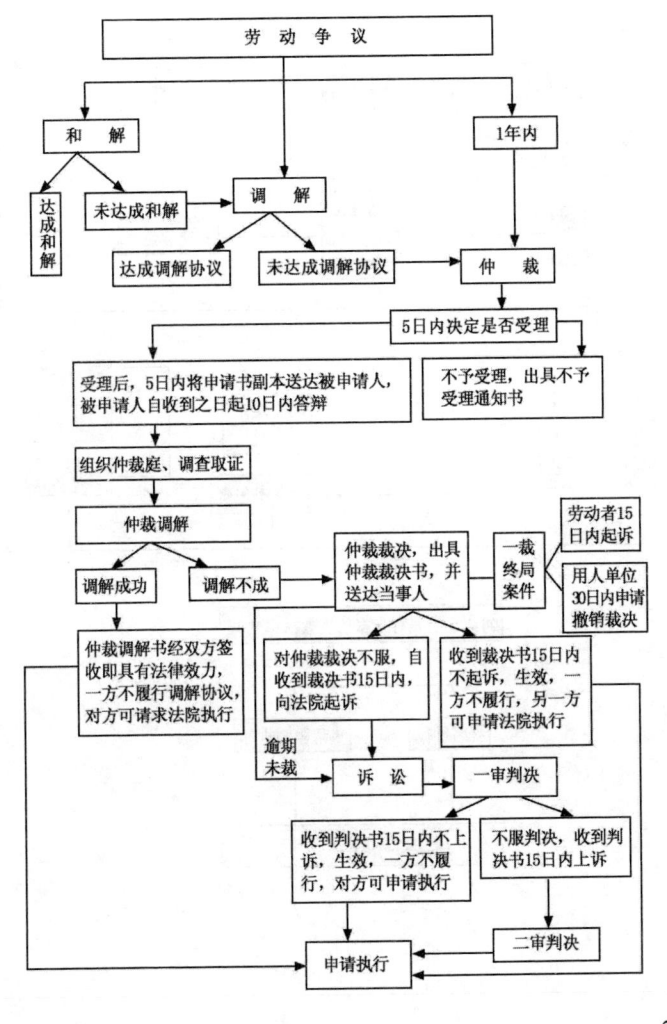

劳动诉讼流程示意图

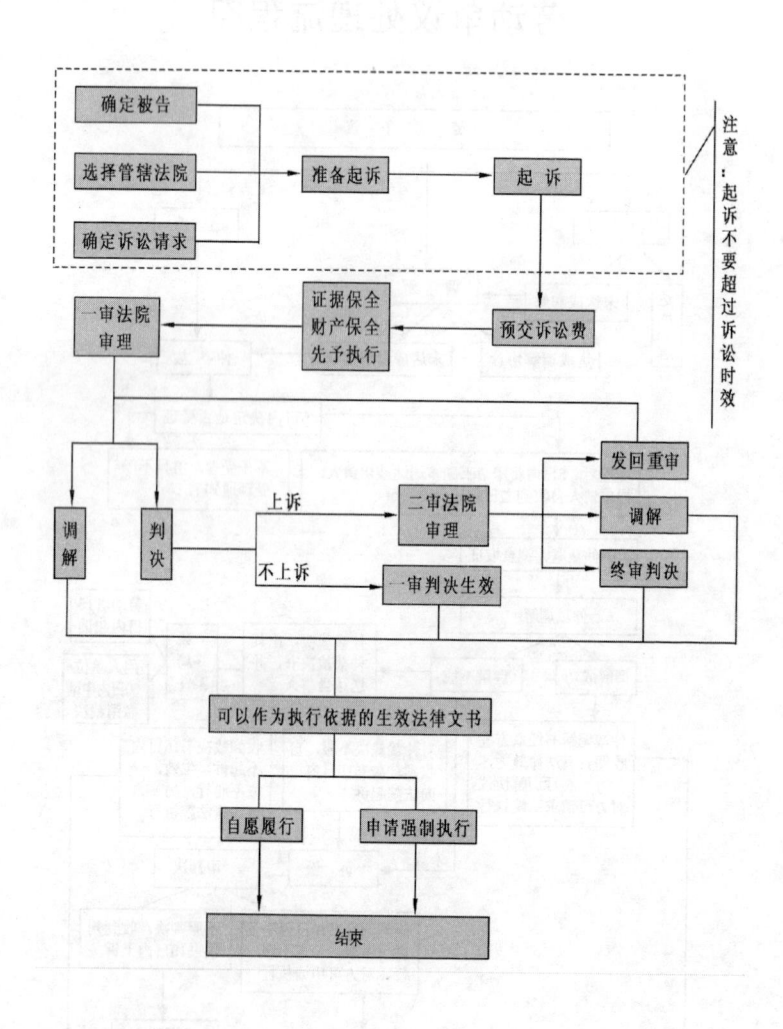

```
┌─────────────────────────────────────────────────────────┐
│  ┌────────┐                                              │
│  │确定被告│                                              │  注
│  └────────┘                                              │  意
│  ┌──────────┐    ┌────────┐    ┌──────┐                  │  ：
│  │选择管辖法院│──▶│准备起诉│──▶│起  诉│                  │  起
│  └──────────┘    └────────┘    └──────┘                  │  诉
│  ┌──────────┐                                            │  不
│  │确定诉讼请求│                                          │  要
│  └──────────┘                                            │  超
└─────────────────────────────────────────────────────────┘  过
                                      │                      诉
        ┌────────┐   ┌──────────┐     ▼                      讼
        │一审法院│◀──│证据保全  │◀──┌────────┐              时
        │  审理  │   │财产保全  │   │预交诉讼费│              效
        └────────┘   │先予执行  │   └────────┘
             │       └──────────┘
             │                              ┌────────┐
             │                              │发回重审│
     ┌───────┴───┐                          └────────┘
     ▼           ▼         ┌────────┐       ┌────────┐
  ┌────┐      ┌────┐ 上诉  │二审法院│──────▶│  调解  │
  │调解│      │判决│──────▶│  审理  │       └────────┘
  └────┘      └────┘       └────────┘       ┌────────┐
                 │                           │终审判决│
                 │  不上诉  ┌──────────┐     └────────┘
                 └────────▶│一审判决生效│
                           └──────────┘

                ┌──────────────────────────┐
                │可以作为执行依据的生效法律文书│
                └──────────────────────────┘
                       │
              ┌────────┴────────┐
              ▼                 ▼
          ┌────────┐      ┌──────────┐
          │自愿履行│      │申请强制执行│
          └────────┘      └──────────┘
                  │         │
                  ▼         ▼
                ┌──────────┐
                │   结束   │
                └──────────┘
```

劳动合同争议调解申请书

(参考文本)

申请人：_____（姓名、性别、年龄、职务、工作单位、地址、邮政编码，如申请人是法人单位的，应写明单位全称、法定代表人姓名和职务、地址、邮政编码）

被申请人：_____（姓名、性别、年龄、职务、工作单位、地址、邮政编码，如申请人是法人单位的，应写明单位全称、法定代表人姓名和职务、地址、邮政编码）

申请人与被申请人因_____纠纷，现申请人申请劳动调解委员会进行调解，申请调解的事实、理由和请求如下：

一、事实和理由_____
_____
_____

二、调解请求_____
_____
_____

    此致
_____调解委员会

        申请人：_____
      ___年___月___日

劳动合同争议仲裁申请书

(参考文本)

案由:

申请人		(被)申请人	
姓　名		单　位	
性　别		主管机关	
年　龄		法定代表人	姓名	
民　族		^	性别	
职　业		^	年龄	
工作单位		^	职务	
住　址		单位地址	
电　话		电　话	

请求事项:

_____

_____

_____

_____

劳动合同争议起诉状

(参考文本)

【起诉状】

原告:

被告:

诉讼请求:

事实和理由:

证据和证据来源,证人姓名和住址:

　　　　　　　　　　　　　此　致

××人民法院

　　　　　　　　　　　　起诉人:
　　　　　　　　　　　　　年　月　日

附: 合同副本____份。
　　本诉状副本____份。
　　其他证明文件____份。

【填写说明】

①原告应向法院列举所有可供证明的证据。证人姓名和住所、书证、物证的来源及由谁保管,并向法院提供复印件,以便法院调查。②事实和理由中应写清合同签订的经过、具体内容、纠纷产生的原因、诉讼请求及有关法律、政策依据。③"原告"栏写明姓名、性别、出生年月日、民族、籍贯、职业或工作单位和职务、住址等项。被告是法人、组织或行政机关的,应写明其名称和所在地址。④起诉状副本份数,应按被告的人数提交。

图书在版编目（CIP）数据

中华人民共和国劳动争议调解仲裁法注解与配套／中国法制出版社编．—北京：中国法制出版社，2023.7（2024.10重印）

（法律注解与配套丛书）

ISBN 978-7-5216-3667-3

Ⅰ.①中… Ⅱ.①中… Ⅲ.①劳动争议-劳动法-法律解释-中国 Ⅳ.①D922.591.5

中国国家版本馆CIP数据核字（2023）第115686号

| 策划编辑：袁笋冰 | 责任编辑：赵 燕 | 封面设计：杨泽江 |

中华人民共和国劳动争议调解仲裁法注解与配套
ZHONGHUA RENMIN GONGHEGUO LAODONG ZHENGYI TIAOJIE ZHONGCAIFA ZHUJIE YU PEITAO

经销/新华书店
印刷/三河市国英印务有限公司
开本/850毫米×1168毫米 32开　　　　　印张/ 9.75　字数/ 215千
版次/2023年7月第1版　　　　　　　　　2024年10月第2次印刷

中国法制出版社出版
书号 ISBN 978-7-5216-3667-3　　　　　　　　　　　　定价：28.00元

北京市西城区西便门西里甲16号西便门办公区
邮政编码：100053　　　　　　　　　　　　传真：010-63141600
网址：http://www.zgfzs.com　　　　　　　编辑部电话：**010-63141669**
市场营销部电话：010-63141612　　　　　　印务部电话：**010-63141606**

（如有印装质量问题，请与本社印务部联系。）